文娱圈艺人

法律风险防范手册

纪玉峰　张释文／著

中国法制出版社
CHINA LEGAL PUBLISHING HOUSE

图书在版编目（CIP）数据

文娱圈艺人法律风险防范手册 / 纪玉峰，张释文著
. —北京：中国法制出版社，2022. 1
ISBN 978-7-5216-2457-1

Ⅰ. ①文… Ⅱ. ①纪…②张… Ⅲ. ①文艺管理法-中国-手册 Ⅳ. ①D922. 164

中国版本图书馆 CIP 数据核字（2022）第 008377 号

策划编辑 刘晓霞　　封面设计 周黎明

文娱圈艺人法律风险防范手册
WENYUQUAN YIREN FALÜ FENGXIAN FANGFAN SHOUCE

著者/纪玉峰，张释文
经销/新华书店
印刷/三河市国英印务有限公司
开本/880 毫米×1230 毫米 32 开　　印张/ 12 字数/ 169 千
版次/2022 年 2 月第 1 版　　2022 年 2 月第 1 次印刷

中国法制出版社出版
书号 ISBN 978-7-5216-2457-1　　定价：55. 00 元

北京市西城区西便门西里甲 16 号西便门办公区
邮政编码：100053　　传真：010-63141600
网址：http：//www. zgfzs. com　　**编辑部电话：010-63141664**
市场营销部电话：010-63141612　　**印务部电话：010-63141606**

前言

PREFACE

艺人，顾名思义，指有才艺的人。从广义上讲，泛指一切有一定手艺和技巧的人，现实中则多指娱乐行业工作者，如从事影视、歌曲、演出等职业以娱乐大众的人士，又称“文化艺术工作者”。

随着现代娱乐事业的发展，艺人范围更加广泛，如歌手、影视演员、舞者、相声演员、主播、模特，等等。同时，艺人不再局限于某一个领域而转向多方面多领域发展，出现两栖、三栖、多栖艺人。

中华人民共和国成立以来，艺人地位大幅提高，特别是改革开放以来，随着我国娱乐产业的发展，优秀作品不断呈现，优秀艺人不断涌现。时至今日，艺人的影响力已经扩展到了社会的方方面面，在一定程度上对社会文化、思想潮流有强大的引导和示范作用。明星艺人往往与时尚、富有、光鲜亮丽等词语联系在一起。艺考人数也是连年增高，各类选秀造星的节目、公司层出不穷，艺人备受追捧。然而并不为大多数人所知的是：艺人也是一个高风险、高压力、投入产出经常不成正比的行业。

以电影为例，一个尽职的参演艺人不仅要付出脑力劳动，情绪、心理的代入和揣摩，还要按照剧本要求和拍摄进度进行高强度的拍摄工作，甚至不乏危险场景和动作。饮食休息不规律、极度疲劳、拍摄过程中受伤更是家常便饭。同时，艺人所经受的压力更是常人难以想象的。娱乐圈更新换代速度飞快，常有“前浪后浪”之叹，艺人若不想被淘汰，必须时时保持紧绷的神经，不敢懈怠。

除此之外，艺人还往往面临着高强度的才艺训练、体能训练，不能松懈的身材和容貌管理，被聚光灯放大的个人生活和情感……各类经济纠纷与法律风险也如影随形。

在绝大多数情况下，艺人的养成是一个充满了艰辛、压力和风险的过程，犹如“通关打怪”一样，需要不断克服一个又一个困难。即便如此，最终艺人能否有所成就还需要带着一点“玄学”色彩的机遇和资源。

一个令人遗憾的现实是，艺人群体总体上缺乏基本的维权意识及手段，面对侵权行为或违约行为往往不能及时作出有效的应对，以致影响后续的维权效果，甚至直接影响到自己的事业。因此，在国家加强对文娱行业监管的大背景下，提高艺人的基本法律知识和风险意识，使其了解相应的维权方法、留证手段势在必行。这不仅有利于艺人自身事业发展，也有利于促进文化娱乐行业的健康有序发展。

于是我们撰写了这本书，希望总结长期以来的专业经验和办理娱乐圈法律事务的实践操作知识，为艺人提供专业的、可操作的参考建议。本书共分九章，分别针对艺人经纪相关法律实务、艺人人格权管理相关法律实务、艺人进行广告代言相关法律实务、艺人参加影视摄制活动相关法律实务、艺人参加营业性演出相关法律实务、艺人参与综艺节目相关法律实务、音乐相关法律实务、艺人从事自媒体 / 直播相关法律实务、艺人的危机管理，尽可能全方位地覆盖了艺人的工作领域，并有针对性地指出不同领域的风险点，给出应对的建议。我们还设计了专门的章节故事，以便读者能在阅读每一章前，对相关章节所述风险有一个直观了解。此外，文中还参考了部分真实案例，以用于法律分析，帮助读者了解法律在实际生活中的运用。我们希望通过这样的方式，能够让艺人“知险”“降险”乃至“避险”，更好地维护自身合法权益。

鉴于能力所限，本书如有不足之处，请业内贤达不吝指出，对此我们将深表谢意。我们亦欢迎与业内人士及同行深入交流，共同为中国娱乐行业的法治化、健康化发展贡献绵薄之力。

本书由纪玉峰律师、张释文律师共同撰写，团队成员施倪艳（律师助理）在整理、编排、校对方面付出了许多心血。汇业律所娱乐法团队中：娱乐法团队主任朱亮律师、北京分所主任王志勇律师、宁波分所主任顾军贤律师和胡蝶飞律师、长沙分所主任王刚律师、成都分所主任毕英鸷律师、西安分所主任何四为律师、广州分所主任臧传宝律师在本书的创作过程中提供了大力支持，我们在此一一深表感谢。同时，也借此机会对中国法制出版社的高效工作表示感谢！

纪玉峰　张释文

2021 年 10 月

目录
CONTENTS

第一章
艺人经纪相关法律实务

在选秀节目的现场，毕小月刚一下台，就被一个男人拦住了。这个男人文质彬彬、衣冠楚楚、举止得体，他双手递给毕小月一张名片，自我介绍道：“鄙人是吴德娱乐经纪公司的总经理吴道德。”

“吴总？”毕小月大感意外，她知道吴德娱乐经纪公司是业界有名的经纪公司，旗下有许多知名艺人，总经理吴道德更是业内大咖。这样一个大人物来找自己这个新人，难道……

毕小月跟着他来到咖啡厅，吴道德点了一杯咖啡，咳嗽一声，说道：“想必毕小姐知道，我们公司在业界还是很有名的，旗下的艺人很多。我这个人特别愿意发掘新人，今天我看了毕小姐的表演，觉得你很有潜力，如果你能和我们签一个经纪合同，我们愿意用我们全部的资源，把你打造成一个明星！”

毕小月的眼睛亮了，这难道不是梦寐以求的机会吗？她知道，国内的艺人成千上万，最终能够脱颖而出的不过凤毛麟角，想要成为一线明星更是难上加难。难得这个有名的经纪公司想要捧红自己，自己怎能错过这个机会？“我签我签！”毕小月激动地说。

“哎呀妈呀，你咋这么爽快呢！”吴道德一高兴，口音都出来了，立刻拿出两份厚厚的合同，“啥也别说了，从今天起你就是我老妹儿了，来，老妹儿，搁这儿签个名。——别看了，看啥呀？我都叫你老妹儿了，你说哥还能骗你咋的？”

毕小月于是没有细看，高高兴兴地签了那份合同，还按了手印。回去以后，想到光明的前途，她兴奋得睡不着觉。

周一一早，她到吴德娱乐经纪公司报到，吴道德给了她一份厚厚的计划书。毕小月打开第一页就愣了：“我要改名字吗？”

吴道德说：“当然了，我们要根据你的形象和气质给你设置一个新的名字用于宣传和推广。经过讨论，以后在外面你要使用‘毕鸿’这个名字，绝对不可以再用‘毕小月’。听着，这不是征求你的意见，依照我们的经纪合同，你必须配合公司的一切要求。比如，不许谈恋爱，必须参加公司安排的所有活动，包括饭局，你还要……”

“这……”毕小月目瞪口呆。

“你可是签了合同的，我们也是照章办事，如果违约，后果可是很严重啊！”吴道德再无前两天的爽气和亲切，摆出一副公事公办的样子。

毕小月只好接受公司的要求，从那一天起，她就以“毕鸿”的艺名开始演艺生涯。吴德娱乐公司安排她参加了一些综艺节目，并且在一些影视剧中出演角色，还帮她联系了一些广告代言。虽然工作很累，管理严苛，但是毕鸿感觉总体上还是合作得蛮愉快的。

可是娱乐圈的竞争和更新换代何等残酷，一两年后，毕鸿的人气有回落的迹象。吴德娱乐公司的业务经营也出现了问题，给毕鸿安排的工作开始减少了。吴道德绞尽脑汁想要增加毕鸿的曝光率，最后，他打算采取庸俗炒作的方式。

他安排水军开始炒作毕鸿和当红小生朱量的绯闻，此举成功给毕鸿带来了一波流量，却也引发了朱量和女友的争吵。尝到甜头的吴道德继续炒作，先后安排了多个绯闻，这一波波操作有的给毕鸿带来了曝光率，有的却给毕鸿带来了负面评价。

毕鸿颇为无奈，可是她却不得不配合公司的要求。终于她和公司的关系因为两件事破裂了：第一件事是吴道德打算让她改走性感路线，要求她故意走光；第二件事是她真的恋爱了，吴道德却认为会影响事业，蛮横地要求她和男友分手。

毕鸿愤怒之下，寻求与公司解约的途径。然而签约容易解约难，合同上面白纸黑字约定了几百万元的违约金。吴道德还威胁说，一旦毕鸿真的离开公司，就不许再使用“毕鸿”这个大众已经熟知的名字，因为这个名字是属于公司的。

经过一番激烈的法律博弈和交锋后，毕鸿终于与吴德娱乐公司解约成功，并保留了“毕鸿”这个艺名，但是她却因为这个争端身心俱疲，演艺事业也受到了很大影响。

在和新的经纪公司——彭虹霓娱乐经纪有限公司签约时，毕鸿找来法律顾问，把合同仔仔细细地研究了一遍。

她实在不敢再对经纪合同掉以轻心了。

第一节　艺人经纪行业的发展现状

随着国内以艺人为主题的实拍真人秀和电视剧的热播，艺人经纪行业在娱乐市场的关注度持续上升。尤其是近年来文化娱乐行业的界限进一步延展，除传统的影视剧、线下音乐和演出外，互联网的广泛应用催生了一系列新的娱乐模式，如网络大电影、网剧、短视频和直播等。

艺人活动的增加必然带来经纪业务的增加，进入互联网造星时代后，经营范围含“艺人经纪”的新注册公司数量呈现爆发式增长。2018 年后，国家的从严管理对影视行业造成了较大影响。但在“影视寒冬”中，具有丰富艺人储备的经纪公司的优势反而开始显现，经纪板块营收占比不断上升。然而，在艺人经纪业务快速扩张的同时，艺人与经纪公司间的法律纠纷也层出不穷。

本章从艺人经纪常引发的法律纠纷入手，剖析艺人经纪的常见风险，并列举艺人经纪合同中的重点条款，以减少纠纷。

第二节　常见法律问题

娱乐行业具有“入行容易成名难”的特质，艺人想要维持知名度更是难上加难。对于艺人而言，跻身人才辈出的中国娱乐圈不仅需要过强的专业素养和自身优势，更加需要机遇和资源。网络传媒的迅速发展为更多艺人甚至是普通人提供了这样的契机，社交平台上的一次热搜就可能造就一个人或者一个群体的成名。

很多艺人可以凭借一部经典的影视、一支广为传颂的歌曲或是一个触及心灵的视频，通过互联网媒介获得迅速走红的机会，但“后浪”太多且来势汹汹，将流量转变为收益并长期维持热度并非易事。艺人如何能脱颖而出并彰显自身优势和特色、保持持续的内容开发以吸引流量、维护资源、转化收益、舆论公关、维权就变得至关重要，而这些都离不开专业团队的打造，经纪行业也因此不断发展壮大。

一、经纪的基本概念

在中国，“经纪”这个概念的法律定义早期出现在 1995 年 10 月 26 日由国家工商行政管理局（现变更为国家市场监督管理总局）颁发的《经纪人管理办法》（现已废止）中。《经纪人管理办法》指导并规制经纪人的行为，将“经纪人”定义为“在经济活动中，以收取佣金为目的，为促成他人交易而从事居间、行纪或者代理等经纪业务的公民、法人和其他经济组织”。

1997年8月11日，国务院颁布《营业性演出管理条例》[①]；1998年3月5日，文化部（现变更为文化和旅游部）颁布《营业性演出管理条例实施细则》。《营业性演出管理条例实施细则》颁布后经过多次修订，目前适用的是文化部（现变更为文化和旅游部）于2017年12月15日修订过的最新版本，根据该文件规定，演出经纪机构是指从事下列活动的经营单位：演出组织、制作、营销等经营活动；演出居间、代理、行纪等经纪活动；演员签约、推广、代理等经纪活动。

二、艺人经纪合同的法律性质

随着文化娱乐形式的多样化，如今“艺人”不仅指传统参演影视剧的演员，还包括歌手、主播、UP主、自媒体等在内的各类文化艺术工作者。艺人本身事项繁多且“术业专攻”，一般会寻求专业的经纪公司以整合商务合作资源、辅助自身发展。艺人和经纪公司往往会签订正式的经纪合同，约定艺人授予公司的权限及艺人需要遵守的义务。

---

① 国务院于1997年颁布的《营业性演出管理条例》现已废止，目前适用的是国务院于2005年3月23日颁布的《营业性演出管理条例》，该条例后经四次修改，现最新版本为2020年11月29日修订。

艺人和经纪公司签订的合同一般分为全约和分约。经纪全约即艺人将所有演艺活动的代理、经纪和经营管理的权利独家授权给经纪公司；经纪分约是指艺人将演艺活动中的一种或多种类型的业务的代理、经纪和经营管理的权利授权给经纪公司，或以区域为划分标准将某些地域的演艺工作交由经纪公司负责全权接洽、签约等，实践中还存在经纪公司将上述权利转授权给其他经纪公司，由艺人、经纪公司和被转授权的公司三方就具体的收入分成进行约定的情形。

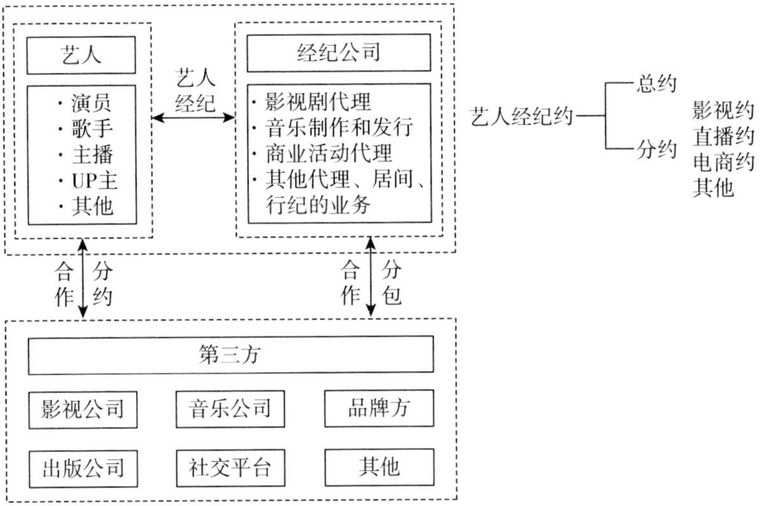

1-1　艺人经纪有关商业模式

分约一般视签约的经纪公司的类型和主营业务而有所不同，如一般影视资源丰富的公司常签影视约，广告等商务资源较为广泛的公司则多签商务约。随着互联网形式的广泛化和多元化，分约除了上述的几种传统形式之外，还出现了单独的电商约、直播约和短视频/长视频分约，等等。总而言之，分约的形式以适应具体的商务合作形式为准。一般来讲，艺人会根据自身事业领域的不同、经纪公司品牌的大小等综合情况做出决定，如以娱乐为主要事业的艺人可能会选择经纪全约的形式，而以专业领域为主的艺人如电商网络红人、主播和短视频制作者则更多地选择签订经纪分约，还有一些已成立工作室的艺人可能会选择将不同类型的演艺活动交给不同的经纪公司管理，以实现更好的资源分配。

对于艺人经纪关系的法律性质，我国司法实践更倾向于将其认定为“混合合同”。演艺经纪合同的内容涉及委托、行纪、居间、劳动关系、知识产权等诸多方面，属于以委托合同为主，兼具其他合同特征的复合型合同，不能简单将其归入某一种有名合同。解除演艺经纪合同也不能简单适用委托合同关于单方解除的规定，而是应依照《中华人民共和国民法典》(以下简称《民法典》)[①] 第三编关于合同解除的相关规定予以认定。对于艺人而言，不能简单适用委托合同关于单方解除的规定意味着在一定程度上增加了未来合同解除的难度，同时也对签署合同的审慎义务提出了更高的要求。

① 本书下文中，法律法规文件名称均省去“中华人民共和国”字样，以简称表述。

案例：A 公司与林某合同纠纷

基本案由：2010 年，林某与 A 公司签订《经理人合约》，由 A 公司作为林某的独家经理人。2012 年，林某委托律师向 A 公司发函，以未能推进林某演艺事业为由通知 A 公司解除《经理人合约》，之后擅自参加其他演艺活动。由于 A 公司不同意解除合同，林某向原审法院提起诉讼，要求判令确认《经理人合约》已解除。A 公司则提起反诉，要求判令林某继续履行与 A 公司签订的《经理人合约》并赔偿 A 公司二百万元。

法院认为：林某与 A 公司所签《经理人合约》并非单纯的"合同法"项下的委托合同，现从该系争合约的性质来看，其同时具有委托合同、劳动合同、行纪合同和居间合同等特征，应认定该合约为包含了多种权利义务关系的综合性合同。根据法律规定，依法成立的合同对当事人双方具有法律约束力，不得擅自变更或者解除合同。A 公司在履行系争合约过程中无任何过错及违约行为，其为林某安排参演影视剧及参加商业代言活动，且为林某进行了全面的商业推广，按约进行演艺收入的结算及向林某支付相关演艺报酬，已完全履行双方约定的合同义务。林某无故要求解除双方所签的《经理人合约》，违反诚信原则，应对由此所造成的后果承担全部责任。林某在 2012 年之后，擅自参与演艺活动，已违反双方的合同约定，且已实际给 A 公司造成了损失，A 公司有理由要求林某赔偿。

此外，基于林某解除合约的意愿，考虑到系争《经理人合约》只有建立在诚实信用、自愿公平的基础上，才有利于A公司与林某的共同发展；但事实上，林某与A公司在履行系争合约过程中已产生了诸多矛盾，双方已缺乏继续合作的信赖基础，因此双方的《经理人合约》可于本判决生效之日解除。

需要明确的是，法院判定的合约解除与林某请求确认的合约解除不同，法院关于合约解除之判决并不影响违约责任之追究。

三、经纪合同的解约途径

艺人和经纪公司在履行合同过程中，由于业务安排、自身发展、资源调配和利益分成等问题，双方难免产生不同意见，甚至引发争议，其中一方基于双方丧失合作基础而单方提出解约的情形也屡见不鲜。从法律的角度来讲，艺人经纪合同的解除分为协商解除、约定解除和法定解除三种。以下对这三种解除合同的方式进行具体分析：

1. 协商解除。艺人和经纪公司之间的合作具有舆论影响力大的特殊性及涉及商业秘密的高度保密性。经纪合同包括艺人酬劳、经纪事务内容、合作模式等要素，大多属于双方看重的商业秘密；加之艺人还需考虑舆论压力，很多艺人和经纪公司选择引入专业团队，以谈判的方式协商解除合同。

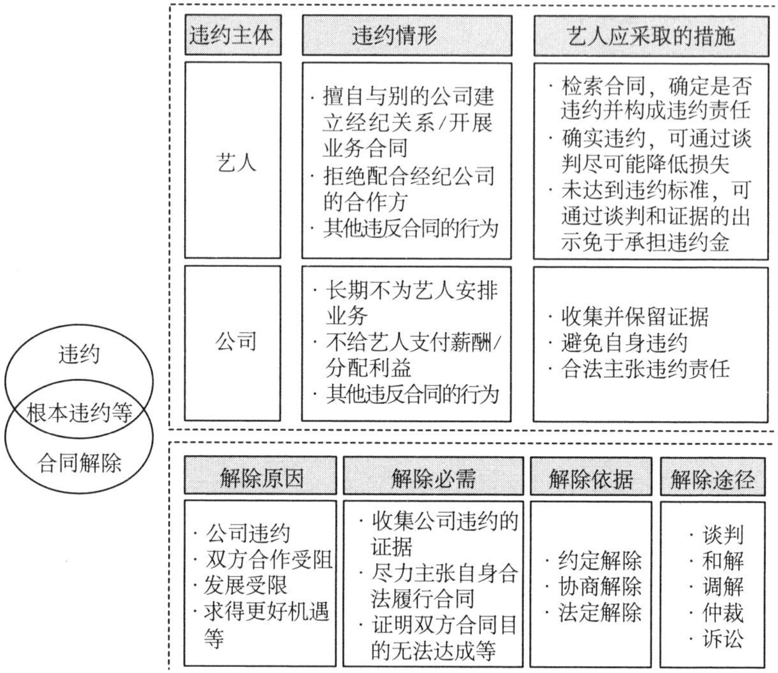

1-2　艺人解除经纪协议的原因

2. 约定解除。合同当事人可以在合同中约定解除的条件，当解除条件达成时，具有解除权的当事人可以解除合同。举例来说，如果艺人和经纪公司在经纪合同中约定“艺人擅自与第三方公司建立类似合作关系的，公司有权解除合同”，当有证据证明艺人违反该条款时，经纪公司有权主张合同的解除。约定解除的优势在于减少诉争的可能性，更具有合同解除的预期性，给当事人留有心理准备，促使当事人依约履行合同义务以免违约和解约，也利于合同双方当事人达成合同目的。然而，在实践中由于合同双方法律知识的缺乏或实际情形的复杂性，约定解除的预期结果经常难以达成，主要原因有以下几种:（1）合同约定解除的条件无法被穷举并且很难被证实;（2）取证的难度和公证的成本高;（3）一方提出解除后另一方不认可或同意后又反悔等情形屡见不鲜。因此约定解除在实际执行中难度很大，下文会通过司法案例进一步分析法院在处理约定解除合同相关争议时的思路和裁判规则。

3. 法定解除。《民法典》第五百六十三条第一款规定了合同的五种法定解除情形，任一情形出现时，艺人或经纪公司可主张解除合同。这五种法定情形分别为:（1）因不可抗力致使不能实现合同目的;（2）在履行期限届满前，当事人一方明确表示或者以自己的行为表明不履行主要债务;（3）当事人一方迟延履行主要债务，经催告后在合理期限内仍未履行;（4）当事人一方迟延履行债务或者有其他违约行为致使不能实现合同目的;（5）法律规定的其他情形。法定解除相对于约定解除更加公平和权威，但往往需要司法力量的介入，花费更高的成本和精力，并且还存在舆论负面评论的风险。不仅如此，法定解除对证据提出了更高要求，需要更具证明力的证据。因此艺人或经纪公司在出现合同有关纠纷时，应尽早引入法律专业人士的协助，以争取合法利益并减少诉讼带来的负面影响。

合同解除的方式

- **协商解除**：当事人协商一致，可以解除合同。
- **约定解除**：当事人可以约定一方解除合同的条件。解除合同的条件成就时，解除权人可以解除合同。
- **法定解除**：
  - 因不可抗力致使不能实现合同目的；
  - 在履行期限届满之前，当事人一方明确表示或者以自己的行为表明不履行主要债务；
  - 当事人一方迟延履行主要债务，经催告后在合理期限内仍未履行；
  - 当事人一方迟延履行债务或者有其他违约行为致使不能实现合同目的；
  - 其他。

1-3　艺人解除经纪协议的方式

实践中，如果主张解除合同的一方不具备单方解除合同的权利，经协商也无法达成解约的合意，往往需要通过诉讼的方式主张合同解除。不少欠缺法律常识的当事人可能会提出利于己方的理由以主张解除合同。以艺人主张解约为例，可能会提出的理由包括：1. 经纪公司未给自己安排某一部或几部影视作品的参演；2. 经纪公司承诺签约几年后提高己方利润分配的比例但未执行；3. 经纪公司逾期未支付报酬构成违约；4. 经纪公司未取得《营业性演出许可证》等。但在实践中，以上一种或多种理由构成合同解除条件的可能性比较低。因为基于我国《民法典》的基本原则，当事人自愿、公平、平等签订的合同是合法有效的，如果不具备法定事由（如违反国家强制性规定等），法院很可能认定双方尚有合作基础，并为了保护交易的可持续性，判决合同继续履行。

那实践中艺人或经纪公司为了解除合同，一般如何主张能利于目的达成呢?

从司法实践的角度来讲,《民法典》规定的法定解除条件的前四种在大多数情况下难以涵盖艺人经纪关系的解除，因此，如果艺人或经纪公司想要解除合同，可以搜集多类证据，综合认定双方丧失信任基础并已经达到根本违约的程度。需要注意的是，要证明根本违约或者证明双方已经丧失信任基础，对证据的要求是非常高的，这不仅体现在数量上，更体现在证据的证明力和证明效果上。以艺人提出公司未取得《营业性演出许可证》为例，从法律层面上来说，虽然公司可能违反了在合同中的承诺和义务，但是这一行为若仅仅是违反管理性强制规范，而不属于违反我国《民法典》第一百五十三条规定的效力性强制规范，艺人无法就与其签约的经营主体未取得《营业性演出许可证》为由而主张合同无效。也就是说，前文列举的几个理由，单个很难证明根本违约，但是这几个组合在一起并配合各自有效的证据，会显著提高合同解除的可能性。

案例: B 公司与陈某、胡某合同纠纷

基本案由：原告 B 公司诉称，2000 年 8 月 10 日，B 公司与陈某、胡某签订《合约书》《音乐著作代理合约书》及相应附件 1-4，用以取代 1998 年 11 月双方签订的原合约及附件。合约约定：合约有效期自1998年11月17日起至2006年11月16日止；合约有效期间，陈某、胡某为B公司独家特约歌手，依B公司指定担任录音著作的演唱录制工作。合约订立后，B公司为陈某、胡某积极创造演艺发展机会，与国内音像制品制作、发行机构合作，使陈某、胡某成为华语歌坛炙手可热的偶像组合。然而自2003年，陈某、胡某开始全面违反与B公司的合约，擅自录制发行单曲、专辑，举办演唱会，参与演艺活动。B公司因此向法院提起诉讼，请求法院判令陈某、胡某支付B公司违约金人民币二百万元。陈某、胡某辩称：依据我国相关行政法规《营业性演出管理条例》《关于管理外国人企业常驻代表机构的暂行规定》，B公司作为外国公司，未取得行政许可，不能开展业务活动。该公司与陈某、胡某签订的《合约书》《音乐著作代理合约书》及相应附件1-4，均属于无效合同。

法院分析：关于陈某、胡某主张B公司未取得营业性演出许可证，上述合约违反了《营业性演出管理条例》的强制性规定，应属无效的问题，本院认为，首先，1997年10月1日起施行的《营业性演出管理条例》调整和规范的是在中华人民共和国境内从事的营业性演出活动，而依据合约附件三的约定，B公司是陈某、胡某在全球范围内所有演艺工作的独家经纪人，在中国境内从事营业性演出的经纪工作，仅是其所有经纪工作内容的一部分，该部分经纪工作也并非合约的主要内容，因此，合约中有关录音著作的演唱录制、音乐著作权代理、其他演艺活动的经纪工作等权利义务内容，均与营业性演出无关，不属于该条例调整规范的范围，亦不受合约中有关营业性演出经纪工作约定有效与否的影响。其次，关于合约附件三中有关营业性演出经纪工作约定的效力，依据《营业性演出管理条例》的规定，演出经纪机构应当取得《营业性演出许可证》，B公司作为外国公司并未取得该许可证。但该条例作为行政法规就此作出强制性规定，其目的在于加强对中国境内营业性演出行业的行政管理，而并非否认与之相关合约在私法上的效力，故该强制性规定在性质上属于管理性强制规范，而不属于我国《合同法》第五十二条第五项[①]规定的效力性强制规范。因此，B公司是否违反该规定均不影响其对外签订的合约在私法上的效力。最后，当事人间的契约应当得到尊重、信守和履行。此理念系现代法治国家的基本共识，也为中国境内演艺市场向国际化、全球化发展所不可或缺。本案中，陈某、胡某在签订并实际履行合约数年后，又主张合约无效，对其无约束力，既与前述合约信守原则相悖，也不符合民法中的诚实信用原则。综上，B公司与陈某、胡某签订的一系列合约及附件真实有效，双方均应严格依约履行。

鉴于现实中协商解除合同通常不以裁判文书的方式体现，且

① 对应现行《民法典》第一百五十三条的内容。

对当事人的商务谈判的能力要求较高，本文不在此讨论。本文将以案例总结的方式，重点解析合同解除之约定解除和法定解除的常见情形。

1. 约定解除

在约定解除情形下，解除条件应明确具体，避免因判断是否满足事先约定的解除条件而引起争议。

案例：C 公司与薛某其他合同纠纷

基本案由：2012 年 5 月 8 日，C 公司与薛某签订《艺人合同书》，约定 C 公司作为薛某演艺事业的全球独家经纪公司，处理国内外各项演艺事务，有权代理薛某签订相关合同，收取报酬。合同中约定 C 公司需在五年内投资三张唱片专辑且每张唱片专辑的投资金额不低于一百五十万元，第一张唱片的制作及发布须在双方签约第一年内完成。在合约期内，C 公司还需每年向薛某提供两部影视作品主要角色的参演机会。双方还在合同中约定了合同解除条款，即在 C 公司严重违反本合同的规定，在合约中对薛某的承诺未能实现以及公司破产或被取消营业资格时，薛某可以提前终止本合约。2013 年 11 月 22 日，薛某就新歌专辑的实际投入不足，且新歌专辑未按照合同约定的时间发行，以及 C 公司从 2013 年 6 月起未再结算月收入为由，提出终止合同。

法院分析：依据双方的合同约定，在 C 公司出现违反合同中其应履行的承诺时，薛某可以行使合同的解除权。由于合同的履行是建立在诚实信用、自愿公平的基础上，以有利合同双方共同发展为目的，且双方对合同的履行应相互信任、积极配合。鉴于C公司在合同的履行过程中出现了违约行为，双方产生了诸多矛盾难以调和，双方当事人之间已经不具备互相信任的基础合同关系，薛某亦已向C公司明确表示了终止履行合同的意愿，因此2013年11月22日即薛某发出“终止合同的函”之日，合同即解除。

在上述案例中，一方当事人根据合同约定的解除条款，在另一方违反合同中承诺的情况下，单方发出解除合同的通知即可解除双方已签订的经纪合同，且不需要对此承担违约责任。因此，对于合同任一方而言，都需要重视经纪合同中合同解除的条款，尤其需要注意己方或对方解除合同的情形和权利。在实践中，关于是否满足约定解除的条款往往容易引起争议。案例中艺人顺利解约得益于其在经纪合同中预先约定了明确具体、较少争议的条款，这一类的条款要求实际操作性强，否则约定模糊、不具备可行性的合同解除条款将沦为虚设。因此，笔者建议艺人在签订经纪合约时，应当对于合同解除条款进行细化，排除概括笼统型的措辞。

2. 法定解除

法定解除的情形比约定解除复杂得多，往往会提交至法院或仲裁机构通过诉讼、仲裁的方式解决。考虑到演艺经纪合同虽非单纯的委托合同，但因其具有较强的人身依附性，演艺公司与艺人之间的信任关系是合同继续履行的基础。故在司法实践中，双方如证明缺乏信任关系，致使合同目的无法实现，合同可能会被依法解除。

案例：王某和D公司合同纠纷

基本案由：2015年4月18日，王某与D公司签订了一份《演艺经纪合同》，约定D公司为王某全球范围内的独家全权经纪人，王某未经许可不得另行委托经纪人或参加非由D公司安排的演艺活动。同日王某签订D公司举办的大型偶像养成类选秀节目的官方规则及参赛保证书。后D公司与某影视传媒公司签订该节目和艺人经纪转让协议，王某不愿签署。D公司在该节目录制后两年内未给王某安排演艺机会，也未支付任何报酬，于是王某在发出《解约函》之后，参与某宣传活动，D公司认为王某已违约，但王某认为其已与D公司解除合同。

法院分析：演艺经纪合同的内容涉及劳动法、知识产权法等诸多方面，属于一种以委托合同为主，兼具行纪、居间、劳动合同特征的复合型合同。鉴于演艺经纪合同的复杂性，如果简单将其归入某一种有名合同，则无法体现其本身的特殊性。因此关于合同的解除不能简单适用委托合同关于单方解除的规定，而是应当依照合同法中关于合同解除的相关规定予以判断。该案中，虽然王某曾于2017年7月11日向D公司发出解除合同的函件，但是因其并不具有单方解除权，该发函行为本身不发生合同解除的效力，且D公司已于同年9月26日复函不同意解除，双方亦未能就合同解除协商一致，故在该案诉讼之前，双方签订的演艺经纪合同并未解除。如上所述，考虑到演艺经纪合同虽然并非单纯的委托合同，因其具有较强的人身依附性，演艺公司与艺人之间的信任关系是合同继续履行的基础。同时考虑到王某已经明确表示不再继续履行合同，D公司在2016年之后未再为王某安排演艺活动，王某自签约至今未从D公司获得报酬，双方基于演艺经纪合同的目的已经不能实现，双方已丧失合作基础，该院依法确认王某于该案诉讼中提出有关合同解除的反诉请求，D公司接收反诉状之日即2018年4月17日时予以解除。依据相关规定，合同解除后，合同义务尚未履行的，终止履行；已经履行的，根据履行情况和合同性质，当事人可以要求恢复原状、采取其他补救措施，并有权要求赔偿损失。

需要说明的是，尽管大量的案例表明艺人与经纪公司之间的信任是履行经纪合同的重要基础，丧失信任基础之后法官或仲裁员往往会裁决合同解除，但单纯缺乏信任并非一方享有合同解除权的法定理由，一定要达到“根本违约”程度，合同才能真正被解除。

案例：蒋某与E公司合同纠纷

基本案由：2011年3月5日，蒋某与F公司签订《经理人合约》，双方约定F公司作为蒋某的独家经理人，辅助蒋某发展其演艺事业。2013年，经各方当事人同意，F公司将其在合约中的权利义务转让给E公司，蒋某与E公司签订《经理人合约》。2015年8月6日，蒋某以对方实质性违约为由委托律师向E公司发出律师函通知解除合同。在蒋某就上述解约争议提起诉讼后，E公司针对其父蒋某某提起名誉权诉讼。因此，蒋某认为自己无法与将自己父亲推向被告席的公司继续合作，双方已丧失合作的信赖基础，合同已无法继续履行。但是E公司坚持表示不同意解除双方之间的合同关系。

法院分析：双方当事人之间的信任属于商事活动中的必备要素，但信任本身并不具有合同法上的法律意义，蒋某以双方之间缺乏信任为由主张其享有合同解除权缺乏法律依据，法院对此不予采纳。此外，E公司与蒋某之父蒋某某之间是否存在诉讼，并不属于E公司与蒋某之间合同解除权成立的法定要件，且蒋某向E公司发出解除合同通知时，上述诉讼亦未发生。综上，蒋某主张其在向E公司发出解约通知时享有合同解除权的主张不能成立，E公司亦坚持表示不同意解除双方之间的合同关系，故法院对蒋某要求确认双方之间合同关系已经解除的诉讼请求不予支持。

对比上述两个案件可见，两案中合同当事人提出法定解除合同的理由类似——双方丧失信任，不再具备合作基础，但是两个案件的处理结果却完全不同。因此，演艺公司与艺人之间的信任关系是合同继续履行的基础，但是信任关系并不是合同解除的法定条件之一，要想通过法定方式解除合同，需满足本节上述的五种情形之一。鉴于个案的不同事实和证据会导致不同的审判结果，艺人和经纪公司在处理类似纠纷时，应寻求法律专业人士的协助。

前述内容是从法律角度对合同解除条件进行的分析和建议，在实际操作中，解除合同的现实方式一般包括和解、调解、仲裁和诉讼这四种方式。根据背景情况、纠纷焦点、证据搜集和效力的不同，各方往往可以结合实际情况，灵活运用不同方式制定战略性的策略组合出拳，灵活应对。毕竟对艺人来讲，如何妥善处理解约事宜关系到粉丝、流量、公众关系、个人品牌等，亦将直接影响到艺人未来的职业生涯。

四、艺名的法律属性

艺人在进行演艺活动前，公司或自己往往会取一个更有辨别力、更容易上口和被人熟记的名字，即艺名。艺名不同于一般公众的姓名，往往意味着实际的或潜在的商业价值。艺名本身也是标识或"品牌"的一种，经纪公司从培养艺人之初便会考虑这种标识或品牌的延续性，而艺名也将成为经纪公司宣传和推广的重要因素。

实践中很多经纪公司为了维护对艺名支配、使用乃至占有的权利，会在经纪关系建立之初，就将艺名约定权属，甚至作为商标申请注册。在谈判地位强弱不对等、法律或行业知识获取度不一致的情况下，合同约定的权利义务设置也必然有别。

那么，经纪公司通过注册艺名商标的方式能否获得艺名的所有权？在艺名归属问题上司法又会如何裁判呢？

（一）艺名的法律属性

就艺名的法律属性而言，由于艺名与艺人本人密不可分，公众在提到艺名时首先联想到的是艺人个人，因此艺名在一定程度上具有人身依附性，即人格属性。另外，艺名作为艺人和经纪公司宣传推广和与第三方公司开展合作的基础，也具有一定的财产属性。

对于艺名所具备的商业价值，根据北京市第三中级人民法院做出的相关判决书内容，当艺人的艺名具有商品来源的标识意义，能够发挥出引导消费者做出消费决定的作用时，姓名就具有了商业标识的意义，受到《反不正当竞争法》的保护。《反不正当竞争法》所保护的姓名具有一定的财产权属性，但同时与自然人也具有一定的人身依附性。在市场竞争中，当具有商品来源意义的自然人的姓名、艺名等被他人假冒，并且足以引起市场混淆时，权利人可以寻求《反不正当竞争法》的保护。

（二）艺名的归属

姓名权是民法中的人格权，法律规定中的姓名既可以是自然人的真名，也可以是笔名、艺名等。虽然艺名的价值离不开经纪公司和团队背后的努力，但仍无法改变艺名的人格属性，即艺名是直接指向艺人本人的代称。另外，艺名也可以作为商标进行申请和保护，但要注意对他人在先权利的保护，不得将已经属于他人在先权利的标识作为商标进行注册，否则在先权利人可以对商标注册人提起民事诉讼。因此如果艺人使用其艺名具备一定知名度后，公司不能再将艺名申请为商标。

就算是公司将艺名申请为商标，若艺人使用其艺名的方式并非商标使用方式，则不触犯公司的商标权。鉴于艺名所具有的人格属性和对艺人所具的人身依附性，经纪合同解除后，艺人仍可继续使用其艺名，原经纪公司不可将该艺名转让给其他艺人使用。

此外，若艺人在与经纪公司的合约中约定合同解除后，艺名归公司所有，该约定很有可能被认定为无效。姓名权作为人格权的一种，是不可让与和随意转让的权利，艺名对艺人具有人身依附性、归属性，不能简单以协议约定的方式割裂艺人与艺名之间的归属。

案例：钮某、G公司与H公司、卞某不正当竞争纠纷

基本案由：钮某于2008年年初为自己取艺名云某，并以此艺名进行演艺活动。2013年4月17日，钮某与G公司签订了演艺经纪合同，约定G公司在全世界范围内独家经纪钮某的演艺事业。2013年年初，原告钮某和G公司发现H公司安排其签约歌手卞某以云某为艺名进行各种演艺及宣传活动，认为该行为构成不正当竞争。H公司答辩称，钮某2007年至2012年为该公司的签约歌手，曾使用过“云某”的艺名，并且H公司于2012年9月28日取得该艺名商标注册证。

法院分析：钮某通过上述对其艺名的大量、持续使用及宣传，云某与钮某已经建立了紧密的市场联系，同时云某也已经具有了较高的市场知名度。云某已不仅仅起到作为钮某艺名的作用，同时还具有了识别商品及服务来源的作用。故云某既属于钮某的人格权，也属于其商业标识，具有人格和财产双重属性。在钮某与H公司合同期间，H公司作为经纪人依约可以使用钮某的姓名及艺名云某，但在双方合同到期后，因该艺名所具有的人格属性和对钮某所具的人身依附性，其不会随着双方合同关系的终止与钮某脱离关系。从其作为商业标识来看，云某与钮某也已经建立了紧密的市场联系，该种市场联系同样也不会因为双方合同关系的终止而消灭。

H公司及卞某的上述行为表明其主观上具有使社会公众误认为后来的云某（卞某）就是以前的云某（钮某）的故意，并意图隔断云某与钮某的市场联系、抢占本属于钮某的演艺市场份额，客观上足以引起消费者将钮某与卞某相混淆，且从公众在钮某新浪微博上的留言来看，已经实际产生了混淆和误认。H公司和卞某违背了市场竞争中的诚实信用原则和公认的商业道德，对G公司和钮某构成了不正当竞争，应当承担停止侵权、消除影响和赔偿损失的法律责任。

本案中，钮某使用“云某”艺名并获得一定知名度在先，H公司申请“云某”商标在后。因此，H公司在后申请注册的商标权不能成为其不侵犯在先权利进而不构成不正当竞争的抗辩理由。另外，钮某是将云某作为其艺名使用，而不是作为商标使用，该种使用方式与H公司注册的商标无关。

五、限制婚恋的有效性

经纪公司为了维持艺人的知名度和观众好感度，很可能采取打造“人设”的方式。尤其是在一些观众具有直观感受的娱乐节目或传媒介质中，如综艺真人秀、自媒体、直播和短视频等，艺人的人设往往会吸引某一个群体的关注，如“好男人”“平民”等“标签”都可能是人设的一种或者组成部分；有时为了赢得更多粉丝的好感、专注事业发展，还会重点突出

"单身"的人设等。所谓"人设"是经纪团队利用自己的商务和市场经验结合艺人本身的性格特征或现实情况而选择"重点突出呈现"的一种方式，用于辅助营造艺人的个人标签或者品牌，这对吸引公众注意力、提高辨识度和记忆度能起到非常重要的作用。实践中，打造艺人的"人设"越来越成为艺人发展和经纪公司宣传推广的重要手段。

鉴于"人设"与艺人形象的紧密性及对经纪公司开展合作和获取利益的重要性，一旦出现与艺人"人设"不符的新闻、报道、照片等，尤其是出现针对艺人违反公序良俗行为的报道，可能导致经纪公司利益受到严重损失。故实践中为了规制艺人的行为、保护公司预期利益，保护艺人形象的一致性或保护单身艺人的吸引力，有的经纪公司会在经纪合同中约定所谓"限制婚恋"的条款，限制婚恋时间、对象、行为等。那么，这样的条款是否有效呢？

从法律角度分析，"限制婚恋条款"效果有限。我国的根本大法《宪法》中明确了规定"婚姻自由"是公民的基本权利之一，除此之外，《民法典》婚姻家庭编也规定了婚姻自由，由此可见婚姻自由属于法律赋予公民的最基本的人身权利，任何人不可任意剥夺。中国籍艺人首先是中国公民，演艺只是众多职业中的一种，职业不是限制或剥夺公民拥有的合法权利的理由，因而艺人的婚恋自由不可通过合同被经纪公司限制或剥夺。另外，我国《民法典》合同编还规定，损害社会公共利益和违反法律、行政法规的强制性规定的合同均属无效。若合同条款限制、剥夺婚恋自由，该条款也就很有可能因损害社会公益、规避强制性法律规定而被认定为无效。

但不可否认的是：艺人的婚恋存在不稳定性，这可能导致艺人掉粉、损失商务资源，甚至终结职业生涯。这种不稳定性可能是婚恋状态的开始或终结，也可能是婚恋状态的复杂化，如“出轨”“劈腿”“婚外恋”等常见的媒体“爆料”。可以想象，这类爆料必将严重影响正面形象类人设（如“好男人”）的艺人。

考虑到艺人的婚恋情况对既定“人设”产生严重影响、造成损失的风险过大，艺人与经纪公司可以在不限制艺人婚恋自由的前提下，通过细化不同情形制作分级预案，并且在合同中约定婚恋情况的公开条件和方式等，以防范和降低风险。

分级预案应针对不同情形。比如：（1）单纯婚恋状态发生变化（单身—恋爱；恋爱—结婚；恋爱—单身等）；（2）违背公序良俗或公众道德观（出轨、劈腿、婚外恋、地下情、私生子、“花花公子”等）；（3）违反国家法律和规章（卖淫、嫖娼、重婚等）。通过这种细化来设置不同的处理机制及责任承担，可以有效地降低风险。

六、账号归属

从最早的网络论坛、校园网，到现在的直播平台、社交平台、电商店铺等，无一不在彰显娱乐方式的多样性。尤其是随着近年来内容 IP 的重要性显著提高，不少艺人如主播、自媒体、UP 主等会在相关平台上注册个人账号来上传作品，供网络用户浏览。这一类账号往往带有大量图文、直播、音视频等内容，这些内容因其具备知识产权性质而具备较高的商业价值。艺人在与经纪公司解约后，往往希望能够保留账号继续使用，而经纪公司则希望账号能够归公司所有，实现持续变现。

实践中关于账号的归属，首先应以合同约定为主。如果经纪合同中就解约后账号的归属有明确约定，实践中很有可能会遵从《民法典》合同编意思自治的原则，根据双方在合同中的合意来确定账号的归属。若原合同并未约定合同解除后账号的归属，则极易引起艺人与经纪公司之间的纠纷。

在司法实践中，法院往往会综合考虑以下事由来决定账号归属问题：第一，账号是否对艺人具有强人身依附性；第二，艺人或公司或他方对账号的实际贡献、经营等；第三，从原合同整体来看，艺人是否明显处于缔约的弱势地位，从而可能构成“格式合同”，显失公平。

案例一：彭某与朱某所有权纠纷

基本案由：彭某在开设淘宝店铺时使用朱某的身份证，开立银行账户，绑定支付宝，完成淘宝网的注册。但该淘宝店铺由彭某实际运营。当发生争议后，彭某起诉要求确认系争淘宝网店为其所有。

法院分析：财产所有权的内容是指财产所有人在法律规定的范围内，对于其所有的财产可以行使的职能；本案系争淘宝网店为虚拟财产，其所有人的合法权益应受法律保护。系争淘宝网店由彭某用朱某的身份证注册而成立，彭某为设立及经营该淘宝网店花费了人力及物力，该网店由彭某长期负责经营管理，并已达到一定的信用度；而期间，朱某并未就彭某用其身份证开淘宝网店向彭某提出过任何异议，但其也未参与对该淘宝网店投资及经营，故现应认定该淘宝网店的实际所有人为彭某。

案例二：I公司与李某演出合同纠纷

基本案由：2018年1月1日，I公司（甲方）与李某（乙方）签订《I公司签约合同书》，合同约定：乙方系甲方签约艺人，甲方以乙方名义向淘宝直播平台公司申请直播账号及权限，所申请的账号所有权、使用权、收益权归甲方所有，乙方无条件配合。2018年6月30日，李某停止在网络上直播。故I公司诉至法院。

法院分析：李某不应向I公司交付账号密码。理由是，案涉的淘宝直播账号系以李某名义申请开通，带有明显的人身属性。

虽然签约合同书约定所申请的账号所有权、使用权、收益权归I公司所有，但从I公司提供的签约合同书整个内容来看，约定的大部分内容均是李某的义务，李某明显处于缔约的弱势地位。因此，I公司要求李某交付直播账号密码，依法不予支持。

七、未成年人演艺经纪合同效力问题

从法律的角度而言，未成年人作为无民事行为能人或限制民事行为能力人，实施的超越其能力范围的民事法律行为（如签订合同）无效或效力待定，因此未成年人艺人签署演艺合同一般应由法定代理人代签。但需注意的是，法定代理人代签的合同并非一定有效，合同效力需根据具体条款来进一步判断，如若合同中存在有损未成年人合法权益的条款，该合同可能会被认定为无效。因此，未成年艺人签署演艺等有关合同时，应审慎注意条款设置，避免合同无效；经纪公司签约未成年艺人时亦应注意避免形成雇佣关系。

实践中，有法院秉持的裁判规则是：合约中若未涉及明显损害未成年艺人合法权益保护的内容，则合同有效。

案例：J公司与蒋某其他合同纠纷

基本案由： J公司为打造中国大型女子偶像团体于2012年开始招募女成员。当时，十二岁的蒋某自行报名参加，并得以入围最终选拔。2012 年 10 月 12 日，在蒋某母亲认可的情况下，蒋某与 J 公司签署了《专属艺人合约》。2013 年，蒋某在未征得原告同意的情况下，擅自离团，不顾劝说，执意不参加原告安排的日常训练和演出活动，给 J 公司带来商誉和经济的双重损失。因此，J 公司主张解除合同，并要求蒋某支付违约金八十万。双方就《专属艺人合约》是否有效产生争议。

法院分析：2012 年 10 月 12 日原、被告签订《专属艺人合约》时，蒋某是正值十二周岁的未成年人，根据我国法律规定八周岁以上的未成年人是限制民事行为能力人，可以进行与他（她）的年龄、智力相适应的民事活动；其他民事活动由他（她）的法定代理人代理，或者征得他（她）的法定代理人同意。本案争议的《专属艺人合约》签约的过程和结果有蒋某母亲的参与并认可。《专属艺人合约》所确定双方权利和义务的内容符合法律规定且亦是蒋某兴趣爱好所在和愿意为之努力发展的方向，故被告法定代理人为被告所作的决定，并没有损害被告的利益。

八、高额违约金

通过偶像养成类综艺节目 C 位出道的偶像蔡某于 2017 年与经纪公司产生违约纠纷，经纪公司要求蔡某赔偿 3.2 亿元的天价违约金事件一度引发热议。在娱乐行业中，高额违约金的现象并不少见。经纪公司与艺人签订合同时，为了限制艺人随意违约，往往会约定高额违约金条款。如果艺人与经纪公司因一方违反合同发生争议，是否必须按照事先约定的高价违约金赔偿呢？对此应具体情况具体分析。实践中，经纪公司与艺人之间约定的违约金数额并非完全不受限制。

艺人或经纪公司在解约时认为违约金数额过高，可以请求法院予以适当减少，法院往往会以实际损失为基础，兼顾合同的履行情况、当事人的过错程度以及预期利益等综合因素作出裁判。

案例：叶某、K公司合同纠纷

基本案由：2008年4月1日，叶某与K公司签订演艺经纪合同，合同中约定叶某在任何情况下，不得以任何理由解除或终止本合约。若发生违约行为，需赔偿K公司八百万元及支付K公司所有投入及预期利润。2012年，叶某向K公司发出解约函件，K公司主张叶某违约，且需承担八百万元的单方解约违约金。

法院分析：K公司主张其实际损失为前期投入四百八十万元以及预期利益六百万元，但是并未对其实际损失进行充分举证。此外，K公司提出的六百万元预期收益与2012至2014年叶某的演艺收入情况不符。根据其过往收入计算明显不能达到K公司所称的高额收益损失。再者，从合同履行情况分析，K公司在履约后期未如期向叶某支付佣金，双方也曾协商变更原合约约定的合作方式。故综合考量以上因素，K公司主张叶某支付八百万元的单方解约违约金，有违公平原则和诚实信用原则。最终判决叶某支付三百万元的违约金。

第三节 艺人经纪合同重点条款列举及风险提示

鉴于艺人和公司之间经纪关系的复杂性、演艺活动的多元性和对外业务的标的额之高，经纪合同是双方开展合作的基础，也是维护自身权益最重要的方式，合同中具体条款的设计直接关系到利益分配、权益归属等核心问题。本章节以最常见的经纪合约为例，分析经纪合同中的重要条款，并为艺人和经纪公司提供风险提示。

由于实践中经纪合同的条款较复杂，此处选择部分重要条款进行具体分析：

一、合作内容

合作内容即艺人授予经纪公司代理和经纪的合同类型。对于经纪全约而言，合同中包括所有演艺活动如影视剧代理、商务合作代理、电商业务代理、直播业务代理等。考虑到演艺活动的复杂性和多元性，以及未来可能出现新的演艺活动形式，为了避免合同条款有遗漏而导致纠纷，笔者建议艺人和经纪公司在约定该条款时，根据双方合作目的和需求，尽可能详细列举合作业务的内容。以“商业活动”为例，可以包括但不限于以下方面：代言、演出、表演、出版、广告，参与拍摄或录制综艺节目、影视剧、广播节目，图书、周边衍生品等。如无法列举细分的活动内容，可以详细列举活动类型，如包括但不限于策划、包装、规划、安排、实施、对外合作、谈判签约、法律事务代理、顾问、维权等。除此之外，应约定兜底条款以防有遗漏的合作内容或未来可能出现的演艺活动方式。

无论合同最终如何约定，是细化还是粗化，是尽可能穷尽列举还是仅约定一项或多项合作内容，都应以合同当事人的需求为主，这就需要作为商业地位弱势方的艺人在签订合同前充分了解演艺活动的类型以及每一类型应履行的义务，以免在不了解合同词义的情况下作出承诺。

对于经纪公司而言，则需要衡量公司能够提供的业务和约定的演艺活动是否相匹配，从而确定合作内容，避免出现无法实现合同承诺而导致违约的情形。

二、合作方式和区域

经纪合同的合作方式一般包括两种：独家和非独家。独家代理方式即在合同约定的期限和区域内，艺人仅授权给该经纪公司一家单位代理、经纪和经营管理艺人的演艺活动，如艺人擅自与第三方开展类似业务则属于违约行为。非独家代理方式则相反，艺人可以再委托别的公司或者自行开展合同约定的活动内容。

对于艺人而言，应充分理解约定区域内独家代理的意义，避免在缺乏了解的前提下签订独家代理合约。刚进娱乐圈的新人往往会选择签订世界范围内独家代理的经纪合同，将所有演艺活动的代理权都交给一家经纪公司，这样做的好处是经纪公司可以结合该艺人的自身特点为其安排适合的培训和艺人打造计划，使其参与的各演艺活动环环相扣，有利于艺人的长远发展；不好之处是在合同约定的期限内，艺人都只能由一家经纪公司代理其演艺活动，当该艺人业务日渐成熟，具备自行开展活动的能力或有更好的公司欲为之安排资源时，原经纪公司就有可能变成其发展道路上的绊脚石。已具备一定成熟度的艺人尤其是已成立工作室的知名艺人往往会选择非独家代理方式，将一部分演艺活动的代理授权给某家或几家经纪公司，以实现演艺资源多元化，不限制自身发展的可能性。跨国艺人可能会选择某一区域内的独家代理，如外国艺人想要进军中国内地娱乐圈，但却缺少资源和途径，可以通过与国内经纪公司合作的方式，将国内演艺活动的代理权授权给国内经纪公司。

对于经纪公司而言，如选择独家代理的方式，应注意同时约定“艺人自身无法行使合同约定的合作内容”，避免艺人擅自对外开展业务。为了更灵活地推进业务，建议在合同中明确合同的部分或全部权利义务的转让或转授权，允许第三方公司行使合同约定的权利。尤其是以培养偶像为主要经营模式的公司，在以举办

"偶像养成类"节目为目的与艺人签约之时，应在合同中明确约定合同权利义务可转让，便于在"偶像养成类"节目结束之后将选拔出的艺人转给其他经纪公司来代理。

三、知识产权条款

知识产权与艺人的演艺活动息息相关，潜在商业价值不可估量，但知识产权本身是无形的，是载体背后所抽象出的权利，与人们日常生活中所能见到的有形的、可直接感知的商品、产品、物品等有明显区别，往往难以理解。更复杂的是，知识产权并不是一种权利，而是一束甚至几束权利集合，包括各种各样的权利：仅著作权就包括四种人身权、十二种财产权、还有一种"其他权利"兜底，除此之外还包括著作权邻接权、衍生权利、商标权、专利权……同时，知识产权的客体、授权、交易等都涉及各种各样的专业法律问题。这些都为艺人业务合同中知识产权条款的设置带来了较大的难度。

由此可见，知识产权是艺人业务合同中必须关注的，但本身复杂抽象，对法律专业性有极高的要求。

对于艺人而言，应尽可能争取上述作品知识产权的所有权。有的公司可能会在经纪合同中约定合同履行过程中产生的作品的知识产权归双方所有，这时应明确"双方所有"的界限，并进一步约定双方权利的比例或拥有的权利类型划分，避免未来产生争议。若经纪公司不肯让渡知识产权的所有权，则艺人应争取在合同中约定作品的使用权，如合同期限内是否能基于合同目的免费使用作品或合同终止后是否能基于商业目的/非商业目的免费使用该作品，是否需要事先通过经纪公司书面同意等。

对于经纪公司而言，其本身就是合同的强势方，很有可能取得合同产生作品的排他性的全部知识产权。但经纪公司仍应注意在合同约定方式上，尽可能将合同履行过程中所有可能涉及的作品都列举出来，并在知识产权种类上尽可能严谨约定，除了约定现有的著作权、邻接权、商标权和专利权之外，还应包括未来可能会出现的权利形式。在衍生权利方面，也应明确约定，如经纪公司有明确商务开发的途径或方向，可以在合同中列举。与知识产权直接相关的还有知识产权登记，公司可以在合同中约定艺人应配合经纪公司进行知识产权登记，以法定形式固定知识产权的归属。

四、肖像权和姓名权

肖像权和姓名权具有重要价值，大多出现在著作权使用、公司宣传和推广方面，但很少会被明确约定在合同中。公司在为艺人宣传推广，包括制作海报、制作音视频以及委托第三方制作上述作品、委托第三方宣传推广、与第三方进行业务合作时，需要具有自行使用或转授权艺人肖像权和姓名权的权利，如经纪公司未获得这两项权利的授权，则无法将其转授权给第三方，甚至可能造成自身违约或第三方侵权。

对于艺人而言，应尽可能在合同中保护自身肖像权和姓名权。一般来讲，艺人的经纪公司使用艺人的肖像权和姓名权是不可避免的，作为艺人，可以在合同中限定经纪公司合理使用自己的肖像权和姓名权的目的和情形，还可约定合同终止后经纪公司如要继续使用艺人的肖像权和姓名权，需要获得艺人的书面同意，防止经纪公司在合同终止后无限制使用其肖像权和姓名权。

对于经纪公司而言，应在合同中明确约定艺人对肖像权和姓名权的授权，以免使用时侵权。关于合同终止后肖像权和姓名权的使用，为了宣传和提升知名度的目的，应尽量争取可以继续使用，至少不要主动为自己设限。

五、收益分配

合同的收益分配既是合同的目的，也是合同重点条款之一。双方应在合意范围内约定收益分配的方式、比例和金额。经纪合同的收益分配条款有以下几种：一是约定固定金额，即艺人在一定期限内的收益是固定的；二是约定收益分配的比例，由于经纪公司前期在培养艺人时会付出巨大成本，因此合同中往往会约定在艺人出道的前几年，公司所获的收益份额较大，后几年艺人的份额逐渐增加；三是固定收益和收益比例相结合，常见于不以演艺为主业的艺人，如短视频或长视频制作者，他们的产量比较有限且演艺活动模式较为单一，因而会在合同中约定每月有一定数额的基本薪酬加比例提成。

关于收益的构成，双方应根据协商结果进行约定，通常合同中所有演艺活动产生的收益都包含在待分配收益中，由经纪公司代收并进行统一分配。

艺人较为关心的问题是，公司分配收益的准确性和分配时间的及时性。对于公司分配收益的准确性，艺人应在合同中要求公司在分配前提供账单或报表，经艺人同意后方可支付。对于分配时间的约定，经纪公司可能会以月、季度甚至更久的时间为单位，有的艺人为降低风险、周转资金，会要求公司一月一付。

六、违约责任和合同解除

合同双方应基于自身目的约定合同的违约和解除条款，一方面是为了双方能积极履行合同义务以免违约，利于双方合同目的达成。另一方面以事先约定违约责任、违约金和解除条件的方式，在未来出现争议时能够适用合同约定解决争议，避免诉争。

对艺人而言，首先应了解经纪公司设置的违约责任条款和违约金数额，衡量对于自身的要求是否过于苛刻，以及是否在自身承受范围内。其次对于经纪公司可能出现的违约责任应尽可能明确，并确保责任的约定对自身有利，基于自身目的对违约条款进行设计。比如，艺人想要在合同期限内获得尽可能多的培训机会，则可以针对此设计违约条款，约定公司在合同履行期限内应提供的培训机会数量、每次培训投入的成本和费用承担的主体及比例，如未能履行上述义务，经纪公司则应承担什么样的违约责任，赔偿多少数额的违约金。最后在合同解除条件的设定上，应尽可能争取获得单方解除的条件，并尽量明确合同解除的前提，避免因约定的模糊化而无法达到合同解除的条件。

对经纪公司而言，由于艺人前期培养付出的成本高昂，一旦艺人出现违约情形，可能会导致极高损失，因此应充分考虑艺人可能出现的违约行为。本文以通常出现的“道德条款”为例进行分析。

“道德条款”通常出现在经纪公司和品牌方的合同中，是用以维护艺人个人形象、防止艺人言行出格而影响合同履行的条款。“道德条款”一般约定如下:（1）艺人保证在签署本合同时精神状况正常，未在任何国家和地区有刑事、治安案底记录，无吸毒、酗酒、赌博等严重不良嗜好及对邪教等不良迷信，并保证在本合同有效期内继续保持上述健康良好的形象及身心状态。（2）艺人如在本合同签订后实施违反公序良俗的行为（包括但不限于打架、偷税、婚外情）或其他受到法律或行政法规制裁的行为，公司有权单方解除本合同，艺人应向公司按合同约定支付违约金，并赔偿公司由此产生的全部损失。（3）艺人承诺在本合同履行期间，不得出现任何损害公司及合作方公司名誉、形象和商誉的行为或言论，不得有任何损害公司其他签约艺人的名誉、形象的行为或言论，否则由此给公司或甲方其他艺人造成的损失，艺人应承担赔偿责任。

七、合同的效力、修改和优先续约权

为避免因合同某一条款的无效被另一方作为合同无效而拒绝履行义务的理由，合同中应约定合同的可分割性，即某一条款的无效并不影响其他条款的效力。

实践中可能会存在艺人和经纪公司在洽谈过程中，其中一方作出口头承诺的情形。虽然在法律上该类承诺是有效力的，但由于口头承诺的证据极难收集和认定，或作出的承诺可能并非其真实意思表示，口头承诺的效力在实践中常常会产生争议。因此，双方可以在合同中约定合同条款的修改应以书面形式完成。

另外，艺人和经纪公司为了未来合作，可以在合同中约定优先续约的条款。经纪公司往往会基于培养成本和未来收益的原因，向艺人提出此类条款。双方可以在合同中约定：合同到期前几个月双方未提出异议，则合同自动延续；或经纪合同解除时，原经纪公司提出与第三方相同条件或更优条件时，艺人应优先与原经纪公司签约。

八、保密责任条款和竞业禁止期限

对经纪公司而言，与艺人合作过程中的演艺活动类型、与第三方合作模式、公司拥有的资源等都是公司的商业秘密，一旦泄露会对公司造成不可估量的直接风险和间接风险，因此在合同中会约定保密责任条款。对于艺人而言，其在合作过程中的私人信息、行程和创意、构想等也是值得保护的，因此可以在该条款中主张有利于自身的保护内容。

有的经纪公司在提出保密责任条款的同时，还会要求艺人签订竞业禁止条款，即合同终止后几年内不得与其他公司开展与该经纪合同类似的活动，这对艺人而言无疑风险极大，会导致艺人在发展极好的几年被迫“归隐”，或者冒着承担巨额违约金的风险继续开展业务。因此建议艺人在签订此类条款时，加以重视，一定要明白条款内容对自己的权利限制的程度和对未来发展的影响。

九、直播相关条款

随着互联网迅速发展，近几年直播成为一大新型传媒方式，因此合同中应约定直播相关条款。与直播相关的有两点易发生纠纷：著作权归属和账号归属。

关于著作权归属，对经纪公司而言应在合同中明确约定直播产生的作品的著作权归属，约定方式可参见本章节第三部分“知识产权条款”，此处不再赘述。

关于账号归属，因账号具有巨大的商业属性，应在合同中明确其归属。双方应在合同中尽量列举现有的互联网平台及未来可能出现的新型互联网平台；艺人注册的所有账号的经营权；合同履行时及合同终止后该账号及所有发布的内容的所有权归属等。

十、电商合作相关条款

当前，很多经纪公司着力打造网络红人，通过在网络平台上宣传和推广的方式，在其具备一定知名度、能带动较高流量和数据时，推出电子商铺进行商品和服务的销售。在这类合同中，商铺的经营权和所有权对公司极其重要，因此公司应在合同中约定店铺的所有权、经营权、电商和网络账号的所有权、合同终止后商铺和账号的归属等条款。

综上，鉴于艺人经纪关系的复杂性和多元性，以及艺人经纪合同的重要性，我们建议艺人及经纪公司在建立合作关系、签订经纪合同时寻求专业人士的建议，以更好地实现预期目的、在法律范围内实现利益最大化。

第二章

艺人人格权管理相关法律实务

艺人毕鸿最近在娱乐圈大红大紫。她在一部电视剧里一人分饰两角，其扮相和表演水准得到了专家和观众的一致赞赏，一时炙手可热。各大媒体和电视台都向她抛出了橄榄枝，她接受访谈的照片和视频更是散见于各网站，经纪人彭虹霓商务邀约不断，有邀请毕鸿参演影视剧的，有邀请进行广告代言的，还有邀请开直播进行带货的。彭虹霓高兴得双目放光，感觉前途万丈光芒。

“这些图片和视频可都是珍贵物品啊！”彭虹霓对助理说，“咱们可千万得保护好了啊！”

但是人红是非多，毕鸿火了以后，无论是居家还是外出，稍不注意就成为人群的焦点。只要她一出门，就会有狗仔队在附近偷拍，有的甚至驾车追逐毕鸿的车辆，就连追尾的事件都发生了很多次。毕鸿去购物，有人偷拍；毕鸿去机场，有记者蹲守；毕鸿去健身，有记者跟踪；毕鸿去吃饭，有记者在窗外远远地拍摄……有的记者甚至故意找机会拍摄毕鸿的不雅照。不仅如此，还有一些粉丝驻扎在毕鸿的窗边以近距离接触偶像。这为毕鸿带来了不少烦恼。

这些远程拍摄的不雅照很快就在社交媒体上被大量转载，并火速登上热搜榜第一。首发的媒体收获了一大波关注和流量，倒霉的却是艺人本人。毕鸿和彭虹霓对这突如其来的“走红”都无可奈何，人人都晓得不应侵犯他人隐私权，但是对方的拍摄是在公开场合进行的，又是披着类似“新闻报道”的“外衣”，毕鸿无计可施，只能隐忍。

然而接下来的一件事把毕鸿彻底激怒了。

一天早上，毕鸿喝着咖啡浏览网页新闻时，突然看到一个标题:《毕鸿家中素颜饮茶，头发散乱仅着睡衣》，下面的照片居然是自己在家中穿着碎花睡衣喝茶的样子。

毕鸿一口咖啡喷到了碎花睡衣上面。

真相很快就浮出水面，无孔不入的狗仔队为了抢流量，竟然在对面楼上通过远距离拍摄的方式，拍摄毕鸿在家中的一举一动。

这种做法显然严重侵犯了毕鸿的隐私，毕鸿和彭虹霓极为愤怒，立刻聘请了律师准备维权。

一波未平，一波又起。

就在律师准备法律声明及律师函时，彭虹霓又接到了粉丝爆料：网上盛传毕鸿的脸是整的。

彭虹霓立即让律师着手去查，发现事情的起因居然是东南某省的宝岛整形医院将毕鸿的照片印在海报和宣传册上最显眼的位置，网上关于“毕鸿整容”的传言即根源于此。该医院的官网盗用了她在电视剧中分饰两角的剧照，旁边的文字写着“整容前、整容后”，还PS上了广告语“宝岛整容，我最信赖”。

这不是让人误会毕鸿在这里整过容吗？彭虹霓感觉毕鸿的人格受到了侮辱。

此次“整容门”的受害明星艺人不止毕鸿一个。一些自媒体借机炒作，网络上的攻击和谩骂声此起彼伏，毕鸿再一次被送上了热搜榜第一。基于危机管理的需要，律师建议毕鸿就此事发布官方声明，并同时着手诉讼维权。

毕鸿的律师依法提起了对不同侵权方的诉讼，成功迫使偷拍的媒体承认错误、公开道歉；盗用毕鸿图片的宝岛整形医院撤下照片，承担侵权责任。

“艺人的人格权管理真是不容易啊！”彭虹霓长长地舒了一口气。

第一节　艺人人格权管理现状

随着娱乐产业的快速发展，艺人的商业价值日益凸显、社会公众及粉丝对艺人私生活的关注也日渐增加，这使得艺人人格权被侵犯的情况屡见不鲜。根据过往案例经验，艺人人格权相关诉讼主要集中于擅自商用艺人肖像、偷拍、网民网暴艺人等侵犯艺人人格权的行为。为了保护艺人作为公民的基本权利和自由，艺人的人格权管理迫在眉睫。艺人人格权管理涵盖的内容分为以下两类:（1）保护艺人人格权不受侵害，和一旦受到侵害时合法维权;（2）艺人人格权受损后，采用合理手段进行危机公关以求最大限度维护艺人的社会评价，甚至转危为安达到"名利双收"的效果。本章将同时从法律和商务的角度，通过分析艺人人格权受侵害的情形，提出维权途径和有效公关管理。

第二节　人格权概述

艺人人格权受侵害是艺人从业过程中不可避免的问题和难题，不论是初入娱乐圈的新人，还是娱乐圈的前辈，都可能遭受人格权侵权，且大多数处于非常被动的地位。从法律的角度而言，人格权与公民自身紧密相关、不可分离；从商业的角度来看，艺人人格权与其个人特征、社会评价、商业价值密切联系。侵害艺人人格权的事件往往会对艺人的名声产生一定负面影响，而艺人的美誉度、传播力、号召力又往往直接关系到品牌方、投资方甚至经纪公司方方面面的实际利益。因此，如何管理好艺人的人格权早已成为现今艺人管理中最为重要的问题之一。

在中国的法律体系中，人格权由生命权、健康权、身体权、姓名权、肖像权、名誉权、隐私权等部分组成。人格权是以人格为内容的权利，以保护人格尊严和人的价值为目的。人格权与其他各项权利（如债权、物权）相比，是一种原始的权利并具有人身专属性，直接关乎于人的尊严，且不能随意处分、抛弃。但在司法实践中，人格权的某些组成部分被认为具有可分离性，这些组成部分可以被授权给他人使用。

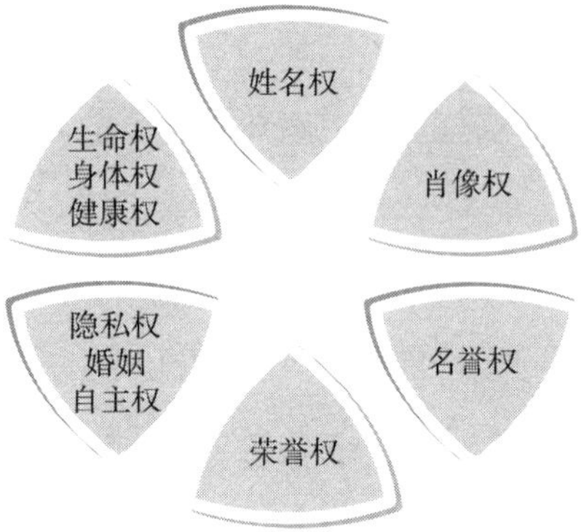

2-1　人格权类型

艺人作为社会公众人物，其人格权与一般社会公众相比更具商品化特征，此外艺人人格权还会受到一定程度的限制。

随着商品经济的迅速发展，公民个人的肖像、姓名等人格特征所具备的经济价值逐渐被挖掘，并适用于商业推广，这使得公民人格权进一步被商品化，部分人格权开始具备财产权的属性。而艺人与一般大众相比更具有号召力和影响力，在粉丝经济流行的今天，艺人凭借自身的人格权价值而具有更大的商业潜力。品牌方借助艺人的名声和影响可以更好地宣传、推广和出售商品，艺人也能够依靠品牌方提供的资源进一步扩大自身的影响力并实际“变现”。因此，相比普通公民的人格权，艺人人格权商品化的程度更深入、更广泛。

艺人作为知名公众人物，在享受部分人格权带来的商业价值的同时，也应注意这份职业要求人格权作出的让渡和限制。艺人因其具备一定知名度、曝光度，且其商业价值与自身粉丝量级和影响力密不可分，故也需要承担权益对应的社会责任。艺人人格权的限制不仅体现在人格权商业化（主要就姓名权、肖像权而言）使用上，亦体现在名誉权、隐私权等权利保护方面。简单来讲，对艺人名誉、隐私的保护不能完全排斥媒体的舆论监督、公民合法知情权的需要，对此我们称之为艺人人格权保护的“限缩”。

实践中艺人的演艺生涯中不可避免会受到无良媒体的诽谤、造谣甚至“网暴”，个别公民的跟踪、偷拍和泄露隐私等，这使得艺人人格权的保护与限缩在一定程度上产生冲突。故本文再次明确，从艺人的角度来讲，这种有限的“限缩”绝不是毫无底线的容忍，许多情况下艺人面临的状况已经达到民事侵权的标准，针对这些侵权行为，艺人应当积极维护自身权利。

第三节　人格权侵权行为及应对

一、姓名权

艺人的“姓名”往往伴随着巨大的商业潜力，故实践中不乏不法分子未经同意擅自商用艺人姓名而获取非法收益的情况，亦不乏经纪公司为保留艺名所有权而与艺人撕破脸的争端。然而很多艺人在遭遇姓名权侵权时没有主动采用法律武器主张维权、获得赔偿的意识。

根据著名学者朱庆育的观点[1]，姓名权是对姓名之标记符号独占而不可让与之权利 。姓名权主要内容包括姓名决定权、姓名使用权、姓名变更权等，公众通过姓名可以将某一自然人区别于他人。

法律上，艺人姓名权所保护的客体不仅仅包括本名，亦包括艺名、别名等。不少艺人在出道后，会另取艺名，有些艺名的知名度、认可度之高以至于大众并不一定知晓艺人的本名，如在发生艺名纠纷前，大众甚至不知道“邓某某”的本名是什么；换言之，粉丝、大众、品牌市场均认可“邓某某”的名称，提到“邓某某”就会想到特定艺人本人。

---

① 朱庆育:《民法总论（第二版）》，北京大学出版社 2016 年版，第 406 页。

艺人行使姓名权，主要集中于决定、变更姓名、在参与社会各类活动中使用自己的姓名，将姓名作为商号、域名、商标使用或许可他人进行上述使用等情形。而姓名权侵权行为主要体现在干涉他人行使姓名权、盗用他人姓名以及假冒他人等方面。实践中，艺人在人格权上经常面临的侵权行为主要有以下几种情形：

第一，擅自使用艺人姓名进行商业宣传、推广。在商业化社会中，艺人姓名权商业价值的重要性日益凸显。商家为推广产品，未经许可使用艺人姓名的情形较为常见，此类纠纷往往还会涉及艺人的肖像权侵权问题。例如，现今不少品牌会在其官网中使用艺人肖像及其姓名进行宣传。

第二，姓名商标抢注在今天也屡见不鲜。不少企业为了提升产品的曝光率和购买量，未经允许将艺人姓名注册为商标或申请为域名或作为商标使用。对于此类侵权行为，由于涉及商标的申请注册、异议申请、请求宣告无效等程序，通常维权难度非常大。著名艺人林某某在 2020 年 6 月 6 日获得自身姓名商标的初步审定，然而“林某某”姓名商标并非一开始就属于林某某本人。此前林某某为申请他人恶意抢注自己姓名作为商标的无效宣告及撤销、注册本人姓名商标花费多年，历经数场诉讼。可见艺人的姓名商标需及时注册，若未及时注册尽管后续可通过法律手段保护自身合法权益，但维权过程历时长且颇为艰辛。

此外，抢注境外知名人士姓名商标的行为也时常发生。由于跨境维权难度高、违法违规成本相对较低，不少企业可能会将境外知名人物的姓名注册成商标来使用，但这类行为同样是违法的，且中国司法实践中明确将此类抢注行为认定为违反《商标法》有关规定而无效。

案例：某明星与国家工商行政管理总局商标评审委员会、一审第三人某体育股份有限公司商标争议行政纠纷

基本案由：2012年10月31日，某明星以“争议商标容易导致公众将之与本人相关联，损害某明星的在先权利，且构成不正当竞争”为由，向国家工商行政管理总局商标评审委员会提出撤销申请，请求撤销某体育股份有限公司的相关商标。

该案历经一审、二审和再审，由最高人民法院作出（2016）最高法行再27号再审判决书，论述如下：

《商标法》第三十二条规定：申请商标注册不得损害他人现有的在先权利。姓名权可以构成“在先权利”，因此争议商标的注册损害他人在先姓名权的，应当认定该争议商标的注册违反上述规定。

在适用《商标法》第三十二条的规定对他人的在先姓名权予以保护时，不仅涉及对自然人人格尊严的保护，而且涉及对自然人姓名，尤其是知名人物姓名所蕴含的经济利益的保护。鉴于商标的主要作用在于区分商品或者服务的来源，故未经许可擅自将他人享有在先姓名权的姓名注册为商标的，不仅会损害该自然人的人格尊严，而且容易导致相关公众误认为标记有该商标的商品或者服务与该自然人存在代言、许可等特定联系。该行为在损害该自然人姓名权的同时，也损害了消费者的合法权益。

故未经许可擅自将他人享有在先姓名权的姓名注册为商标，容易导致相关公众误认为标记有该商标的商品或者服务与该自然人存在代言、许可等特定联系的，应当认定该商标的注册损害他人的在先姓名权，违反《商标法》第三十二条的规定。

因此，法院认为争议商标的注册违反《商标法》第三十二条的规定，应依照《商标法》相关规定予以撤销，由商标评审委员会就争议商标重新作出裁定。

第三，假冒艺人身份，以艺人名义从事民事活动，包括参与商业活动。对于一些以模仿知名明星为主要业务的艺人而言，只要在进行商业推广活动时，表明自己的真实身份，避免公众对艺人本人和模仿对象的混淆，且不存在其他侵犯该艺人本人的行为，就不会构成对姓名权的侵权。但若冒用知名明星的名义参加商业活动，毫无疑问会侵犯艺人的姓名权、肖像权等一系列权利。若在签订、履行合同过程中，以非法占有为目的冒用他人名义签订合同、骗取对方当事人财物的，达到一定数额时，甚至涉嫌构成合同诈骗罪。

第四，媒体在报道的时候以不当方式、在不适合的场合使用艺人姓名，如将艺人姓名与一些具有负面影响的社会事件联系在一起，制造混淆视听的舆论新闻，虚假图片、视频等，这种情况往往还会涉及对艺人名誉权的侵权。

但需要注意的是，对艺人姓名的合理使用不构成姓名权侵权，如以下情形：(1)出于新闻报道、教学科研等维护公民利益和知情权的目的时，对艺人姓名的使用不构成侵权；(2)中国的法律制度允许平行姓名的存在，公民有权以某知名的艺人的名字来给子女取名。在进行民事活动时，公民在合理范围内使用该姓名进行活动，与其重名的艺人无权干涉。

二、肖像权

艺人的肖像不仅可以彰显个人风采，也具有相当的商业价值。艺人作为权利人，可以自行使用或授权品牌方使用其肖像产品或服务进行商业推广；可以以个人形象为品牌代言；亦可以在商品装潢和包装等商用途径中使用自身肖像。

《民法典》第一千零一十八条第二款对“肖像”的定义为：通过影像、雕塑、绘画等方式在一定载体上所反映的特定自然人可以被识别的外部形象。肖像需具有完整清晰，可辨认的形象标识性，即能够引起一般人产生与该肖像原形有关的感情活动或者思想。肖像权是自然人对其面部肖像依法享有利益并有权排除他人侵害的权利，即有权依法制作、使用、公开或者许可他人使用自己的肖像。

根据《民法典》第一千零一十九条的规定，侵犯肖像权的行为可能为:（1）丑化、污损，或者利用信息技术手段伪造等方式侵害他人的肖像权;（2）未经肖像权人同意，制作、使用、公开肖像权人的肖像（但是法律另有规定的除外）;（3）未经肖像权人同意，肖像作品权利人以发表、复制、发行、出租、展览等方式使用或者公开肖像权人的肖像。除此之外，第一千零二十一条还规定：当事人对肖像许可使用合同中关于肖像使用条款的理解有争议的，应当作出有利于肖像权人的解释。由此可见，我国对于公民肖像权的保护力度之大。

鉴于很多侵权人法律意识淡薄，而艺人肖像权又具有较大商业价值，肖像权侵权的纠纷层出不穷，主要集中于以下几种情形：

第一，品牌方在其自有网站、公众号或其他平台，擅自使用艺人肖像，同时附有与其经营范围相关的商业宣传、推广内容。经常发生的情形中，一种是过期代言问题，即品牌方在与艺人签订的代言合同过期后，仍然使用原先艺人的肖像来为自己的产品做推广；另一种则是品牌方从未与艺人签署过相关协议，但擅自将肖像权人的肖像用于广告宣传，使公众误认艺人是商家的代言人。这两种“被代言”的情形，对于艺人来说，均具有较高的风险性，品牌方利用粉丝、公众对艺人的信任来推广产品，若产品出现问题，即使艺人澄清其与品牌方并无代言关系，也会对艺人产生一定的负面影响。因此，艺人和经纪公司可以建立代言情况的统计表，除了对每个代言的合同义务要点、风险要点、履行节点等进行备案、提醒，还应当注意排查“被代言”情况，及时采取措施。

医疗美容机构类侵权案件是目前肖像权侵权中占比较高的一类纠纷，如机构未经艺人的许可擅自使用艺人的肖像作为其网站、广告的配图，并附有与该医疗美容机构经营范围相关的商业宣传、推广内容，北京市第三中级人民法院在相关判决书中将上述行为认定为“以营利为目的之肖像使用”，并判决侵权公司赔礼道歉、赔偿经济损失及合理费用。

第二，侵权人主张对权利人肖像的使用不具备营利性。无营利性往往作为侵犯肖像权的抗辩是因原《民法通则》第一百条“公民享有肖像权，未经本人同意，不得以营利为目的使用公民的肖像”的规定，但这其实存在一定的误解，《民法典》对侵犯肖像权的行为作出了最新规定，其中第一千零一十九条第一款规定：任何组织或者个人不得以丑化、污损，或者利用信息技术手段伪造等方式侵害他人的肖像权。未经肖像权人同意，不得制作、使用、公开肖像权人的肖像，但是法律另有规定的除外。请注意第二款明确规定了未经肖像权人同意，肖像作品权利人不得以发表、复制、发行、出租、展览等方式使用或者公开肖像权人的肖像。这意味着侵犯他人肖像权并不以营利性作为构成要件之一。

当然，并非所有使用情形都构成对肖像权主体的侵犯，《民法典》第一千零二十条规定了肖像权的合理使用情形：（一）为个人学习、艺术欣赏、课堂教学或者科学研究，在必要范围内使用肖像权人已经公开的肖像；（二）为实施新闻报道，不可避免地制作、使用、公开肖像权人的肖像；（三）为依法履行职责，国家机关在必要范围内制作、使用、公开肖像权人的肖像；（四）为展示特定公共环境，不可避免地制作、使用、公开肖像权人的肖像；（五）为维护公共利益或者肖像权人合法权益，制作、使用、公开肖像权人的肖像的其他行为。即合理实施上述行为的，可以不经肖像权人同意。

第三，擅自使用艺人参与影视作品的剧照，并主张使用剧照不属于侵犯艺人肖像权。2015 年 12 月，男艺人郑某遭遇了这样的侵权事件：郑某发现北京某科技发展有限公司在其官网上发布的 10 篇文章中未经其允许使用了多幅肖像进行楼盘宣传推广。据统计，文章中共使用原告照片 19 张，宣传楼盘 87 处，部分图片被公司水印所覆盖，无法辨识出郑某的形象。该公司辩称其使用的照片为影视剧剧照或宣传海报，郑某没有证据证明其享有剧照作品的著作权与剧照的肖像权，且该组照片浏览量小，其行为并未获利，没有给郑某造成经济损失或社会评价的降低。

就上述案例而言，涉案图片为郑某饰演电影的海报和剧照。在海报中，郑某的形象被该公司的水印遮盖，识别度较低，一般公众结合现有信息难以辨认出海报上的人物为郑某本人，因此法院最终认为其中的肖像权特征较弱，使用该照片不构成侵犯肖像权。而对于剧照而言，该照片清晰地呈现了郑某的形象，即使郑某是以剧中形象出现，但一般公众完全能够辨认出该剧中形象的演员为郑某本人。另外，艺人同意出演影视剧的情况下，一般艺人已许可出品方使用其肖像，但这是授予了指定被授权人（如出品方）在特定目的下使用艺人肖像的权利，并不意味着艺人不再享有肖像权，也不意味着被授权人以外的其他人可以使用。

因此郑某完全可以就此主张自己的肖像权被侵权并要求侵权方承担侵权责任。

当然，艺人的肖像权相比普通人，在一定程度上需受到限缩，具体见上述第二条所述，即《民法典》规定的对公民肖像权的“合理使用”。

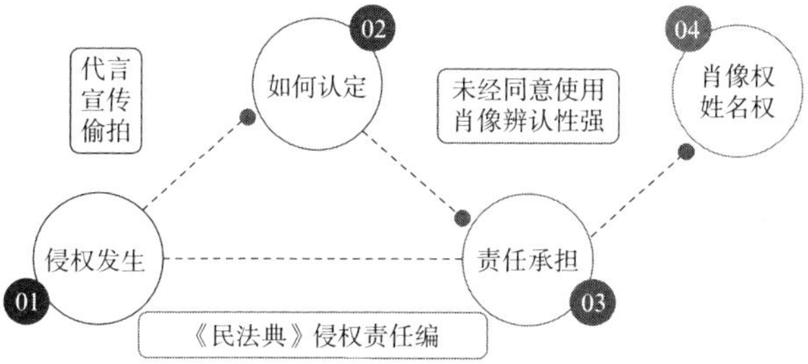

2-2　姓名权 / 肖像权侵权认定

三、名誉权

名誉是指自然人在社会交往中受到的有关其品行、人格的公开总体评价。名誉权所保护的内容是自然人在社会中的人格尊严、外在形象。实践中，艺人因为不良竞争对手、“黑粉”等群体的存在常常受到中伤，名誉权被侵权屡见不鲜。艺人名誉往往与艺人的“流量”、事业直接挂钩，更显重要。

从法律和司法实践的角度，名誉权侵权是指：行为人故意或过失实施了侮辱、诽谤、影射的行为；该侮辱、诽谤、影射行为指向特定人；该行为被第三人所知悉；受害人的社会评价因侵权人的行为而降低，社会评价的降低是客观存在的事实而非被侵权人心中的感受。艺人面对的名誉权被侵犯的情形多种多样，大体可以分为以下三类：

第一，以暴力或者以语言、文字等侮辱性方式贬损艺人人格、名誉。社交媒体兴起后，在非实名制的网络空间中，网民的情绪极易被带动，艺人被“网暴”的情形屡见不鲜。例如，2019年，知名演员周某因出演反派角色，在社交平台上被网友恶意攻击、大肆侮辱。此外，需要注意的是，在互联网空间，如果辱骂艺人的粉丝群体，亦有可能构成对该艺人的侵权。根据北京互联网法院发布的《“粉丝文化”与青少年网络言论失范问题研究报告》，在部分案件中，粉丝群体互相谩骂，在骂战中，可能会涉及对艺人本身的攻击，如果该粉丝群体的侮辱用词包含对该艺人的侮辱意思，同样构成对该艺人名誉权侵害，侵权人无法主张侵权对象并非该艺人本身来进行抗辩。

第二，以捏造虚假事实的方式公然诽谤艺人，丑化他人人格。恶意编造艺人婚外恋、私生活混乱、作风不良等不实信息都有可能构成侵权行为，若发生上述情形，艺人应及时维权，避免名誉受损。

第三，以影射的方式侵犯艺人名誉权。例如，在爆料中，不明确指出被爆料人的姓名，而是以代号代称该艺人，又加以辅助性信息提示使得公众能够认知到其指向性。这种情况同样构成侵犯名誉权。以（2019）京0491民初18222号判决为例，在该案例中，马某在其运营的微信公众号中发布了标题为《说说xxxxxx的故事！ 换头上位xxxxxx？》的文章，这篇文章中并未明确指出其写作对象的名字，但是文章中描述了该对象的主要特征，包括一些具有指向性的形容。大众能够从马某的形容中轻易地推测出文章主人公。马某的行为即以影射的方式侵犯艺人名誉权。该案最终判决马某应承担相应的名誉权侵权责任。

在名誉权纠纷中，艺人名誉权与大众知情权、言论自由权的冲突愈演愈烈。艺人的个人行为一直是社会密切关注的对象，每天都有大量关于艺人的新闻报道。一些媒体为了博人眼球、增加销量会采取夸大事实的方法来进行报道，与艺人的名誉权保护产生冲突。《民法典》对该冲突作出了界定，第一千零二十五条规定：“行为人为公共利益实施新闻报道、舆论监督等行为，影响他人名誉的，不承担民事责任，但是有下列情形之一的除外：（一）捏造、歪曲事实；（二）对他人提供的严重失实内容未尽到合理核实义务；（三）使用侮辱性言辞等贬损他人名誉。”

笔者对实践中常见的名誉权侵权纠纷中的争议点进行如下梳理，包括从法律角度分析名誉权侵权的构成要件以及法律要求下艺人容忍度的界限等。

1. 名誉权侵权行为认定问题

案例：熊某诉整形医院侵犯肖像权、名誉权纠纷

基本案由：知名艺人熊某为我国影视演员，上海某整形医院在未经熊某允许的情况下使用其肖像在官网上进行整形类医疗项目的商业宣传。熊某认为该行为会使公众对其形象产生误解，据此主张整形医院的行为侵犯了其肖像权与名誉权。法院最终驳回熊某关于名誉权侵权的主张，仅认定医院的行为侵犯了熊某的肖像权。

法院分析：名誉权的核心是社会评价，因此社会评价是否降低是构成名誉侵权的一个结果判断标准。若在客观上，行为人实施的行为并没有导致受害人的名誉遭受损失，即使受害人因此感到受辱并遭受精神损害，该行为也不构成侵犯名誉权。整形医院将熊某的照片用于其宣传文章中，根据文章内容，该医院的文字不足以使他人产生熊某接受过相关整形治疗的误解，且熊某未能就其社会评价的显著降低提供证据，因此法院驳回了熊某关于名誉权侵权的主张。

2. 艺人的容忍度界限在哪里

虽然艺人出于满足公益的需要，对某些侵犯其名誉的行为需要加以容忍，但艺人的容忍度界限在哪里？

案例：吴某诉报道侵犯名誉权纠纷

基本案由：吴某为我国台湾地区知名艺人，2013 年 8 月 15 日，吴某得知，在由天津市某出版有限公司主办的杂志封面及部分内页中分别用醒目标题，并配以大篇幅图片刊登了一篇严重失实报道。此外，天津市某出版有限公司在未有依据的情况下，以“亲自候驾寄居潘家”“片场结缘失婚猛追”为标题吸引读者眼球，增加销量。天津市某出版有限公司辩称其报道属于新闻报道，作为公众人物应具有一定的容忍度以及报道艺人恋爱并不会导致艺人社会评价降低。

法院分析：艺人容忍度界限应遵循以下原则：（1）公共利益原则。当艺人的名誉权、隐私权等人格权保护与社会公益产生冲突时，应当服从公共利益的需要；（2）非营利性原则。若出于营利目的，曝光艺人隐私或实施侵犯其人格权的行为，不应得到法律保护；（3）真实性原则。新闻媒体可以对艺人的工作及生活等信息进行一定披露，但不能对艺人的真实情况进行随意歪曲、猜测。

新闻报道应当确保真实，如歪曲和捏造事实，则均有可能造成对公众的误导，并导致当事人社会评价降低。如果被告只是披露客观事实，则不存在侵犯名誉权的问题（但不排除侵犯隐私权），但如果不存在该事实，让社会公众误认为该事实存在，则可能导致社会公众对原告产生不真实、不合理的评价，从而导致原告的社会评价降低。另外，涉案报道中存在大量明显带有倾向性的语言文字和表述，必然严重影响社会公众对原告的评价，不可避免地对原告名誉权造成损害。因此，法院认定报刊的主张不成立。判决该报刊公司应承担侵权责任。

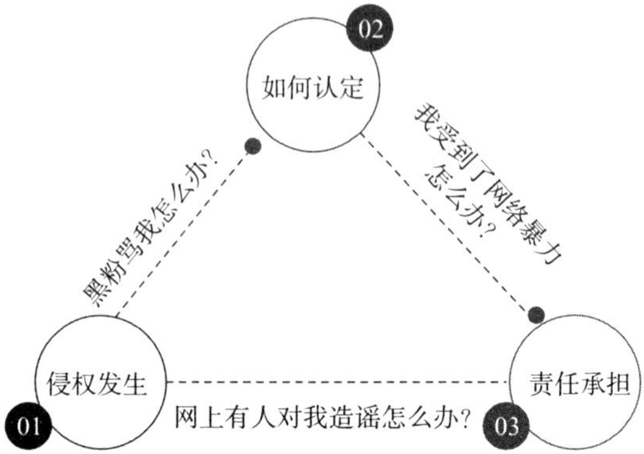

2-3　名誉权侵权认定

四、隐私权

近年来，“私生饭”作为一个新兴词汇不断进入大家的视野，“私生饭”是艺人粉丝中行为较为极端的一类群体，出于对艺人的隐私的好奇，他们往往会采用跟踪、偷窥、偷拍的方式来了解艺人私生活，艺人往往不堪其扰。2019年，两位年轻偶像被爆料恋爱同居，爆料者甚至放出在艺人住宅门外以监视器录制的视频，试图证实二人曾多次在家中约会。爆料者据称是其中一位艺人的粉丝，在偶像家门口安装隐藏摄像头，“监视”偶像的一举一动。

除了“私生饭”，有些打着“媒体”旗号的“小报”以偷拍爆料艺人隐私博取读者眼球，也有些自媒体账号通过专门搜集明星八卦“火”了起来。在网络媒体、自媒体更为发达的今天，用一些“小道消息”满足广大吃瓜群众的好奇心理无可厚非，但如果搜集过程、来源渠道或者公开的内容逾越了法律红线，势必引发纠纷。比如，很多艺人都曾被娱乐媒体爆出恋爱新闻，报道中往往会配上偷拍的照片或视频，侵犯艺人隐私，有时媒体还会对艺人感情生活妄加猜测，引起艺人名誉危机。

对于艺人而言，这些是非常大的“考验”，“妙手回春”的处理能让艺人“名利双收”，不好的处理甚至可能从此断送艺人的演艺前程。艺人在应对隐私权保护问题时，首先应明确有关隐私权的概念。

自然人享有正常生活不被他人妨碍的权利，包括他人不得骚扰自然人私人正常生活、不得非法进入私人空间，也包括自然人的私人生活秘密，只要该秘密或信息不属于公共领域且本人不愿意公开，即应当受到隐私权的保护。

隐私权是否被侵犯，在认定上应当考虑如下几个问题：第一是对私人空间和公共空间的界定，第二是对隐私的界定，第三是对是否存在侵害行为的界定。根据（2019）赣 07 民终 2006 号案例，公民周边邻居以及过往人员的视线范围之内的区域，并非独立的、封闭的空间，不具有私密性，不属于私人空间。对于上述非私人空间产生的生活信息，如果只是单纯地被感官感知或被摄像头记录，在行为人无过错的情况下，不构成侵权。但是此类信息也属于隐私的范畴，应受到法律的保护，如他人予以披露、宣扬，则构成对当事人隐私权及其他相关权利的侵犯，依法应当承担侵权责任。同时，监控摄像头捕捉到的画面包含自然人的肖像等信息，如将该视频、画面中的信息不当使用，则存在侵害肖像权等其他权利的法律风险。

以艺人被偷拍为例，由于住宅门口和走道处于邻居或过往人员视线范围之内的区域不属于私人空间，对权利人在该区域内的活动感知一般不侵权，但如故意泄露以此方式拍摄的照片等，或越过该公共空间进入私人空间获取私密信息，则可能构成对隐私权、肖像权的侵犯。针对侵犯隐私权的行为，我国法律提供了多层次的救济手段，包括但不限于民事维权、行政处罚和刑事处罚。

当然，艺人的隐私权不同于普通人，要受到一定限缩；艺人作为社会公众人物所承担的容忍义务要高于普通大众。艺人出于维持热度等各类原因主动公开的隐私，往往不在隐私权保护范围之内。出于维护社会公序良俗和社会公共利益的目的，公开报道涉及艺人的吸毒、赌博等违法行为，亦不属于侵犯艺人隐私。

综上，艺人作为公众人物，隐私权虽需受到一定的限缩，但隐私权仍然是作为公民所享有的最基本的权利之一，对侵权应及时评估与应对，结合舆论影响、事件性质、有关法律手段等予以综合考虑。

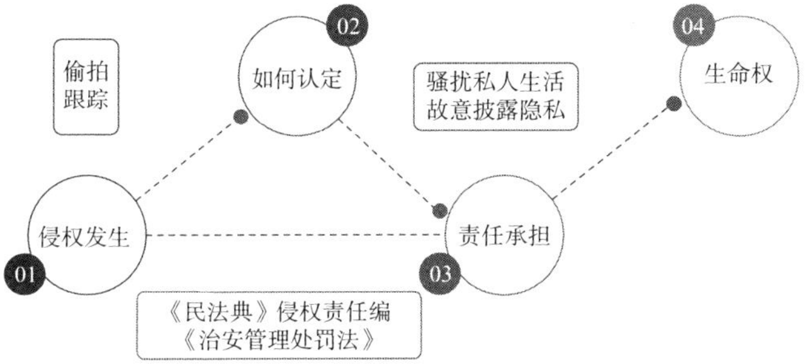

2-4　隐私权侵权认定

五、侵权损害赔偿

前文总结了艺人常遇到的侵权行为，当艺人遇到上述情形时，可以利用法律手段维护自身权益，主张相关赔偿以弥补自身受到的经济损失和精神伤害。《民法典》第一千一百八十二条和第一千一百八十三条对于人身权益侵害的损害赔偿方式进行了明确的规定，包括财产赔偿和精神损害赔偿两种。就侵害艺人人格权的赔偿问题而言，在商业化使用中对人格权的保护应当集中于人格权的财产利益，即以财产赔偿为主。财产损害赔偿不仅包括直接损失亦包括间接损失。直接损失是指侵权人的侵权行为对他人财产造成的直接损害即其既有财产的减少。间接损失则指被侵权人可得利益的丧失，包括被侵权人为制止侵权人侵权行为或减轻其行为造成的侵权后果而付出的必要开支，以及权利人因遭受重大精神打击而生病，为治疗所花费的医疗费、护理费、交通费、营养费、住院伙食补助费等。

在人格权被侵害的情况下，艺人不仅仅可以主张财产赔偿，在符合条件的情况下亦可主张精神损害赔偿，特别需要说明，并不是所有的侵权都可以主张精神损害赔偿。实践中往往要求被侵权人提供证据证明达到“遭受严重精神损害”的程度。

以艺人郑某的案例为例，郑某曾以某房地产公司在推送中使用其肖像构成肖像权侵权为由提起诉讼并主张精神损害赔偿，法院在判决中，明确指出该推送并未对该艺人进行任何丑化或人格上的贬低，不会造成艺人心理或精神上的痛苦，因此对该艺人提出的精神损害赔偿的请求不予支持。

又如，艺人黄某就兰州某整形医院在推送中擅自使用其肖像提起肖像权侵权之诉并主张精神损害赔偿，法院认为虽然整形医院使用了该艺人的肖像，但是不足以导致黄某遭受严重精神损害，因此对于黄某精神损害赔偿的请求不予支持。

但是，这并非意味着艺人无法主张精神利益保护，如若在商用中的确导致了艺人精神上的痛苦，也应对其进行精神损害赔偿，此种情形多见于艺人名誉权被侵权的案件。在某些案例中，根据艺人方所示证据的不同，在同样的情形下，精神损害赔偿是有可能得到支持的。另外还需注意的是：若选择以诉讼的方式来应对人格权侵权，并有提起精神损害赔偿的意愿，应当在诉讼中直接提出，不能在诉讼终结后就同一事实另行起诉主张精神损害赔偿。如遇到有关情况可以考虑寻求专业人士的建议和帮助。

第四节　风险提示

当前线上娱乐产业发展快速，艺人 IP 已成潮流，艺人及经纪公司愈加关注艺人的人格权问题，维权意识加强。不少合同的谈判和拟定会涉及艺人人格权，如《影视剧参演合同》《平台直播协议》《代言合同》《演出合同》等。因此艺人及经纪公司在与相对方签约时，应注意合同条款的设计，下文将对具体条款以及风险作相应提示。

一、姓名权和肖像权

艺人知名度和影响力大，自身具备一定商业价值，其中姓名权与肖像权是商业价值的重要组成部分，因此艺人及经纪公司在与第三方进行合作时应特别注意姓名权和肖像权的授权条款。对于该类条款，通常需要注意以下要素：（1）授权期限。姓名权、肖像权的授权期限是与合同约定的合作期限相一致，还是较之于合同期限更长。（2）授权费用。这是一般合同容易忽略的地方，合同双方可能基于友好的合作关系，将为艺人个人宣传推广作为对价，约定免费使用艺人的姓名和肖像，但合同终止后该类授权是否仍旧免费，抑或需要艺人方书面授权后方可继续使用，应加以注意。（3）授权方式。独家授权抑或一般授权，关系到艺人是否有权将该种权利再授权给其他合作方。（4）区域和使用方式。一般双方谈判时容易忽略姓名权、肖像权的使用方式，但对于艺人方而言，必须加以明确，可以设置条款限定相对方对姓名权、肖像权的使用方式，如仅限于在某一张海报上、某一个广告片中使用等。

由于姓名权和肖像权经常不是合同的主体合作内容，故该权利的约定容易被忽视，但是艺人方需要确保该类权利不被滥用。

二、名誉权

实践中，艺人与其他主体如品牌方、制片方、电视台等签订合同时，合同相对方往往基于艺人风评的不稳定性、合同标的之高，会在合同中设置相应条款，约定艺人不得出现损害相对方利益的言论和行为、不得诋毁相对方及其员工，如艺人违约使得相对方的权益受损的，艺人应赔偿经济损失或承担一定数量违约金。

然而艺人也可能会因受诋毁、贬损而遭受人身权益、财产权益的损失，尤其是与新闻媒体、自媒体、电视台进行访谈类合作时，可能会出现合作方为了追求流量和关注度，对艺人讲述的内容“添油加醋”的情形，损害艺人的社会公众评价。除此之外，还存在制片方、品牌方对艺人拍摄的视频胡乱剪辑的情形，同样可能损害艺人的名誉。

因此艺人在签订相关合同时，应当对合同相对方进行一定的背景调查，了解对方的履约能力、形象、声誉等，若其存在为了博取社会关注度、节目效果而对合作艺人抹黑的情形，则应谨慎合作。确需合作的，可以在合同中作出相关约定，要求相对方不得出现损害艺人名誉的行为，并约定对应的救济措施和违约金。

三、隐私权

艺人作为公众人物，免不了出现其个人信息被深度挖掘、作为卖点引流和商用、作为不法交易的筹码等情形。典型的情形包括：（1）跟拍类综艺。制片方将艺人的隐私作为热点以增加节目关注度和收视率，更有甚者在艺人休息的房间内安装摄像头；（2）访谈类节目。节目方超出双方约定或在未经协商的前提下，曝光艺人不为人所知的过往或个人信息等。

诸如此类情形时常出现，会不断挑战艺人作为信息主体的忍受程度。因此，艺人在与合作方签约时，应注意保护好自己未被挖掘的隐私信息。在签订相关条款时，艺人可作如下约定：（1）合同双方洽谈过程中的个人信息应作为保密信息，相对方不可随意披露或使用；（2）对于跟拍类综艺，应约定安装摄像头的时间、区域，同时约定制片方在成片之前或对艺人、节目进行宣传推广之前，应将成片、宣传物料提交给艺人，经其同意方可对外公开；（3）对于访谈类节目，同样应约定节目方最终的成片和宣传物料应由艺人方审核及书面同意方可播出；（4）约定可执行的违约责任条款。

第三章
艺人进行广告代言相关法律实务

正在片场拍戏的艺人毕鸿接到了一个品牌鞋的广告代言业务，让她惊喜的是，这恰恰是她在时装周上看中的鞋类品牌：“上天鞋”。

经纪人彭虹霓很高兴，对毕鸿说：“趁着你化妆，我把情况跟你说一下。昨天我和他们公司的黄总已经见过面了，他们对你非常看好，档期和价格都谈下来了，已经在推合同了！”随后拿出平板电脑，介绍道：“大数据都调研过了，上天鞋主打市场是十八岁到三十五岁的群体，风格轻奢，今年一季度销量是…… 最近三年的代言人包括…… 这次要代言的款式单在这里。除了要拍个平面，还有个现场通告要跑。好在通告就在上海……需要……”

毕鸿耳朵里听着，却有些走神——合作的品牌越来越大，证明自己的事业越来越走上正轨。想到这里，她不禁有点小开心。

“老彭，这些不用给我讲了，你帮我把关就可以了。”

“好！”彭虹霓说，“我觉得没什么问题，那我就和他们谈谈，把约签了吧！那个谁！”他对旁边的化妆师朱大嘴说：“嘴巴严点，注意保密，听到没有？”

朱大嘴赶紧说：“听到了，听到了。”

一个月后，毕鸿赶往通告现场，进行代言推广，她要代言的是最新一款交叉绑带细高跟鞋。现场已经有媒体和粉丝在等待了，毕鸿微笑着和他们招手后进入化妆间，细心地换好了上天鞋，在聚光灯下款款而出，配合通告的要求和现场的粉丝互动，活动算是圆满结束。

没过几天，彭虹霓却接到了上天鞋黄总的电话，约他见面。灯光下，黄总一脸阴暗，说网上出现了毕鸿在通告当天穿着“入地牌粗跟鞋”抵达活动现场的图片，网址点击量还挺大。

“这是怎么回事？”黄总恼怒地说，摸了摸没有几根头发的脑袋，“你们这是违约！”

彭虹霓的汗一下子就下来了。

他一边核对网址源图，一边揪着头发复盘当天的情况，终于想起来：毕鸿确实有一双“入地鞋”，因为是粗跟，穿起来比较舒服，毕鸿常在平日休闲的时候穿。当天毕鸿抵达活动现场时也确实穿了，上台前才更换了上天鞋，结果被记者拍了下来。

更要命的是，上天鞋和入地鞋是竞争品牌，新一季的销售竞争异常激烈。入地鞋逮着这样的机会，自然努力引导舆论，让人联想“连上天鞋的代言人平时都穿入地鞋”。

彭虹霓赶快回去翻合同，发现里面确实有一条“保证不在参与活动中作出有违品牌方利益的行为”。无奈之下，他只好去找黄总协商，然后进行舆论公关，一阵折腾下来这事总算平息了，彭虹霓摸了摸脑袋，觉得自己再这样下去会变得和黄总一样，头发掉个精光。于是他在自己的经验笔记上用红色笔深深记了一条。

接下来一段时间风平浪静，毕鸿一直按照代言合同的要求定期更新微博，为上天鞋做宣传。忽然有一天，彭虹霓发现上天鞋又刷屏了。

事情的起因是黄总的合作伙伴——上天鞋的外方总裁在一个新闻发布会中以种族歧视的词语侮辱中国人，网友们还扒出上天鞋许多其他“劣迹”……一时间，舆论风浪骤起，除了抵制上天鞋品牌，作为上天鞋代言人的毕鸿也站上了舆论旋涡的风口浪尖。

“这代言不能做了！”彭虹霓揪着头上只剩下一半的头发说。

毕鸿完全同意，她对上天鞋外方总裁的行为也非常反感，当即决定解除代言合同。然而彭虹霓拿起合同看了好多遍，发现合同里并没有给毕鸿在品牌方“有劣迹”的情况下可以单方解除合同的条款作为武器。他只得向上天鞋公司发函，希望协商解除合同，但上天鞋公司也火速复函称不同意解除。彭虹霓愁得又使劲揪自己所剩不多的头发。

一来二去，时间的耽误导致其他几个品牌方纷纷搁置了让毕鸿代言的打算。基于民族大义，彭虹霓、毕鸿以及公司的公关组经慎重考虑，还是向上天鞋公司提出解除合同，并且按照合同约定向上天鞋公司支付了违约金，同时在全网火速发布了声明，不再代言上天鞋产品。

“以后一定要约定品牌方有劣迹的情况下，艺人有单方解除权。”

彭虹霓摸着头顶，又在经验笔记上用红笔深深记了一条。

第一节　艺人进行广告代言的方式及基本流程

一、关于代言合同

随着商业社会的发展，艺人由于受关注度高、可以在一定范围内对公众形成影响甚至对受众的喜好、观念、消费习惯进行引导，于是“代言”应运而生。

所谓代言，一般是指公众人物在广告中以自己的名义或者形象对商品、服务作推荐、证明。代言合同是广告主和广告代言人之间的合同。《广告法》第二条第二款将“广告主”定义为“为推销商品或者服务，自行或者委托他人设计、制作、发布广告的自然人、法人或者其他组织”；该条第五款将“广告代言人”定义为“广告主以外的，在广告中以自己的名义或者形象对商品、服务作推荐、证明的自然人、法人或者其他组织”。

对绝大多数艺人来讲，代言通常有较为丰厚的报酬，也在一定程度上代表着品牌和市场的认可。同时，由于艺人利用自身影响力对商业机构、产品进行了正面宣传，代言行为也可以促使公众关注、购买相关商业机构的服务或者具体产品。由此可见，一个好的代言合同往往是双方乃至多方的共赢。

然而近年来，由于产品、商业机构自身的原因（如产品质量问题、商业机构经营手段违法违规问题、损害公序良俗等)、产品代言人一方的原因(如公众人物自身涉嫌违法、违纪、出现其他道德瑕疵等)、商业违约原因(如双方对代言合同内容理解不一致、一方恶意违约等),代言合同法律纠纷呈现多发态势。此种法律事务对于合同双方均会有影响,甚至会持续到合同期满后。

比如,2019 年,某直销企业涉嫌违规事件,媒体就报道称某位赵姓艺人曾是其代言人,而实际上赵姓艺人在 2014 年已经解除了代言合同;又如,2015 年,某著名肉制品企业被指销售病猪制品,曾经的代言人姚姓艺人不得不声明自己三年前已经结束代言。

以上两起事件均对艺人在合同期满后的个人名誉造成了影响,甚至有可能会影响到艺人接下来的演艺工作及其他代言。

有鉴于此,了解代言合同的内容、法律风险并进行预防,对于代言人和被代言的产品和品牌本身都是非常重要的。

二、代言活动的方式

代言活动的实质是进行宣传和推介,具体方式则有所不同。代言的方式通常由广告主一方根据自己的商业需要决定,现实中常见的方式包括:拍摄平面广告、拍摄视频广告、参加公关活动等。

（一）拍摄平面广告

平面广告通常指以静态的图片、文字等二维形态传达视觉信息的广告。此类广告由于传播信息量相对有限，通常要求传达的信息简单明确，力求第一时间加深受众印象，进而引导受众的心理。现实中此类广告较为常见，如商店橱窗广告、车站广告、灯箱广告，甚至商业机构门上张贴的广告、屏幕上展示的静态广告均属此类。

许多艺人都有平面代言的经历。艺人常见的平面广告代言方式为在广告中展示艺人形象，以文字、表情、动作之一（或组合）表现出对机构、服务、产品的正面评价乃至推荐。

（二）拍摄视频广告

视频广告是指以视频的形式，通过视频传播介质（如电视、电脑、手机、影幕等）进行广告传播的模式。视频广告的具体传播方式较多，如传统的电视广告、视频网站播出广告、影院播出前广告、移动视频广告、应用程序内嵌入广告（In-App）等。传统视频广告是在传统视频播放媒介内进行广告设置和投放，而移动视频广告分为传统贴片广告和 In-App 视频广告。

视频广告是非常有效而且覆盖面广的传播方式，可以通过数秒乃至几分钟的视频展示，表达意图，激发观众想象，做出暗示，造成与观众互动的效果观感。其表现形式多样，感染力强，易于被不同年龄段的受众接受。由于此类广告需要通过台词、肢体动作、情节、音乐的组合来表达主题，类似于一部小的电影，亦有人称之为电影广告。一个好的视频广告能够在短时期内引领潮流、影响舆论、增加销量，乃至形成强大的市场号召力。如1993年的康师傅红烧牛肉方便面广告，帮助康师傅迅速抢占了中国大陆的方便面市场，其生产企业也以此为契机，成为全球最大的方便面生产企业之一。

艺人常见的视频广告代言方式为拍摄视频广告或MV等，通过故事叙述、情节展示、歌曲演唱、舞蹈等不同形式，对机构、服务、产品进行正面评价乃至推荐。此类视频广告也常见于不同媒体上，如2019年艺人成某、吴某某、古某某、张某某等人拍摄视频广告代言《××传奇》；艺人海某拍摄电视广告代言××洗衣粉等。

（三）参加公关活动

此处所指的公关活动是一个较大的范畴，如参加商家组织的新闻发布会、订货会、经销商大会、公共关系促销活动等。此类情况在现实中也颇为常见，如艺人作为代言人参与商场开业、楼盘开盘、媒体推介等等，均属于此类范畴。

但是，艺人亲自到场参与此类公关活动并不意味着一定是代言人。“广告代言人”被定义为作“推荐、证明”之人。按照该定义，如果艺人方在代言活动中只是普通的节目表演者而非推荐、证明者，不应该被认定为“广告代言人”。因此，参与此类公关活动会否被认定为“代言”，分界点在于是否有“推荐、证明”的行为。

关于“推荐、证明”这两个行为是需要同时实施，还是仅凭其一即可被认定为代言，虽然实践中有一定争论，但可以确认的是，在特定场合仅进行言语赞美乃至推荐，未必能构成代言。是否对商品、服务进行了“证明”，是司法实践中区分代言与非代言的重要标准。

比如，在商业地产项目开盘典礼上，通常会邀请艺人主持、表演歌曲、相声节目等，其节目主持词、相声内容中可能会有对该项目的赞美，甚至热情高呼：“我们大家一起支持 ×× 地产项目好不好？”这种赞美和高呼并没有以“自己亲身体验过”为由进行证明，不应属于代言。但是如果公开高呼：“这个项目我非常了解，请你们相信我，相信开发商，购买这个地产！”这种情况下，由于出现了利用自身影响力进行“证明”的行为（对这个项目非常了解），艺人的这个行为是很有可能被认定为代言行为的。

三、代言活动的基本流程

艺人参与代言活动，首先需要了解广告主想要寻求代言的产品或服务类型，知晓广告主的基本预算。需要说明的是，在这个阶段应对该拟代言的产品、服务进行体验，避免可能的风险，如产品质量不好、产品与广告词不一致、产品有一定人身危害性，等等。

当了解了广告主的基本意图，双方均有意向合作后，艺人一方（包括艺人本身或经纪人、经纪公司）即可以与广告主一方就签约价格、代言内容、艺人档期、保障标准、签约要求、宣传要求、违约及争议条款等进行协商，达成一致的便形成广告代言合同。

需要说明的是，由于广告代言合同的履行跨越一个较长期间，在公众场合的宣传推广活动也可能会有突发因素，因此广告代言合同的内容应该尽可能详尽。否则在后续履行过程中可能会有很多潜在的争议。

举例而言：如果某艺人签署的广告代言合同仅约定“配合客户要求，满足嘉宾的合影要求”，那么到了活动现场，发现秩序混乱，且要求合影者有百人甚至数百人之多，艺人可能会陷入非常窘迫的境地——如迅速离开，有可能被指称“耍大牌”，亦有可能被指责“违约”；但是如继续留下，则可能不得不长时间合影，随着时间过长、人群聚集还可能造成安全隐患。

如果广告代言合同中明确约定了代言的场地要求、安保要求、合影人数限制等，则前述问题就可以避免“扯皮”，更容易解决。

合同签约完毕后，双方应在约定的时间、地点进行拍摄制作，或者参加具体的公关活动。艺人在合同项下应该积极配合，同时广告主也应依照合同约定提供相应的条件。

如代言内容是视频广告或平面广告，艺人及其经纪公司应事先对广告的脚本、摄制完成后广告的成片以及内容进行审核，并且与广告主就修改意见达成一致。

广告发布后，艺人应当关注其发布渠道、使用语言是否符合合同要求，并且应及时关注广告主及该广告所涉舆情。如发现负面舆情，应及时止损。

第二节　代言合同需要注意的风险点及对策

代言合同属于民事合同范畴，代言行为本身系一项民事法律行为，因此必须遵循相应的民事法律规定。由于代言合同涉及向不特定公众传播特定信息，如果不加以一定原则性限制，则可能形成对公众的误导，并进而损害公众利益，《广告法》对于代言合同的主体、产品、法律责任作出了相应的限制性规定。艺人签署广告代言合同，其本人或经纪公司应注意在合规、合同条款等方面加以注意。

一、合规性风险

艺人签署广告代言活动，或从事广告代言行为，首先要确保合规。我国《广告法》对于代言合同的合规要求集中于代言主体的限制、被代言产品的限制。

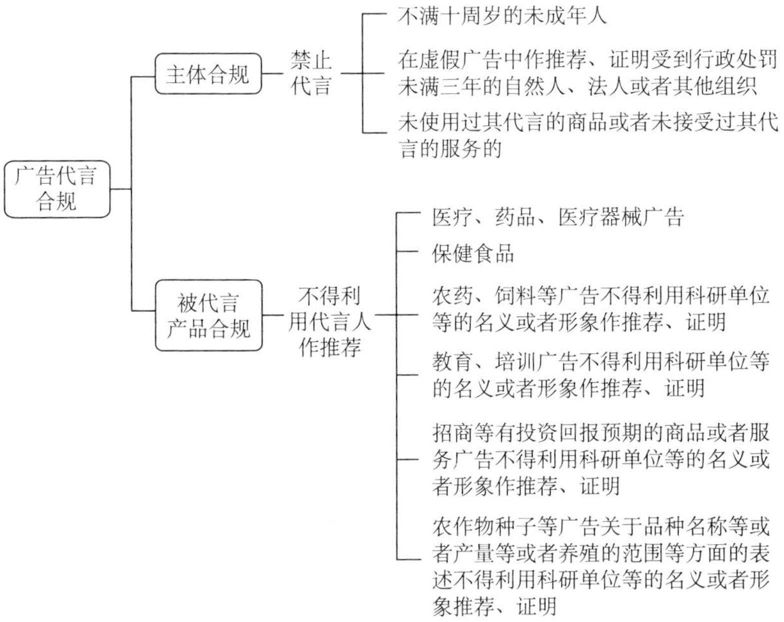

3-1 广告代言合规

（一）代言主体的限制——在我国，什么样的人不能当广告代言人

我国《广告法》就代言合同的主体作出了限制，前述限制的法律依据是《广告法》第三十八条。该条款全文如下：

“广告代言人在广告中对商品、服务作推荐、证明，应当依据事实，符合本法和有关法律、行政法规规定，并不得为其未使用过的商品或者未接受过的服务作推荐、证明。不得利用不满十周岁的未成年人作为广告代言人。对在虚假广告中作推荐、证明受到行政处罚未满三年的自然人、法人或者其他组织，不得利用其作为广告代言人。”

基于前述条款，以下三种情形不得进行代言：

1. 不满十周岁的未成年人；

2. 在虚假广告中作推荐、证明受到行政处罚未满三年的自然人、法人或者其他组织；

3. 未使用过其代言的商品或者未接受过其代言的服务的。

对于艺人来说，前述三个限制中，“不得为其未使用过的商品或者未接受过的服务作推荐、证明”是实务中最常见的风险。艺人的许多事务（包括接广告代言合同）通常由经纪公司操办，其本身未必有机会使用其代言的商品或者接受其代言的服务。有时艺人甚至是在拍摄广告时才会第一次接触到要代言的商品。大多数艺人对要代言的商品或服务的具体情况乃至风险不甚了解，只是按照合同要求对其“热情推荐”，一旦代言的商品或服务出现了问题，其代言行为便有可能被认定为在虚假广告中作推荐、证明，并遭受行政处罚。而依据《广告法》第三十八条，在虚假广告中作推荐、证明受到行政处罚后，三年内是无法再担任广告代言人的。即便不遭受行政处罚，也会对艺人造成负面影响。比如，知名主播李某某直播带货一款不粘锅时“翻车”，其搭档用该款“不粘锅”煎鸡蛋时“处处粘锅”，尽管后续发布了澄清视频，该不粘锅品牌方也发布官方声明以挽回商品形象，但观众对之前的“粘锅”事件印象深刻。

另一种极端的例子是：艺人应当拒绝一些明显无法由艺人使用之商品或服务，以免引起执法部门的怀疑。一个典型的例子是：2013 年某男性艺人汪某某代言女性卫生巾广告，这个代言显然不符合“使用过”的要求。

（二）代言产品的限制——在我国，什么样的商品和服务不能代言

就哪些产品不得利用代言人作推荐，我们依据《广告法》的规定，总结如下：

1. 医疗、药品、医疗器械广告不得利用广告代言人作推荐、证明（《广告法》第十六条第一款第四项）；

2. 保健食品不得利用广告代言人作推荐、证明（《广告法》第十八条第一款第五项）；

3. 农药、兽药、饲料和饲料添加剂广告不得利用科研单位、学术机构、技术推广机构、行业协会或者专业人士、用户的名义或者形象作推荐、证明（《广告法》第二十一条第二项）；

4. 教育、培训广告不得利用科研单位、学术机构、教育机构、行业协会、专业人士、受益者的名义或者形象作推荐、证明（《广告法》第二十四条第三项）；

5. 招商等有投资回报预期的商品或者服务广告不得利用学术机构、行业协会、专业人士、受益者的名义或者形象作推荐、证

明（《广告法》第二十五条第二项）；

6. 农作物种子、林木种子、草种子、种畜禽、水产苗种和种养殖广告关于品种名称、生产性能、生长量或者产量、品质、抗性、特殊使用价值、经济价值、适宜种植或者养殖的范围和条件等方面的表述不得利用科研单位、学术机构、技术推广机构、行业协会或者专业人士、用户的名义或者形象作推荐、证明（《广告法》第二十七条第四项）。

实践中常存在艺人为某保健食品代言的情形，如 2018 年某企业策划咨询中心受品牌方委托运营维护其微信公众号，在该公众号自行发布了一则活动广告，广告中邀请明星秋某某对该品牌方的多项保健食品进行宣传推荐，由于违反《广告法》相关规定，该中心被处以十万元的罚款。

（三）艺人进行代言活动违反《广告法》承担的法律责任

综合《广告法》相关规定，艺人如果进行代言活动违反《广告法》，可能会承担以下责任：

1. 在特定情形下，与广告主承担连带责任

《广告法》第五十六条第二款、第三款规定："关系消费者生命健康的商品或者服务的虚假广告，造成消费者损害的，其广告经营者、广告发布者、广告代言人应当与广告主承担连带责任。

前款规定以外的商品或者服务的虚假广告，造成消费者损害

的，其广告经营者、广告发布者、广告代言人，明知或者应知广告虚假仍设计、制作、代理、发布或者作推荐、证明的，应当与广告主承担连带责任。”

2. 承担行政违法后果，接受行政处罚：没收违法所得并处罚款

《广告法》第六十一条规定：“广告代言人有下列情形之一的，由市场监督管理部门没收违法所得，并处违法所得一倍以上二倍以下的罚款：

（一）违反本法第十六条第一款第四项规定，在医疗、药品、医疗器械广告中作推荐、证明的；

（二）违反本法第十八条第一款第五项规定，在保健食品广告中作推荐、证明的；

（三）违反本法第三十八条第一款规定，为其未使用过的商品或者未接受过的服务作推荐、证明的；

（四）明知或者应知广告虚假仍在广告中对商品、服务作推荐、证明的。”

二、合同条款风险

在确保合规后，艺人或其经纪公司签署广告代言合同，应对合同条款仔细甄别，这样做的目的有两点：1. 确保合法权益得到保障；2. 确保合同利益最大化。

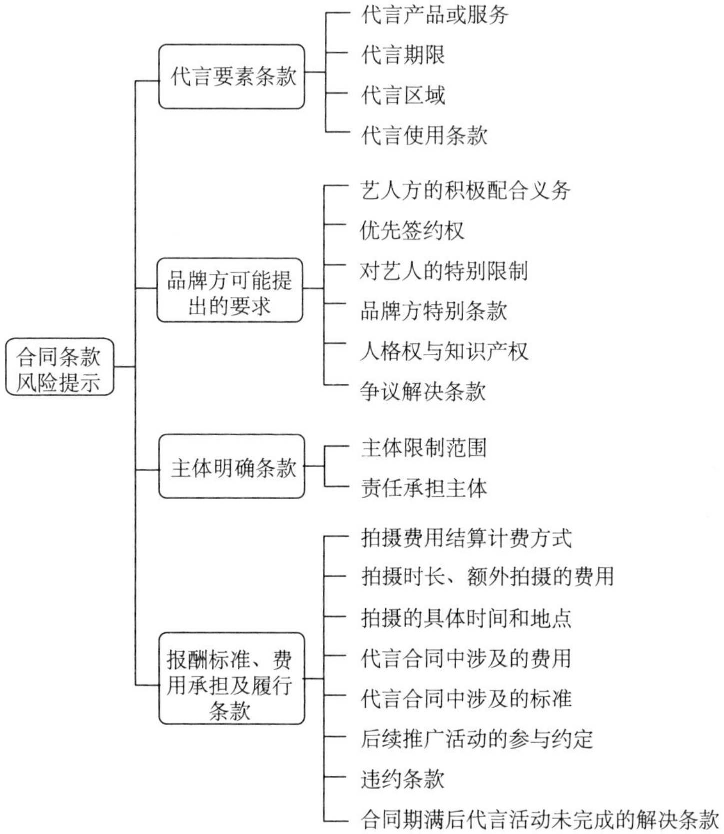

3-2　合同条款风险提示

结合实务，我们认为以下条款应加以注意：

（一）主体明确条款。这个条款通俗讲，可以称为“代言人是谁”条款

艺人是单独的个体，然而在实践中，数个艺人可能会以一个组合的名义对外宣传和演出，并将这个组合形成品牌。更加极端的情况是，有的经纪公司为了追求利益的最大化，存在不同组合之间人员交叉的情况（如某艺人既属于A组合，又属于B组合成员）、组合人员不固定随时流动的情况、艺人不使用真实姓名而使用艺名的情况等。

在此情况下，是艺人个体与品牌方签署代言合同，还是经纪公司与品牌方签订代言合同后指派艺人；以组合的名义担任代言人后，组合中的特定艺人是否可以被替换、组合中的单个艺人是否可以为其他竞争品牌担任代言人；等等，都会成为潜在的争议点。

举例而言：经纪公司与品牌方签订代言合同后指派艺人，代言合同的主体就是品牌方和组合/经纪公司，而非品牌方与艺人，如此很容易导致当事人双方在责任主体上的争议——艺人个人是否需要履行合同义务？若这个问题在合同中界定不清，艺人个人将可能得以规避合同义务，损害品牌方利益。

实践中此类争议较为多见。比如，2017年，某男子组合L组合与某国产化妆品品牌签署了广告代言合同，约定由L组合为该品牌的唇膏代言。合同履行过程中，该化妆品品牌方发现L组合中的部分艺人在公司的安排下，单独或者以其他组合成员的身份为竞争品牌进行代言，由此发生争议。

商业合同的当事人均有将合同条款向自己有利方向解释的本能，因此，明确主体限制范围、责任承担主体是广告代言合同的基础。艺人或经纪公司对此应加以重视。

（二）明确代言要素条款

艺人在签署广告代言合同时，不仅要明确合同主体，还要明确代言合同的客体、客体使用方式，主要如下：

1. 代言产品或服务

由于艺人主要以其自身形象为品牌方旗下产品或服务提供代言，被代言产品或服务自身质量、类型等与艺人的形象息息相关。如艺人签订代言合同时未明确代言的产品，待合同实际履行时品牌方提供的是出现过众多质量问题或与该艺人自身形象明显不符的产品，艺人如果拒绝代言则可能会违反合同约定，如果继续代言则可能损害自身名誉。因此，艺人在签订代言合同时应明确接受代言的是某一个或几个产品或服务，如需要可要求品牌方提供该产品或服务的基本信息。

2. 代言期限

合同期限和代言期限可能存在差异。合同期限可能包含了众多流程，如代言广告的拍摄、剪辑和后期等，而代言期限一般为艺人为该产品或服务作推荐和宣传的期限。除此之外，如涉及禁止在代言期限内代言同类产品的，容易因期限界限模糊而产生冲突。因而，在签订代言合同时应尽可能明确代言期限。

3. 代言区域

艺人在与品牌方签订代言合同时应明确代言区域，如国内某个地区、全中国或是全世界。这样能避免双方在履行协议时产生纠纷。尤其在品牌方主张的代言区域比艺人预想的范围广时，艺人如要避免纠纷、按照品牌方要求去代言，则可能导致扩大范围中出现与艺人其他同类产品竞争的情形，在此情况下艺人可能需要对其他同类产品承担违约责任。也有可能出现艺人预想的代言区域比品牌方设想得广的情况，这样的话艺人达不到预期设定的推广效果和范围，同样损失了潜在商业价值，因此在约定代言区域时应慎重。

4. 明确代言使用条款

代言使用的情形有多种，包括但不限于电视播放、网络播放、影视剧贴片式广告、户外广告、用于产品包装等多种方式。无论是哪一种代言使用方式，对于艺人而言，因使用其肖像权、姓名权等其他权利，会产生一定商业对价。因此，建议艺人与经纪公司在签订代言合同时，明确列举代言使用的范围、方式和对价。

（三）报酬标准、费用承担及履行条款

代言合同应当约定具体详细的报酬标准、费用承担与履行事项。代言合同的履行需要一个较长的期间，且部分履行事务受到多方参与的制约，因此条款要尽可能详细。比如，艺人在约定的时间到达拍摄场地，但是广告主委托的广告制作方的人员没到位、器材不符合要求导致拍摄时间延长等，都将延长艺人履行合同的时间。

此类条款的关注点包括但不限于：

1. 拍摄费用结算是按次计费或按时长计费。

2. 每次拍摄的时长；超出约定时长的额外拍摄费用。

3. 拍摄的具体时间和地点应提前几天通知；拍摄剧本应提前几天送达艺人方。

4. 代言合同中涉及的费用——境内外工作的差旅费、住宿费、伙食费、交通接送费、保险费、演出场地费、设备费、艺人方培训费等费用的承担。艺人相关辅助人员如化妆师、经纪人、助理的相关费用应一并进行约定。

5. 代言合同中涉及的标准——境内外工作的宾馆安排、车辆安排、饮用水等，特别要注意的是，相关物品的使用不能与艺人其他的代言品牌冲突（如艺人为某品牌纯净水的代言人，则不可安排其他品牌饮用水，避免引发商业风险）。

6. 后续推广活动的参与约定：艺人方是否需要出席品牌方为宣传产品品牌而举办的开业庆典、新闻发布会、品牌推广会、粉丝互动会等相关推广活动；如需参加，具体参加次数和费用结算等。

7. 违约条款。

8. 合同期满后代言活动未完成的解决条款。

艺人及其经纪公司应结合自身商业地位，并可参考行业习惯进行约定，以最大限度降低双方的谈判成本和履约成本。

（四）品牌方可能对艺人提出的几个要求

1. 艺人方的积极配合义务

在拍摄过程中，虽然大部分拍摄工作会由品牌方承担，但艺人方自身亦有积极配合工作的义务，包括但不限于：

（1）及时准备各种有效证件，确保能按时到达工作地点，以满足公司安排的境内外工作需求；

（2）艺人方的个人信息（特别是姓名、艺名、联络方式、联系地址等）有变动的，应及时通知品牌方。

因此，合同中应约定，艺人方需积极配合品牌方的工作安排，积极进行各种必要的准备，若因艺人方的过错而造成品牌方经济损失的，艺人方应承担损害赔偿责任。

2. 优先签约权

为方便后续合作，品牌方有可能会在合同中约定代言合同终止后的优先签约权，要求艺人方在同等条件下先行与品牌方续约，艺人或经纪公司应对此条款加以重视，并结合商业地位和自身意愿确定是否保留。

3. 对艺人的特别限制

（1）竞业禁止条款

现代商业社会中，艺人方同时与多个品牌方签约代言是很常见的。然而，如果艺人方同时为相类似的产品代言，将有损相关品牌方的利益。为此，品牌方在与艺人方签订代言合同时，通常会约定竞业禁止条款，要求艺人方保证其在与品牌方签订代言合同之前没有，且在合同有效期间也不会直接或间接与第三方洽谈、从事和品牌方代言业务相抵触或损害品牌方利益的活动，包括但不限于:（1）为相同或相近行业的品牌方/相近的品牌进行代言;（2）在参与第三方品牌方举办的任何演出及宣传等相关活动时，保证不在该类活动中作出有违品牌方利益的行为（如在活动过程中食用、饮用、使用竞品）。

此外，为保护品牌方的后续利益，代言合同中还可以约定艺人方在合同终止后仍承担一定年限的竞业禁止义务，以免艺人方在合同终止后立即为竞品代言，损害原品牌方利益。

（2）保守商业秘密

艺人方在与品牌方合作的过程中很可能会接触到品牌方的生产工艺、配方技术等内部机密，为此，品牌方可能会在合同中约定商业秘密保护条款，要求艺人方保守在代言活动中知悉的品牌方的未公开信息。

（3）艺人道德条款及负面影响条款

艺人陷入负面影响导致商业价值下降的事件极为常见。近年来不断有艺人因涉毒、家暴、出轨等导致形象受到影响，乃至“人设崩塌”。另外一种情形是艺人卷入争议性话题，导致自身言论引发争议。

比如，2018年年底，因浙江某市流浪狗连续伤人，政府机关对流浪犬只进行捕获，多名艺人以爱狗为名加以反对，其中某艺人“在我眼中，杀狗等于杀人……请当局抱持善念处理，善有善报”的言论引发公众舆论反弹，并被质问愿不愿意承担被流浪狗无故咬伤者的医疗费。

社会舆论中经常存在对立性言论，而且艺人的职业和身份具有特殊性，具有舆论中心“体质”，因此，有时艺人无心的言论或者未经仔细斟酌的言论都会带来争议性的后果，品牌方很有可能会在合同中要求艺人方：

（1）陈述并保证在代言合同签订之前，艺人方从未作出有可能降低自身社会形象与社会评价从而影响品牌方形象的行为；

（2）陈述并保证在代言合同签订之后应保持自律，注意维护自身的社会形象与社会评价；

（3）保证在代言合同签约后不参与争议性话题，避免出现刺激特定群体的言论；

（4）违约责任：一旦艺人方违反上述约定，品牌方有权采取发布声明、解除合同、撤换相关宣传等措施，同时要求艺人方退还佣金、赔偿品牌方为此支付的合理费用与其造成的损失。

以2014年某艺人吸毒事件为例，自某艺人吸毒事件被曝光后，其代言的品牌纷纷采取合同解约、广告撤销、产品下架等措施，而某艺人也必然面临被品牌方追偿的可能。

4. 品牌方特别条款

与上述相对应的是，品牌方陷入负面影响导致商业价值下降并可能“连累”合作/代言艺人的情况近年来同样屡见不鲜。正是基于这样的情况，除产品质量、产品安全等问题外，有谈判条件的艺人可以根据实际情况相应地加入品牌方的特别条款：要求品牌方确认不得触碰大是大非问题，尊重国家统一、民族团结等。对艺人来讲，这既可以作为从价值观上“预筛选”合作伙伴的一个机制，也可以作为对品牌方的一个敦促；同时，若真发生类似事件，艺人不仅可以在危机公关上拥有更多“防御武器”，也可以从违约责任角度获得实际赔偿。

5. 人格权与知识产权

代言合同履行过程中，相关权利的归属问题亦是实践中经常发生的。艺人方在代言活动中，因其作品的复杂性（包括画面、歌唱、署名等多元素的组合）往往会产生姓名权、肖像权、著作权、表演权等一系列复合性权利，若没有事先对这些权利的归属作出安排，将很容易爆发后续纠纷。为明确权利的归属，可在代言合同中事先约定。艺人方还可以与品牌方约定这些权利的地域范围、保留期限等，以适应具体代言业务的需要。

一般来讲，签署代言合同的同时会签署《授权委托书》作为附件，内容视实际情况而定，一般会包括授权与被授权的主体，授权的权项、范围、时间等代言合同中的主要要素。

鉴于艺人代言活动可能涉及方方面面的协调、合作，对艺人及被代言企业来说，《授权委托书》不像一般代言合同具有保密义务，且条款不涉及具体的交易细节、金额等商业秘密，在探索商业机会、向潜在的合作第三方展示等方面具有显著的便利性优势。因此艺人方在进行合作时，应树立相应的意识，事先检查合作对方的《授权委托书》或有关的核心要素。

除此以外，艺人方在代言活动中常常需要提交自行拍摄的照片、视频给品牌方用作品牌宣传。对于这种艺人方自行制作的作品，品牌方为宣传而进行后续加工的行为也往往产生争议。对此，也要注意在合同中设定相应的权利义务，包括品牌方可否任意使用艺人方提交的作品及其形象，以及在该种作品和形象上作技术加工时是否需要艺人方的同意。

6. 争议解决条款

（1）争议解决方式

鉴于发生法律效力的判决书原则上是允许公众公开查阅的（《民事诉讼法》第一百五十六条），考虑到负面影响，艺人方一般不愿意以诉讼的方式解决纠纷。由此，艺人方一般会倾向于以诉讼以外的方式解决纠纷。品牌方很有可能在合同中约定以诉讼方式解决纠纷，倒逼艺人方遵守合同约定，以免进入诉讼程序后因判决书公开对其造成不利影响。因此，仲裁是一个较好的选择。

（2）管辖

若选择以诉讼方式解决纠纷，需要注意管辖地的问题。根据《民事诉讼法》第二十三条和第三十四条的规定，合同纠纷的当事人可以书面协议选择被告住所地、合同履行地、合同签订地、原告住所地、标的物所在地等与争议有实际联系的地点的人民法院管辖，若没有书面管辖协议，原则上由被告住所地或者合同履行地人民法院管辖。可以看出，若双方事先没有书面管辖协议，则该合同纠纷原则上由被告住所地或者合同履行地人民法院管辖。双方当事人最好事先以书面管辖协议预先确定具体的诉讼管辖法院（前提是不违反级别管辖和专属管辖的规定），以避免这方面的纠纷。[①]

在条件许可的情况下，代言合同应在主合同条款或者补充合同、附件中尽可能对前述事项进行详细约定，以减少后期争议发生的概率以及维权成本。

① 参见《最高人民法院关于适用〈中华人民共和国民事诉讼法〉的解释》第三十条。

第四章

艺人参加影视摄制活动相关法律实务

毕鸿最近接到了两部戏的邀约，一部是电影《大明女捕头》的女一号，另一部是网剧《粉色生死恋》的女二号。经纪人彭虹霓跟两个制片人分别谈完了，感觉“大为振奋”，回来对毕鸿描述的美妙场景如下：“这部电影上映以后，很有希望获奖。”“这部网剧一定会一炮走红，你会随着这部剧继续大火。预计拍二十集，咱们收二十集的钱，发了！”

毕鸿很高兴，接下来一段时间她仔细研读剧本，有针对性地了解故事背景，揣摩人物设定，以及每个情节里人物的表情、动作等。有一天她看律政剧的时候突然想起了自己的合同，问经纪人彭虹霓：“合同细节什么的都敲定了吧？”

“没问题！都搞定了！”彭虹霓拍着胸脯说，“这种合同，不就是个档期问题吗？按时进组，按时拍完走人不就得了？里面住宿标准什么的都谈好了，没问题！”

毕鸿听了甚为安心。

合同约定的进组时间到了，毕鸿团队赶到拍摄地S市时，剧组按照约定派来了专车及行李车，一看到专车，毕鸿和彭虹霓就不乐意了：只见对方派来一辆普通轿车做专车，一辆半旧面包车当行李车。彭虹霓很愤怒，打电话给制片人，责问："您安排的这是什么车啊？艺人有时候是需要在车里休息的，这样的车怎么保证艺人休息和设备安全啊？我们之前用的都是奔驰V250商务舱级别的专车和行李车。"

制片人却振振有词地说："合同说提供专车及行李车，又没说什么级别的，我们又没违约！"

彭虹霓气得直翻白眼儿。无奈之下，毕鸿团队将就着进了剧组，随后发现住宿上也出了幺蛾子：合同约定应安排五星级酒店豪华单间，而实际上因为"没房间了"，安排的是五星级酒店的单人大床房。制片人满脸堆笑说："差不了多少，您将就将就……"

彭虹霓看了看合同，里面没约定住宿标准"降档"情况下如何追究违约责任，暗暗懊悔。

前期总体上拍摄进展还算顺利，虽然剧组存在种种问题，但毕鸿等人为了大局考虑，也都忍下来了。拍摄时间过了一半，导演发现进度严重滞后，就开始延长拍摄时间，每天拍摄时间都达到了十二个小时以上，最赶的一次居然一口气拍了二十三个小时。演员们疲惫不堪，有的演员累得进了医院，导演却要求他们带病坚持，表示不允许因为他们的个人原因延误进度。

整个剧组疲劳运转，终于不堪重压出现了事故。与毕鸿搭戏的男一号在吊威亚时因为疲劳，难以集中精力，落地时扭伤了腿。男一号受伤，整个剧组的拍摄进度被迫中断了。等男一号休养了半个月回到剧组，拍摄才恢复。

最终，毕鸿比原定计划在S市多待了二十多天才完成《大明女捕头》的拍摄，差点误了《粉色生死恋》的档期。彭虹霓气得脑壳儿冒烟，可是翻遍合同也没找到如何追究制片方的违约责任，因为里面的条款太含糊了，以至于难以操作。而且很多在剧组时出现的突发状况没有及时保留证据，现在想要取证已经很难了。

彭虹霓一边联系律师跟进，一边带着毕鸿匆匆赶到了《粉色生死恋》剧组。

好在这个剧组总体上比较规范，导演控制进度的水准较高，一切都有条不紊地推进。虽然也有一些小的不如意之处，但总体上拍摄比较顺利。

结束了两部影视剧拍摄的毕鸿回到家里，打算好好休息几天，后续的日程则由经纪人彭虹霓安排。

一年后，《粉色生死恋》上映了，毕鸿和彭虹霓惊讶地发现，原定二十集的网剧被剪辑成了二十五集播出。

彭虹霓立刻和制片方联系，询问为什么集数变了，并提出按照实际的集数增加报酬。制片方回答说：“也就是二十集的素材，为了增加广告费用，剪辑成了二十五集。毕鸿的工作量并没有增加，所以不同意增加报酬。”

彭虹霓气得再度直翻白眼儿。他又找来律师要求维权。

经过艰苦的协商和诉讼，最终律师分别从两个剧组处取得了一定的违约补偿和增加报酬。但是合同约定不完善、证据收集不及时给维权工作造成的不便给彭虹霓留下了深深的印象。

“细化合同条款，注重证据收据。”彭虹霓叹着气，在本子上又记下了这一行字。

第一节 影视行业的发展现状

艺人在影视项目全流程中担任多元化、重要的角色，由于篇幅所限，本书主要论述艺人参与影视拍摄活动的相关注意事项。而有关艺人将片酬转为投资、参与投资影视等其他各种情况，由于在此情形下艺人身份转化为投资人，在此不做论述。

2000 年以来，中国的影视剧市场呈现井喷式发展。我国已经成为世界第二大电影市场，电影荧幕数量稳居全球第一，电影产量连续三年位居世界第三。同时，我国作为电视剧第一生产大国、第一播出大国的地位日益巩固。中国已成为世界影视大国，且正在谋求从影视大国向影视强国的转变。

以电影为例，电影总票房连年增高，截至 2019 年 12 月 31 日，依据电影票房数据库网站[①]的数据，内地票房总排行榜如下：

内地电影票房总排行榜

总排名	电影名称	总票房	上映年份
1	战狼 2	56.39 亿	2017
2	哪吒之魔童降世	49.34 亿	2019
3	流浪地球	46.18 亿	2019
4	复仇者联盟 4：终局之战	42.05 亿	2019
5	红海行动	36.22 亿	2018

① 数据来源于“电影票房”网页所载票房数据，网址为 http://58921.com/alltime，最后访问日期为 2019 年 12 月 31 日。

续表

总排名	电影名称	总票房	上映年份
6	美人鱼	33.9 亿	2016
7	唐人街探案 2	33.71 亿	2018
8	我不是药神	30.75 亿	2018
9	我和我的祖国	30.55 亿	2019
10	中国机长	28.65 亿	2019
11	速度与激情 8	26.49 亿	2017
12	西虹市首富	25.27 亿	2018
13	速度与激情 7	24.26 亿	2015
14	捉妖记	24.21 亿	2015
15	复仇者联盟 3：无限战争	23.7 亿	2018
16	捉妖记 2	22.19 亿	2018
17	羞羞的铁拳	21.9 亿	2017
18	疯狂的外星人	21.83 亿	2019
19	海王	19.97 亿	2018
20	变形金刚 4：绝迹重生	19.79 亿	2014

从上表可以看出，国内电影市场呈现出国产影片与进口影片分庭抗礼、高票房电影类型多样的局面。如上表所示，国产电影达到十四部，题材包括战争、喜剧、动画、玄幻、现实、灾难等多种类型。

从电视剧领域来看，虽然由于种种原因，收视率统计存在一定困难，但优秀的传统电视剧、网剧不断呈现却是不争的事实，题材更是涵盖架空、穿越、历史悬疑、盗墓寻宝、都市情感、现实等，有的甚至引发了社会现象级的讨论。这无疑与广大电视工作者的努力是分不开的。

电影电视行业的蓬勃发展，为艺人提供了丰富的可供发挥的题材，也提供了更为广阔的商业机会。然而，在产出诸多精品的同时，影视行业在一定程度上也出现了虚假的泡沫，具体表现为资本的过度投入、艺人片酬两极分化严重、过度包装和炒作、注重流量不注重质量和专业能力等，这些现象或多或少导致了一些影视作品质量低下，令人不忍直视。“雷剧”频出，“神剧”满屏，“裤裆藏雷”“手撕鬼子”等剧情荒诞、特效“五毛”的桥段挑战观众智商，严重影响国产剧总体质量和声誉。更让人忧虑的是，“烂片”与所谓的“高片酬”对照，兼之媒体对艺人进行的显微镜式的审视，艺人群体在公众舆论中的形象有向负面转化的趋势。

自2018年起，国家对影视行业进行了规范和整顿，据新华社等多家媒体报道，2018年6月，中央宣传部、文化和旅游部、国家税务总局、国家广播电视总局、国家电影局等联合印发《通知》，要求加强对影视行业天价片酬、“阴阳合同”、偷逃税等问题的治理，控制不合理片酬，推进依法纳税，促进影视业健康发展。《通知》强调：要制定出台影视节目片酬执行标准，明确演员和节目嘉宾最高片酬限额，现阶段，严格落实已有规定，每部电影、电视剧、网络视听节目全部演员、嘉宾的总片酬不得超过制作总成本的40%，主要演员片酬不得超过总片酬的70%。

2018年10月2日，国家税务总局下发通知，部署开展规范影视行业税收秩序工作。国家税务总局通知明确，从2018年10月10日起，各地税务机关通知本地区影视制作公司、经纪公司、演艺公司、明星工作室等影视行业企业和高收入影视从业人员，根据税收征管法及其实施细则相关规定，对2016年以来的申报纳税情况进行自查自纠。对在2018年12月底前认真自查自纠、主动补缴税款的，免予行政处罚，不予罚款。

2018年10月31日，针对监管较为宽松的网络节目（包括电视剧网络剧、网络电影），国家广播电视总局出台了《关于进一步加强广播电视和网络视听文艺节目管理的通知》，并针对广播电视和网络视听文艺节目健康有序发展提出了全新要求。要求加大电视剧网络剧（含网络电影）治理力度，促进行业良性发展。

相关政策出台后，影视行业原有形态受到较大的影响，开始进行调整，并影响至今。具体表现为：

1. 影视公司大批退场：据天眼查数据显示，2019年以来共有超过3228家影视公司及主营业务涵盖“影视”的公司被注销或吊销，远高于2018年的1946家。[①]

2. 作品数量急剧下降：2019年前三季度，全国拍摄制作电视

① 范文茜：《影视业凛冬调查：中戏科班无戏可接3228家公司消失》，《时代周报》2019年12月10日。

剧备案共646部，比去年同期的886部减少27%；拍摄制作电视剧备案共24617集，比去年同期的35209集减少30%。[①]

3.资本市场后劲不足。2019年上半年文娱行业共计发生109起投融资事件，涉及交易金额约合80.44亿元。相比2018年同期，投资数量下降近71%，交易金额下降约85%。[②]

与此同时，大量艺人陷入无戏可拍的境地，甚至被迫降低片酬以获取进入剧组的机会。然而，在市场一片肃杀的情况下，我们却看到：

1.中央和地方政府纷纷出台政策，鼓励影视娱乐产业发展。如2018年12月18日，国务院办公厅印发了《进一步支持文化企业发展的规定》，明确电影发行企业取得的发行收入免征增值税；鼓励社会资本以多种形式投资文化产业，允许以控股形式参与国有影视制作机构经营。北京、上海、浙江、厦门、天津纷纷出台或加强了影视产业扶植政策。

2.2019年全年中国内地电影票房超621.52亿元，较去年有所增长。

3.据猫眼专业版发布的报告显示，2019年出现史上最强国庆档，同比大涨129%，总票房43.8亿，7天完成去年10月全月票

---

① 吴志:《前三季电视剧拍摄备案646部 比去年同期减少27%》,《证券时报网》2019年11月16日。

② 范文茜:《影视业凛冬调查：中戏科班无戏可接3228家公司消失》,《时代周报》2019年12月10日。

房，观影人次达到 1.16 亿。

以上数据可以通过下表得到直接体现：

2018 年国内电影总票房：607.06 亿　　单位：人民币					
2018 年中国电影票房前十		2018 年中国电影国产电影票房前十		2018 年中国电影进口电影票房前十	
1. 红海行动	36.51 亿	1. 红海行动	36.51 亿	1. 复仇者联盟 3：无限战争	23.90 亿
2. 唐人街探案	33.98 亿	2. 唐人街探案	33.98 亿	2. 毒液：致命守护者	18.70 亿
3. 我不是药神	31.00 亿	3. 我不是药神	31.00 亿	3. 海王	17.99 亿
4. 西虹市首富	25.48 亿	4. 西虹市首富	25.48 亿	4. 侏罗纪世界 2	16.96 亿
5. 复仇者联盟：无限战争	23.90 亿	5. 捉妖记 2	22.37 亿	5. 头号玩家	13.97 亿
6. 捉妖记 2	22.37 亿	6. 前任 3：后来的我们	16.49 亿	6. 碟中谍 6：全面瓦解	12.46 亿
7. 毒液：致命守护者	18.70 亿	7. 后来的我们	13.62 亿	7. 巨齿鲨	10.52 亿
8. 海王	17.99 亿	8. 一出好戏	13.55 亿	8. 狂暴巨兽	10.04 亿
9. 侏罗纪世界 2	16.96 亿	9. 无双	12.74 亿	9. 蚁人 2：黄蜂女现身	8.32 亿
10. 前任 3：再见前任	16.49 亿	10. 超时空同居	9.00 亿	10. 神秘巨星	7.47 亿

2019 年国内电影总票房：621.52 亿　　单位：人民币					
2019 年中国电影票房前十		2019 年中国电影票房国产电影前十		2019 年中国电影票房进口电影前十	
1. 哪吒之魔童降世	49.86 亿	1. 哪吒之魔童降世	49.86 亿	1. 复仇者联盟：终局之战	42.44 亿
2. 流浪地球	46.65 亿	2. 流浪地球	46.65 亿	2. 速度与激情：特别行动	14.32 亿

续表

2019 年国内电影总票房：621.52 亿　　单位：人民币					
2019 年中国电影票房前十		2019 年中国电影票房国产电影前十		2019 年中国电影票房进口电影前十	
3. 复仇者联盟 4：终局之战	42.44 亿	3. 我和我的祖国	30.59 亿	3. 蜘蛛侠：英雄远征	14.16 亿
4. 我和我的祖国	30.59 亿	4. 中国机长	28.87 亿	4. 大黄蜂	11.48 亿
5. 中国机长	28.87 亿	5. 疯狂的外星人	22.07 亿	5. 惊奇队长	10.34 亿
6. 疯狂的外星人	22.07 亿	6. 飞驰人生	17.20 亿	6. 哥斯拉 2：怪兽之王	9.36 亿
7. 飞驰人生	17.20 亿	7. 烈火英雄	16.95 亿	7. 阿丽塔：战斗天使	8.96 亿
8. 烈火英雄	16.95 亿	8. 少年的你	15.51 亿	8. 狮子王	8.30 亿
9. 少年的你	15.51 亿	9. 扫毒 2：天地对决	13.05 亿	9. 冰雪奇缘 2	7.89 亿
10. 速度与激情：特别行动	14.32 亿	10. 攀登者	10.90 亿	10. 大侦探皮卡丘	6.40 亿

※ 以上数据皆来自国家电影资金办官方 APP：中国电影票房

上述数据表明，中国影视市场仍然体量巨大，公众对于优质影视作品的需求量大，关注度高，影视行业无论是发展规模还是发展空间都远没到天花板。

然而，由于行业管理的不规范、产业链条的不完善、工业化体系的不健全、影视行业的粗放经营等因素，影视行业的种种痼疾亟待冲破。因此，影视行业目前正面临着一个被迫寻找拐点的调整期，即如何在资本更加挑剔谨慎、观众口味提高、政策导向更加严格的大环境下，珍惜来之不易的机会，打造优质作品，以质量争取观众、口碑和票房。

加之2020年疫情对影视行业的打击，这样的调整期可能会持续较长的时间。而艺人在此期间将不得不面临残酷的优胜劣汰的局面，被迫进行自身的调整，包括：片酬的调整（是否降低片酬以争取出演机会）、工作态度的调整（人适应戏还是戏适应人）、演艺方向的调整（是否拓展演艺渠道，参与网剧、微电影拍摄），等等。总而言之，所谓的“寒冬”以及疫情暴发等时代大环境，也逼迫着艺人自身拐点的到来。

第二节　艺人参与影视摄制流程的风险

一、艺人参与影视摄制活动的风险管理现状

艺人参与影视摄制活动，不可避免地要经历以下单项或多项内容：长途交通出行；肢体动作表演；脑力劳动；通宵工作；不规律乃至不合胃口的膳食及用餐环境；灯光、烟雾及噪声污染；危险动作及环境，等等。

以上事项，每一项都是潜在的风险点。以剧组为例，剧组内部分工较细，摄制、灯光、美术、造型等各个部门均有不同人员负责，部分职务的从业门槛不高，加之剧组人员安全意识高低不一，敬业态度有好有坏，凡此种种，均有可能直接及间接增加艺人在影视摄制过程中存在的人身风险。

本文以案例的形式阐述艺人在影视摄制过程中存在的潜在风险：

案例一：2010 年 10 月某日下午，上海某电视剧拍摄片场发生意外，艺人 S 和艺人 Y 参演一场爆破戏，由于爆破师现场操作失误，没有依次爆炸而是全部同时爆炸，导致 S 和 Y 严重烧伤，其中 S 因身穿的尼龙丝袜易燃且紧贴皮肤，受伤极为严重；Y 则

一直在重症监护病房。现场并未因拍摄危险场面而提前安排救护车，故只能淋水降温，延误了治疗。后两人被送往医院紧急治疗，经纪人证实S全身54%严重烧伤，近八成是三度烧伤。

案例二：2005年，电视剧《××凤凰》剧组拍摄期间，曾出现两次意外。一次是7月26日剧组在上海黄浦江畔拍摄浮尸镜头时，发生了群众演员陈某“溺水死亡”事件。另一次是在云南拍摄时，马突然受惊，往后狂退，马车也随着往后倒，站在马车后的女性艺人黄某来不及反应，幸好著名艺人方某猛地推开黄某，方某自己却被马车轮轧到脚背。

可以看出，影视拍摄中未知的危险因素无处不在。任何一个环节出了问题，或者各部门衔接不畅，乃至工具、其他演员的突发状况，均有可能导致艺人遭遇人身伤害。

正是因为如此，部分国家的艺人受到从业人员行业组织（类似于工会）的保护，如美国艺人普遍受到美国演员工会（Screen Actors Guild，2012年与美国电视和广播艺术家联合会合并，成立SAG-AFTRA）的保护，SAG-AFTRA与美国电影和电视制片人协会（Association of Motion Picture and Television Producers，以下简称AMPTP）通过谈判，制作了一份基础协议，该协议属于标准合同条款，对艺人的工作时间、片酬标准、拍摄设施等作了规定，并约定了争议解决条款。由于该协议操作性强，权利义务明确，很好地保护了美国艺人行业的健康发展。

国内艺人工作环境复杂、危险系数高、工作时间长，部分安全措施形同虚设，加之大部分艺人法律意识不足，显然是面临更多风险的。首先，国内广泛代表全体艺人的行业组织较少；其次，没有统一的、为绝大多数制片方和艺人接受的标准合同条款；最后，国内演出市场处于纯市场经济局面，表演服务合同条款是否公平，取决于制片方和艺人地位的强弱。

艺人在面对制片方时，主要由自身和经纪人去进行合同条款协商，没有标准条款可以借鉴及引用。尽管很多艺人在公众中有较高的关注度，被称为“明星”，但在行业中总体处于弱势地位，易受舆论干扰。中国社会传统上对公众人物有较高的道德要求，在促使艺人洁身自好的同时，却也对艺人的维权造成了很大的影响。比如，影视市场火热时，部分艺人提出较高的安全要求，可能会被资方或个别媒体从业人员指责为“耍大牌”；艺人发现片酬结算有误，进行追讨，可能会被资方或个别媒体从业人员指责为“只认钱”。艺人在被“道德绑架”的情况下，为了不至于“人设崩塌”，多数不会提出有关要求，即便合同中对于待遇和安全保护有所约定，但对于实务操作中的误差也较大概率选择忍耐和接受。毕竟艺人从某种程度上讲是个“口碑”职业，任何“负面”传闻（无论其真实性如何）均有可能导致艺人名誉受损、社会评价降低、资方的风评级别降低，进而影响到日后的商业机会；加之艺人的新闻易吸引流量，相关信息极易引起媒体的大范围转发，从而形成舆论风口，公众可能会轻信，并进而将此“听说”的信息再进行传播，导致大范围的“舆论事件”发生。

影视行业进入寒冬期后，很多艺人面临长期无戏可拍的窘境，为了争取有戏拍、有收入，更为了保持曝光率，相当大比例的艺人只能降低自己的各项要求（包括片酬、安全要求）。我们提供法律服务的一些影视项目，担纲主演并且在国内有一定名气的演员，动辄几十天的摄制过程，片酬在十余万元人民币左右，更不用提其他配角的片酬。

大环境导致艺人在一定程度上会降低要求，更加迁就资方，看似光鲜的职业其实面临巨大的压力，毕竟能够有流量、有资本和资方谈判的艺人是极少数。而降低要求必然导致摄制过程中艺人面临的风险加大，包括：拍摄导致的人身危险，工作时间没有保障，拖欠报酬等。

二、艺人参与影视摄制活动的风险

艺人参与影视摄制及活动流程简要来讲，包括：

了解故事大纲，取得人物小传—签约—进组报到—参与摄制—拍摄后离组—参与路演及首映礼等宣发活动。

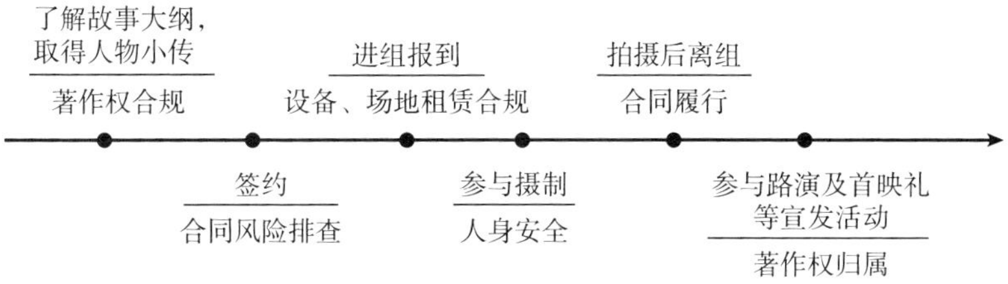

4-1 影视摄制活动流程及风险

在以上流程中,“签约”环节、“进组报到”环节和“参与摄制”环节是风险高发期，具体需要注意的风险点如下：

1. 合同本身的风险

艺人加入剧组之前，会和制片方签署《表演服务协议》(名称不固定，有时称《表演服务合作协议》《表演服务提供协议》《演员合同》等)，不同项目、不同公司的合同文本有所不同，但大多会包含以下条款：

①艺人是否对剧情及表演任务明知，并确认自身符合剧组要求；

②影片的基本情况；

③艺人在本片中的角色和内容、要求；

④拍摄周期；

⑤双方权利义务及违约条款；

⑥伤病及突发事件处理条款；

⑦知识产权条款、肖像权合理使用条款、道德约束条款；

⑧不可抗力条款；

⑨保密条款；

⑩争议解决及法律适用条款；

⑪其他条款及附件。

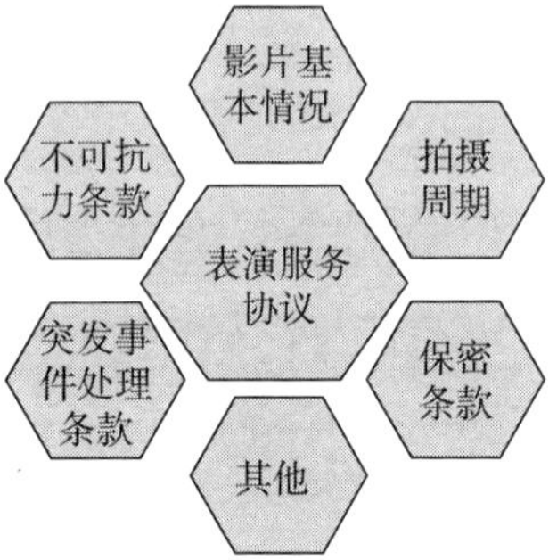

4-2 《表演服务协议》主要条款

一般来讲，艺人签署此合同存在以下几种情况，不同的情况可能会对合同条款设置产生不同的影响。

第一种情形为制片方与艺人所在经纪公司谈妥合同条款后签约，经纪公司会代替艺人对合同条款进行审阅，为艺人争取权益。此种情况下，经纪公司的法务能力、商业地位和具体经办人员的职业操守，均会影响到合同条款的设置。

第二种情形为艺人并无经纪公司，而是委托了自然人作为自己的经纪人。制片方与经纪人协商合同条款后，由制片方与艺人本人签约。此种情况下，艺人委托的自然人经纪人的法务能力、业务知识、职业操守，均会影响到合同条款的设置。

第三种情形为艺人没有经纪人，即为所谓的“自由职业者”。此种情况下，艺人要自己与制片方商谈合同条款，确定权利义务。艺人是否具备前述法务能力、自身地位的强弱，均直接影响到合同条款的设置。

而合同本身对艺人的风险，主要包括合同条款的不完善，和合同条款的过分严苛。

（1）合同条款的不完善

此种情形，常见于一些相对简单的合同，或者合同虽然条文繁复，但是对于艺人的义务约定较多，对制片方的义务约定较少。

在前文列举的条款中，“双方权利义务及违约条款”“伤病及突发事件处理条款”“肖像权合理使用条款”“争议解决及法律适用条款”均易产生争议，然而在现实中，许多这样的合同条款里，对制片方违约情形及如何承担违约责任甚为笼统甚至没有约定，以至于发生争议后没有可操作的解决条款。不完善的合同条款只能说“聊胜于无”。笔者曾看过某影视公司使用的合同，其条款如下：

如甲方违反本合同任何一条义务，导致乙方在拍摄过程中遭受损失的，应承担违约责任，并赔偿乙方的损失。

这样的条款似乎约定了违约责任，但真若发生纠纷，就会发现“漏洞百出”，缺乏可操作性。比如，违反合同义务应承担什么样的违约责任？如何承担违约责任？损失的范围为何？如何证明存在的损失等都将成为实际存在的问题。另外，该条款的表述也并不规范，这样的合同条款对艺人的保护作用不大，对后续维权能起到的作用只是“形式”上的。

（2）合同条款的严苛

与前述（1）的情形相反，此种情形常见于一些非常复杂的合同文本中。此类合同文本通常由法律从业人员起草，结合业务实际，对各种情形约定得较为全面，但基于制片方的强势地位，以及利用民事法律关系中的“意思自治”原则，条款设置总体上倾向于资方，对艺人的义务、违约责任设置较重，对制片方的义务、违约责任则作从轻处理、笼统处理，甚至完全回避，多见于片方与艺人商业地位严重不平衡的情况。

比如，某合同中对工作时间的约定如下：

“乙方已经充分了解及认知本片拍摄的进度要求，并了解通告可能会根据拍摄需要、天气原因以及其他原因临时调整，单日工作时间可能会相应延长或缩短。乙方确认会服从剧组安排，完成每日安排之通告。甲方无须支付额外的工作时间补偿。

……乙方违反本协议第 ×× 条约定（注：关于前款关于工作时间）的，甲方有权要求乙方支付本协议金额 20% 的违约金。如因乙方不服从剧组安排导致拍摄进度延误的，甲方有权根据实际情况要求乙方返还部分或全部服务费，并承担由此导致的直接及间接损失。”

在前面的条款中，制片方作为甲方，要求艺人“服从进度”

安排，并宣示通告可能会随时调整。在影视拍摄活动中，通告调整非常普遍，因此约定这样的条款本身无可厚非。但是前面的合同条款的问题在于，回避了单日最长工作时间的约定以及超出了合理工作时间的补偿方式。这意味着单日的拍摄工作可能会大幅增加，出现连轴工作“抢进度”的状况。一旦出现此种状况，艺人依照此合同条款只能“服从”，可能会出现“连轴”工作并且得不到超时补偿。一旦发生争议，法官或仲裁员有很大的概率认为“合同已经约定无须补偿，这样的约定并不违反禁止性法律，属于双方真实意思表示”。即便有法官认为应“酌情”支付一部分超时拍摄的补偿，这样的“补偿标准”也是难以确定的。

又如，后续宣传条款中，仅强调艺人的配合义务，不顾及艺人届时的日程安排及是否可能有档期冲突。在合同条款中约定：

“拍摄完成后，甲方有权要求乙方参加本片非商业性质的首映式以及其他宣传活动，甲方应于活动举办前十天以邮件形式或书面形式通知乙方并提供具体宣传方案（包括但不限于宣传活动时间、地点、流程等），乙方应积极配合。”

在某艺人录制节目时猝死事件发生后，有剧组在条款中增加严苛条款如下：

“乙方应持守诚信，向甲方披露自身健康状况，包括签约时是否健康，近三个月是否进行过住院治疗或服药超过一周的治疗。乙方未披露的，则视为向甲方承诺身体完全健康，适于拍摄工作。如乙方隐瞒前述病情导致病情加重及其他后果的，相应后果由乙方承担。如因此导致影片拍摄受到影响的，甲方有权终止本合同，并无须支付剩余服务费。”

此条款表面上看有一定合理性，却在一定程度上涉及艺人的隐私。其严苛之处在于要求艺人披露既往病史。如果艺人披露，则在发生争议时，制片方可以以“他自身本来就有疾病”为由进行抗辩；如果艺人不披露，制片方就凭借此条款主张减轻责任乃至免责。

以上诸条款，均对艺人提出了较高的要求。艺人一旦签署并受该合同条款之约束，其风险增大与否，一望而知。作为艺人，出于事业的考虑当然不能完全规避风险，风险控制与利益开发永远是一个需要兼顾考虑的课题，但对条款、对风险点加以充分了解，结合自身情况进行争取，往往条款上非常微小的建议和改动也可能换来完全不同的局面；即便对于无法争取的条款，明确其含义及风险级别、心中有数，同时备档并积极留痕、提前做好准备，也不失为好的应对方式。

2. 人身损害或疾病

2018 年 10 月 12 日，青年演员王某前往北京市朝阳区人民法院申请立案，起诉天津某文化传播有限公司（以下简称天津某公司）演出合同纠纷，其主要的事实和理由为：在拍摄网剧《× × 王》的过程中，每日超时工作逾二十小时是家常便饭，乃至两次入院，并致病。而天津某公司要求王某在就医期间不得停工，在王某因病停工期间，迅速找其他演员替换了王某。就王某起诉的消息，剧组隔天回应称王某多次请假，但未回应“超时拍摄导致演员身体抱恙”一事。

本案比较典型地体现了艺人在影视摄制活动中可能面临的与人身安全、健康有关的风险。

剧组的特点是人员多、器材多、部门多、部分从业人员入门门槛低，因此导演组和制片组的组织能力高低直接影响到拍摄的顺利和安全。影视拍摄活动的特点是需要做大量的动作表情，反复走位和背诵台词，因此会耗费较大的体力和脑力。

特别指出，前面说的“反复走位”也包括拍摄有一定危险性或高度耗费体力的动作，如在不同环境下奔跑、打斗、被捆绑、游泳、爆炸、骑马，等等。高强度的影视拍摄活动对艺人的身体和心理承受能力提出了较高要求，而过度疲劳易导致艺人生病或受伤。此外，剧组内部规范管理与否直接影响意外事故的发生概率，而意外事故直接影响艺人的人身安全。

艺人在影视摄制活动中可能面临的与人身安全、健康有关的风险主要有两种：（1）自身疾病；（2）拍摄过程中引发的疾病或拍摄意外。

（1）自身疾病

这里指艺人自身原有的疾病在拍摄过程中突发、复发的情况。

艺人自身疾病发作有两种情况。一种基于自身原因疾病发作；另一种是由于摄制工作导致原有慢性疾病复发。比如，艺人有既往哮喘病史，由于现场摄制工作中的烟雾、灰尘等导致哮喘疾病复发。

这类情况的复杂之处在于，相关病症的复发是否与摄制工作有关在现实中较难举证，故在艺人有既往病史的情况下，亦需要对医疗费用承担和拍摄期因此延误导致的损失作出约定。

（2）拍摄过程中引发的疾病或拍摄意外

这里指艺人在拍摄过程中发生新的疾病以及意外伤害的情况。

第一类情况是新发病例。

例如，前述王某与天津某公司之间的演出合同纠纷，该案例中，青年艺人王某因在较热环境中穿着铠甲长时间拍摄，生病住院，并得了热射病。再如，影视剧拍摄常有在高温、寒冷环境拍摄的情况，更极端的是反季节拍摄，如冬天拍夏天的戏、夏天拍冬天的戏等。艺人在严寒的环境下穿极少的衣服拍摄“夏日场景”，甚至拍“水中嬉戏”之类场景，极易引发感冒、发烧甚至肺炎等病症。又如，因长时间述说甚至喊叫大量台词，引发咽喉不适乃至咽喉炎。以上种种，皆属此类情况。发生此类情况，应首先判断疾病与拍摄行为有无关联，有无因果关系。

第二类情况是剧组管理不善，导致意外事故发生或提高了意外事故发生的概率。

如前所述，艺人经常需要拍摄有一定危险性或高度耗费体力的动作，如在不同环境下奔跑、打斗、被捆绑、在水中游泳、骑马，等等。这些场景均伴随着意外风险，极易导致受伤甚至死亡。部分高度危险性的场景如高空跃下、撞车、爆炸等亦不少见。

然而意外事故并非仅仅源于拍摄场景本身，剧组管理不善亦有可能增加事故发生的概率。

比如，某剧有一场戏为：男主角开出租车过程中，女主角突然冲出来挡在车前，男主猛地急刹车。然而，扮演男主角的艺人不会开车（或者习惯开自动挡，不习惯开手动挡），演员副导在摄制前并没有询问这一点，只是在拍摄当天提前一个小时让艺人试了试车。在拍摄时，由于对车的性能不熟悉，加上控制离合器和油门不协调，在拍摄过程中车辆猛冲出去，撞伤其他艺人。

在这种情况下，驾车艺人和剧组都是存在过错的，驾车艺人应在阅读剧本时事先告知自己不会驾驶或驾驶不好手动挡车辆；剧组应该早点安排艺人试驾车辆，熟悉性能。被撞伤的艺人最无辜，遭受了无妄之灾。

类似情况在小成本电影中发生的概率更高。因为小成本电影为了节约制作费用，通常不会提前几天租车或其他道具来让艺人“熟悉性能”。

除此之外，现场搭建设施的稳固与否、摄制及灯光器材的质量是否符合要求、人员是否专业等，均会影响意外事故的发生概率。一个管理完善、敬业司职的剧组，才能够降低风险，更好地保护艺人乃至剧组人员自身。而对于艺人和经纪公司来说，除了通过尽调和合同来保护自身的安全，也应注意提高安全意识，对于有关的问题提前进行提示、检查。

特别说明一点：前述所讲的艺人在影视摄制活动中可能面临的疾病与人身安全问题，主要集中于“影视摄制活动过程中”，即艺人进组后和离组前。艺人赶往剧组的路上（甚至报到前）及离开剧组后发现的疾病、隐伤等在司法实践中的处理难度会加大，需要根据实际情况进行分析。

3. 合同违约

（1）待遇约定不明或与合同标准不符

艺人与制片方签署《表演服务协议》中，双方权利义务约定的重要内容之一即艺人的待遇如何。此类待遇，包括艺人在拍摄期间所需的住宿、膳食和交通标准。

在我们提供法律服务的诸多影视项目中，纠纷往往存在于以下两种情况，第一种是条款约定不明。比如，对住宿条件约定“所在酒店与房间规格与本片剧组工作人员住宿标准相同”；膳食标准为“享受本片剧组工作人员饮食标准”，显而易见，相关标准并不明确，极易导致实践中难以操作。比如，剧组工作人员住宿标准也未必相同，究竟以谁的为准？

第二种情况是合同约定好了待遇，但实际待遇与合同约定不符。比如，合同约定的交通条件是：“（制片方）负责安排奔驰V250商务舱级别的专车及行李车，用于乙方（艺人方）在拍摄地与拍摄相关的全程接待。”而实际派来的是别克GL8，这显然与合同约定不符。又如，合同约定应安排五星级酒店豪华单间，而实际上因为种种原因安排的是五星级酒店的单人大床房，存在“降档”情况。这样的安排显然是与合同标准不符的。

（2）单日工作时间的延长

影视剧拍摄受进度、天气等影响较大，但应尊重基本的人体生理极限，安排合理的工作时间。若原有通告设计不合理，还有临时改戏、加戏等情况发生，就有可能导致单日工作时间加长。如前面提到的王某与天津某公司之间的演出合同纠纷，王某指控剧组安排其单日工作时间达到二十小时，甚至存在仅睡三小时即被叫起来继续拍戏的情况。

工作时间的延长意味着体力及脑力的更大消耗，以及休息时间的减少。实践中，艺人单日工作时间延长现象较为普遍，大部分艺人对此会无奈选择配合。

（3）剧组拍摄期延长

影视拍摄过程易受到非由于艺人方原因的一种或多种因素影响而导致拍摄期延长，包括伤病、天气、交通状况及其他意外因素等，以及由于剧本变更而进行日程和通告的调整等因素。

拍摄期延长意味着艺人需要增加拍摄时间及工作，并影响原定的日程安排或档期安排，对艺人的影响较大，并可能会影响到艺人的经济利益，构成对艺人合法权益的侵犯。需要说明，这里说的“因素”应限定在“非由于艺人方原因”这个前提下，如导演生病、其他重要艺人生病、暴雨台风或不利于拍摄的天气、堵车、飞机延误、第三方干扰等。如系艺人本人（包括其助理、经纪人等）的原因导致拍摄期延长的，不构成对该艺人合法权益的侵犯。

4. 报酬争议

（1）报酬是否及时足额支付

取得报酬是艺人进行影视摄制表演的主要目的。在大多数情况下，制片方向艺人支付报酬会采取多次支付的方式，如签订之日起几日内支付总服务费的一定比例，戏份拍摄完成当日支付总服务费用的剩余比例等。此外，有的艺人没有经纪公司，即所谓的“自由职业者”，可能会通过第三方人力资源有限公司等方式支付服务费。

在此情形下，艺人还面临着尾款不能及时结算及支付，以及支付数额与合同约定不一致的风险。

（2）报酬计算标准争议

拍摄过程中可能会有超出正常工作时间的拍摄、超出原定拍摄期的拍摄。此均会涉及报酬结算金额增加与否、增加标准是多少的争议。另一种情况是艺人的报酬与影视剧的集数挂钩，原定拍摄N集，实际却将素材剪辑成N+×集，这时按照哪个数量计算片酬就会产生争议。

案例：2006年，演员李某起诉称，2004年11月，其与北京某公司签订了《演职员聘用合同》，合同约定将拍摄某电视剧，剧集共三十集，公司应支付酬金每集十万元共三百万元，总集数如果超过三十集，应得到李某的书面认可。但北京某公司最后剪辑为三十三集。李某提出违约金及增加的三集酬劳总计一百九十万元之诉请，后经审理，法院判决北京某公司向李某支付多出来的三集片酬共计人民币三十万元，但驳回其他诉讼请求。[①]

① 注：终审判决该30万元与李某应向北京某公司返还之款项进行了冲抵。

第三节 《表演服务合同》重点条款列举及风险提示

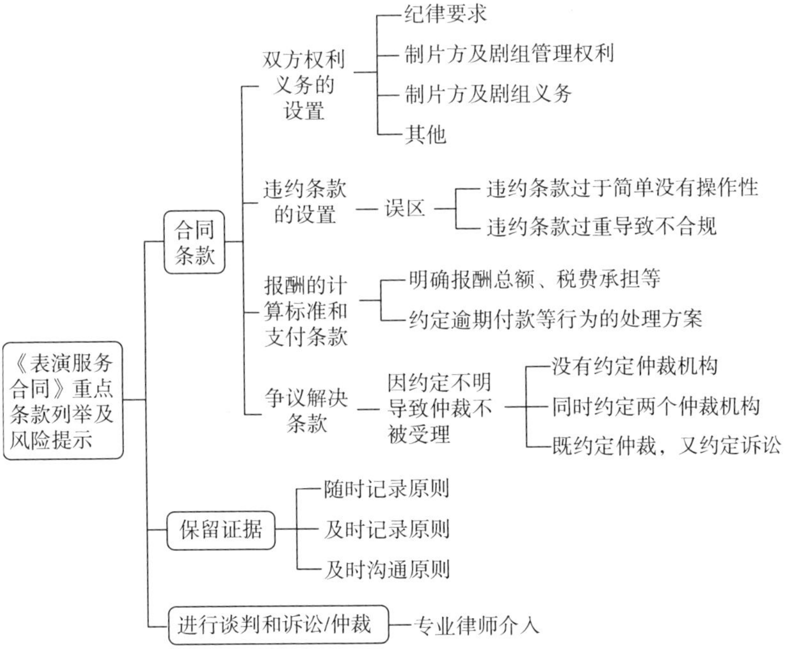

4-3 《表演服务合同》重点条款列举及风险提示

解决艺人与制片方在影视摄制过程中的潜在矛盾需要商业智慧及法律智慧的共同作用。影视摄制活动是一种生产性活动，但本质上也是一种商业行为，双方追求的应该是共赢，所以彼此应当换位思考，理解对方的关切。发生争议，应抱着解决问题的态度，而非扩大矛盾的态度，适当进行妥协，求同存异。

然而，出于双方各自利益的考量，争议有时难以避免和解决。要减少争议，首先，需要对艺人的《表演服务合同》的条款进行细化，使之公平且有可操作性，这样能最大限度地降低争议发生的概率；其次，在拍摄过程中，保留证据，积极沟通；最后，如争议无法通过协商解决，由专业律师介入，进行谈判和诉讼/仲裁。

一、合同条款的细化

单方制作的合同，在条款设置上经常会在权利义务设置上向己方倾斜。然而合同系双务合同，须双方达成合意方可成就。所以艺人在接到制片方发来的合同后，至少应认真阅读，结合自己或经纪人、经纪公司的业务知识判断风险点，必要时应寻求专业法律人士的协助。关于双方资质、影片信息、角色等条款，在此不再赘述，在所有的合同条款中，应特别注意如下条款：（一）双方权利义务的设置；（二）违约条款的设置；（三）报酬的计算标准和支付条款；（四）争议解决条款。

（一）双方权利义务的设置

在已经确定了影片基本信息、拍摄期、表演角色和内容的情况下，双方权利义务的设置，应包含如下内容：

1. 纪律要求。比如，何时进组，应遵守何等规章（如不得迟到早退、无故罢演、中途辍演）等。

2. 制片方及剧组管理权利。

3. 制片方及剧组义务。比如，何时提供剧本，不得擅自变更摄制计划，不得擅自对人物、情节等进行实质性更改，安全保障义务，应提供何等标准的食宿交通标准，病患处理等。

4. 艺人方权利。如应享受的食宿行待遇，每日最长工作时间，评奖权及奖金归属等。

5. 艺人方义务。如遵守剧组管理，尽职表演，生病应提供医院病假单，守法及道德条款等。

此类条款是合同的核心内容，条款组织、遣词用句均需用心斟酌。艺人方应尽可能对此类条款进行细化，争取条款尽可能地平衡，而不是过分向制片方倾斜。对于一些基于双方商业地位高低无法修改的条款，做到提前知晓风险，心中有数，才能在拍摄过程中有针对性地加以注意。

（二）违约条款的设置

违约情形和违约责任的约定，在合同草拟中处于非常重要的位置，而且要结合前面的双方权利义务来设定。但实践中此类条款常常陷入两个误区：一是设置的违约条款过于简单而没有操作性，二是设置的违约条款过重导致不合规。

比如，笔者曾经收到的一份合同中，对违约条款有如下之约定：

“任何一方违反本协议约定，经另一方催告后仍不纠正的，违约方应赔偿守约方由此导致的所有损失，并向守约方支付协议总金额20%的违约金。”

此条款看起来似乎约定明确具体且公平，实则问题多多。一方面试图利用一个条款解决所有的违约问题，有过简之嫌（违约情形存在多种状况，也存在轻重程度、一般违约和根本违约之分）；另一方面加重了违约责任，将违约责任设定为“赔偿损失+违约金”，实属过重，导致真到了司法解决纠纷的时候此类条款一般不会得到法院支持。

以原《合同法》为例，第七章详述了违约情形和违约责任的承担方式，常见的与影视摄制相关的情形包括：

违约情形	违约责任
当事人一方不履行合同义务或者履行合同义务不符合约定的	继续履行、采取补救措施或者赔偿损失等
未支付价款或者报酬的	要求其支付价款或者报酬
不履行非金钱债务或者履行非金钱债务不符合约定的	一般情况下可要求履行

2020年5月28日，全国人民代表大会通过了《民法典》，对民事主体现今的行为有非常大的指引作用。《民法典》合同编第八章“违约责任”的规定，主要对于上述表格第二项内容有所更新和修订，具体内容如下：

违约情形	违约责任
未支付价款、报酬、租金、利息，或者不履行其他金钱债务的	请求支付

可见，赔偿损失本身即属承担违约责任的方式之一。关于赔偿损失的具体规定，《民法典》第五百八十三条、第五百八十四条规定：

“当事人一方不履行合同义务或者履行合同义务不符合约定的，在履行义务或者采取补救措施后，对方还有其他损失的，应当赔偿损失。”

“当事人一方不履行合同义务或者履行合同义务不符合约定，造成对方损失的，损失赔偿额应当相当于因违约所造成的损失，包括合同履行后可以获得的利益；但是，不得超过违约一方订立合同时预见到或者应当预见到的因违约可能造成的损失。”

可以看出，在法律层面，我国对于违约责任如何承担，采取的是补偿式的思路，即违约责任的承担一般以实际损失为上限。而前述过简但过重的违约条款，在已经“赔偿损失”之后还要求另外支付违约金，显然超出了法律支持的范畴。司法实践中，法院往往会酌情进行调整。

鉴于实际损失在现实中一般难以计算或举证，有经验且懂实务的法务或律师通常会详细列明违约情形，对此做出估量后，约定一个违约金标准或列明不同情况下的违约责任补救措施，并注明如该违约金不足以补偿实际损失的，应当对违约金与实际损失之间的差额部分继续予以赔偿。比如，针对擅自解约的情形，如下条款就是具有可操作性的：

“如因甲方（制片方／剧组）无故更换乙方（艺人）或无故要求提前解除本协议，甲方仍应支付剩余款项，并向乙方支付协议总金额20%的违约金，违约金不足以弥补损失的，还应继续承担相应的赔偿责任；如因乙方无故罢演或无故要求提前解除本协议，乙方应将所得款项全部返还给甲方，并向甲方支付协议总金额20%的违约金，违约金不足以弥补损失的，还应继续承担相应的赔偿责任。”

这类条款及条件的设置往往需要丰富的项目经验和实务水平，非常考验法务或律师的专业能力和实践经验。

（三）报酬的计算标准和支付条款

关于报酬计算标准容易产生的争议，在上一章节中已经有所论述。此部分条款约定应尽可能地明确、详细，包括报酬总额、税费承担、支付方式、付款账号等。如需要通过人力资源有限公司介入，应约定将艺人与人力资源有限公司签订的协议作为附件。

同时，针对可能产生的逾期付款或不足额付款行为，双方应约定处理方案。此处理方案可以列入前述违约条款中。同时双方亦可约定，由于客观（如银行结算日等）及不可抗拒原因造成支付延误的，将不做违约处理。

（四）争议解决条款

选择什么样的争议解决方式，以及什么地区的什么争议解决机构进行争议解决常常被合同各方所忽略。实践中，一旦争议进入诉讼或仲裁，申请管辖权异议是常见的拖延时间的手段。这就要求此类条款必须清楚、准确、无歧义。

尤其需要注意的是，如果约定仲裁作为争议解决方式，那么仲裁机构必须明确。实践中因约定不明导致仲裁不被受理的情况包括：

1. 在合同中约定了仲裁地点但没有约定仲裁机构，或虽然有约定，但约定的仲裁机构名称的方式、术语不规范。比如，“发生争议在合同签订地（履行地）仲裁解决”“争议在当地仲裁委员会仲裁”“争议由 ×× 市经济合同仲裁委员会仲裁”等。以上这些约定，在申请仲裁时，会被认为约定不明确而不予受理。

2. 在合同中同时约定两个仲裁机构。仲裁协议约定两个以上仲裁机构的，当事人可以协议选择其中的一个仲裁机构申请仲裁；当事人不能就仲裁机构选择达成一致的，仲裁协议无效。

在确定争议解决方式和机构的同时，准据法也必须明确。特别是中外合拍影视剧，或艺人是外国国籍的情况下，适用中国法还是外国法应明确。

二、保留证据，积极沟通

艺人在影视项目全程，尤其是摄制过程中，遇到权益受到损害的情形，首先需要确定对方违反了合同的什么约定，确认对方确有违约，随后就需要保留相应的证据。

取证及保留证据是比较专业的行为，应确保证据的真实、合法、关联性，即所谓的证据三性。而艺人及其经纪人可能并不具备这样的专业取证能力。笔者在此提出几个原则：

1.随时记录原则。艺人及其助理、经纪人应保留每日的通告，并随时（通过文字、拍照、拍视频等方式）纪录片场的情况。这样的做法可以对“超出正常工作时间”之类的争议提供一定的证据支持。

2.及时记录原则。一旦发生意外或突发事故，由于现场机位未必能拍摄到全部情况，且将来取证也可能存在难度，所以艺人的同行人员应及时拍摄记录。

3.及时沟通原则。对于剧组日常出现的与合同约定不符的情况，应及时通过微信等手段与导演组、制片组等进行沟通，提出问题，寻求解决。依照证据规则，微信聊天记录亦可作为证据使用。同时，该沟通也可以表明艺人方不认同制片方的做法，避免被推论为“事实上默认”。

三、如争议无法通过协商解决，由专业律师介入，进行谈判和诉讼/仲裁

争议解决的方式包括协商谈判和诉讼/仲裁。一旦争议发生，且不能通过双方直接沟通得到解决，那么就应该交由专业的法律人士介入解决。专业的法律人士熟悉行业情况，了解证据规则，可以对现有的材料作出分析，并有针对性地补充取证，提出解决思路。

第五章 艺人参加营业性演出相关法律实务

彭虹霓最近心情很好。

他长期以来的努力没有白费，在他的打造下，毕鸿影视歌全面发展，演艺事业越来越火。随着知名度上升，她接到的邀约也越来越多，除了一些影视项目、广告代言，一些商业演出邀约也找上门来。彭虹霓看着手机上的一个个来电，想到“钱”景广阔，小心脏跳得扑通扑通的。

菠萝卫视下属的文化公司打算举办一场商业演出，邀请多个知名艺人现场演唱歌曲，彭虹霓拿着合同回来，跟毕鸿商量说：“上台唱两首歌就可以，交通住宿安排得都挺好的，菠萝卫视是国内一线卫视，会对这场演唱会进行直播。我觉得这个机会不错。曲目他们帮你选好了，一首是钱雯儿的《倾城美人》，另一首是吴瑛瑛的《爱情暴击一千次》。”

毕鸿在心里默默试了试，觉得自己唱这两首歌没什么问题，就点头答应了。

演唱会前一天，毕鸿团队赶到了栏目组，进行走台和试音，对效果比较满意。菠萝卫视的总监艾看雨满脸堆笑，吹捧道：“您参加咱们这个演唱会，演唱会就成功了一半儿！观众们就喜欢看您！就怕到时候您唱完了，观众们舍不得您走呢！”

彭虹霓高兴得哈哈大笑，想象着观众们追捧毕鸿的盛况，小心脏又跳得扑通扑通的。

演出当天，盛况空前，台下聚集了数万名观众。彭虹霓看着节目单，告诉毕鸿：“估计下午三点左右你会上台，咱们可以赶晚上六点的飞机回去。”

然而演出过程中横生枝节。

菠萝卫视的运营团队一向秉持“榨干最后一滴剩余价值”的理念，早就定下了“尽可能拖延演唱会时间，让观众感觉值回票价，顺便多搞点广告收入”的销售模式。每个歌手上台按照计划演唱两首歌曲后，菠萝卫视的主持人都会号召观众不让歌手下台，然后用“观众的热情”为由请歌手再加唱一首至两首，中间还反复宣读大量广告词。被他们这么一搞，每个歌手都不得不加场，演唱会被人为延长，到了下午四点，毕鸿还没能上场。

“快到你了，”彭虹霓抹着汗说，“唱完了赶紧走，再晚赶不上飞机了。”

终于轮到毕鸿上台，她先演唱了钱雯儿的《倾城美人》，演唱完后全场欢声雷动；她又演唱了吴瑛瑛的《爱情暴击一千次》，当她唱完，已经是四点半了。

彭虹霓在台下招手，意思是快点下来，准备走吧。毕鸿优雅地谢幕，打算下台，不料菠萝卫视的主持人故技重施，高声呼喊："毕鸿唱得好不好？要不要再唱两首？"台下观众立刻山呼海啸地喊起来，毕鸿无奈，只好加唱了李潘妮的《我的美丽如此动人》，叶奕奕的《闪亮小魔女》。等她笑容僵硬地下台，已经五点多了。

飞机自然是赶不上了。

彭虹霓极为愤怒，总算知道之前艾看雨说："就怕到时候您唱完了，观众们舍不得您走呢！"是话里有话，看来他们早有预谋。他立刻要求菠萝卫视给予解释，艾看雨则笑脸相迎，表示会增加费用——相对于他们获得的利益，两首歌的表演费用实在不算什么。

这么一折腾，毕鸿和彭虹霓都跟吃了苍蝇一般难受，由于延误了飞机，他们不得不改签机票，凌晨才回到原来居住的城市。

这边还在交涉，彭虹霓又发现，菠萝卫视将那天演唱会的片段制作成现场live版专辑，上传到网站上收费观看，还制作了收录演唱会全程的CD。

彭虹霓看了看合同，发现没有授权菠萝卫视这么做，这侵害了艺人的表演者权，于是增加了交涉的事项，要求增加授权费用。菠萝卫视倚仗自己的商业地位，既不肯放弃这一块利益，又不肯增加支出。双方就此陷入僵局。

就在这时，一封律师函寄到了经纪公司。

律师函是钱雯儿的律师寄来的，内容是钱雯儿作为歌曲《倾城美人》的著作权人，并未授权毕鸿在商业性演出中演唱她的歌曲，因此要求毕鸿承担侵权责任。

毕鸿和彭虹霓懵了：取得著作权人许可的工作不是应该由菠萝卫视去做吗?

无论如何，“毕鸿侵权”的消息满天飞，钱雯儿更是向法院提起了诉讼。经过审理，法院最终确认：演出组织者组织演出，应该由组织者取得著作权人许可，并支付报酬，本案的侵权人应当是菠萝卫视，而不是歌手毕鸿。

虽然法律最终还了毕鸿清白，但毕鸿却因此蒙受了很大的名誉损失，也因此流失了部分客户。

“营业性演出的合同条款和实务操作看来真的需要更加重视才行啊！”彭虹霓感叹道。

第一节　营业性演出市场发展现状

演出是中国娱乐行业的重要组成部分。近年来，中国的文化产业蓬勃发展，多个省市相继出台促进文化产业繁荣的相关政策，甚至对演出剧目进行专项补贴，进一步盘活演出市场。中国演出行业协会发布的《2018年中国演出市场年度报告》显示，2018年中国演出市场总体经济规模达514.11亿元，相较于2017年，同比上升5.03%，其中演出票房收入达182.21亿元。大麦网联合灯塔研究院发布的《2019年演出行业洞察报告》数据显示，2019年中国演出票房为200.41亿元，同比增长7.29%，票房增速超电影市场。该份报告中的剧场、演唱会（包含大型演唱会和音乐节）票房，其中剧场票房收入最高，旅游演出票房增速最猛、票房收入直逼剧场。

随着公民生活条件的改善和对精神价值的追求提升、网络技术和数据虚拟技术的快速发展，演出市场释放出巨大的商业价值。文艺演出不仅丰富了公民的闲暇生活，也为艺人线下发展提供了更为广阔的舞台。演出市场不断细分，拼盘演唱会、音乐节等演出形式的兴起，使得不少艺人在传统影视剧和综艺节目之外能够获得更广阔的发展空间，增加其线下曝光率；话剧、音乐剧逐渐成为艺人专业能力的考验和象征，不少原先主攻影视业务的艺人也开始尝试话剧、音乐剧。此外，曲艺类、歌唱类综艺节目的流行也使得原先较为小众的演出类型走向大众视野，原先囿于小部分专业领域的曲艺表演艺术家、歌唱家开始渐为人所熟知。

本章节旨在对艺人在演出过程中可能会遇到的一系列法律问题进行总结和分析，包括演出的法律概念、演出的版权保护、艺人的权利维护、艺人的安全保障以及名誉侵权等，并借此为艺人提供较为详尽的实践指引以应对营业性演出过程中常见的各类风险。

第二节 营业性演出行业概述

尽管演出行业背后的商业价值较高、潜力较深，但是在挖掘商机的同时，也应注意提防市场乱象。一些演出机构一味追求自身商业价值和利益，忽视对作品版权、对演出艺人人身安全的保护。尤其是作品著作权侵权问题在演出市场屡见不鲜，演唱会和音乐节中演出艺人表演或翻唱他人作品但并未获得著作权人授权的情况十分常见，这样的侵权行为一方面打击娱乐市场作品原创的积极性，另一方面也影响艺人的形象。有的艺人被著作权人和网友责问、讨伐，就此背上“抄袭”的名声，事业一蹶不振。

文化市场的发展应建立在健康、有序的基础上，文化演出中频发的侵权、违法行为不仅仅有损创作者、表演者等相关群体的利益，更会打击其创造性、积极性。近年来，我国已经认识到了规范文化演出市场的重要性，文化和旅游部也发布了多个与治理文化市场相关的文件。在这一背景下，艺人应当更为重视其在参与演出时的合规性问题；对于被侵权的情形，也应当引起足够的重视，积极维护自身合法权益。

一、营业性演出的法律性质

营业性演出是指以营利为目的为公众举办的现场文艺表演活

动，如音乐剧、戏剧、演唱会等。关于营业性演出的“营利”标准，《营业性演出管理条例实施细则》第二条作出了列举性解释：（1）售票或者接受赞助的；（2）支付演出单位或者个人报酬的；（3）以演出为媒介进行广告宣传或者产品促销的；（4）以其他营利方式组织演出的。这意味着营业性演出“营利”的评判标准不是我们通常认为的“向公众收取演出票务费用”，而是包括多种具有交易流转、具备商业性质的因素，如《营业性演出管理条例实施细则》所列举的“以演出为媒介进行广告宣传或产品促销”。因此艺人在签订演出合作合同时应对举办单位定义的“演出”进行充分了解和调查，以免出现行政审批上的失误而影响艺人名誉。

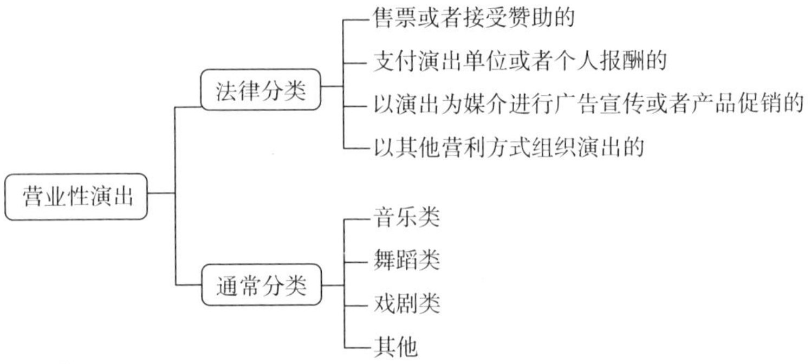

5-1　营业性演出的分类

营业性演出一般有音乐类演出、舞蹈类演出、戏剧类演出等。每一类型又可细分为不同的演出形式。下文将对各营业性演出类型的市场规模、发展情况以及演出过程中可能产生的法律问题进行分析。

音乐类演出一般包括音乐会、演唱会、音乐节等各类形式。据中国演出行业协会统计，2018 年在专业剧场举办的音乐会演出共计 2.42 万场；演唱会市场近年也持续升温，除了大型演唱会，在小型演出场地举办的 Live House 伴随着场地的专业化和管理的规范化也日益受到年轻人追捧。对于音乐类演出而言，音乐作品的著作权及邻接权是核心，鉴于音乐类线下演出 + 线上直播同步进行的模式已相当普遍，而直播所带来的著作权侵权也是互联网时代中不可小觑的问题。

戏剧类演出包括话剧、音乐剧、戏曲演出等形式。《2018 年中国演出市场年度报告》显示，2018 年话剧类演出场次共计 1.75 万场，较 2017 年上升 9.38%。但市场仍以引进国外音乐剧为主，包括英语、法语、德语音乐剧等，《悲惨世界》《巴黎圣母院》《莫扎特》等音乐剧常常一票难求。

2018 年舞蹈类演出场次共计 0.64 万场。由于观赏舞蹈类演出需要观众具备一定的艺术素养，因此与音乐、戏剧市场相比较，其上升幅度并不明显。

受 2020 年新冠疫情的特殊情况影响，多地文化和旅游部门在文化和旅游部的指导下发布相关政策，暂停音乐剧、演唱会、商演活动等娱乐活动。例如，广东省文化和旅游厅于 2020 年 1 月 24 日发布的《广东省文化和旅游厅关于全力做好新型冠状病毒感染的肺炎疫情防控工作的紧急通知》规定，暂停审批营业性演出事项，已审批的营业性演出活动应做好退票、解释等善后事宜；全省娱乐场所和上网服务营业场所即日起也暂停服务。演出市场因此整体受到了比较大的影响。

二、营业性演出的审批合规

艺人参与一场线下演出时，其与演出举办单位、演出本身是“一荣俱荣、一损俱损”的，一旦演出举办单位和演出本身出现差池、产生负面新闻，艺人作为被邀请方往往无法避免被“连坐”，且由于艺人与其他品牌方签订了“道德条款”，可能还会因为负面新闻的出现而承担巨额违约金。因此面对如此巨大的潜在风险，艺人及其经纪公司在签订演出合同或者合作合同时应做好对举办单位的尽职调查工作，包括经营主体资质证照是否齐全、演出作品知识产权链是否清晰无瑕疵等。上述背景调查的必要性在于，一是防止对方实际没有能力和资质举办演出，作出虚假承诺实施合同诈骗、非法集资等刑事违法行为；二是为了排除对方演出准备工作尚不成熟，导致演出推迟或取消等情况，为艺人方提供经济和人身保障；三是明确知识产权的权属和授权，避免出现侵犯他人著作权的情形时被判定共同侵权。

我国《营业性演出管理条例》明确规定，演出经纪机构申请从事营业性演出经营活动，需申请获得《营业性演出许可证》，如果在实际演出过程中被执法机关发现未持有《营业性演出许可证》，可能会面临行政处罚。另外，演出举办单位如果要举办一场营业性演出，还需要向文化主管部门申请获得演出批准。

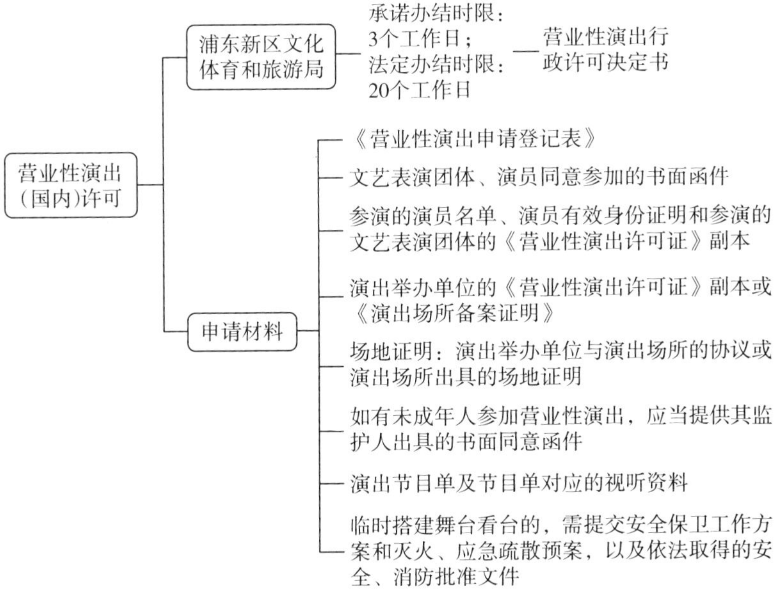

5-2　申请举办营业性演出（以上海市浦东新区为例）

实践中常有品牌方以宣传为目的举办活动，并未实际盈利（门票均为免费），故未申请演出的行政审批，而被执法人员当场查处的情况。如上文所述，“以演出为媒介进行广告宣传或者产品促销的”同样属于营业性演出。除此之外，艺人经常会收到酒吧表演的邀约，即便这类表演并未向观众或顾客收取演出门票费用，但本质上活跃了酒吧气氛，吸引消费者并以此增加酒吧营业收入，因此在法律上也被认定为“营业性演出”。

对艺人而言，如参演的演出被行政执法机关发现未履行法定申请手续，很有可能会被有心之士利用，将该消息制作成吸引流量和关注的卖点。尽管这可能不是艺人自身的过错，但观众和媒体不一定清楚其中的法律责任，考虑到负面舆论的影响巨大，对艺人事业造成的不良影响往往是很难挽回的。比如，艺人庞某某在某公司场所内开展演唱会，但据调查该场所并无《演出经营场所经营单位备案证明》，且未委托演出经纪机构承办，也没有向文化行政部门报批，被处罚款 50000 元。又如，某公司举办产品发布会并邀请艺人林某某为活动进行演唱，但该公司并未获得主管机关批准，被执法人员当场责令停止演出，并被处以 51000 元罚款。而对于已售票但被中途叫停的情形，艺人及经纪公司后续不仅要配合举办单位组织粉丝退票，还要承担对赞助商的巨额违约，这对艺人造成的名誉、经济损失都是无法估量的。

因此，我们建议艺人在受邀并决定参与一场营业性演出或者举办一场演唱会前，首先审查举办单位的行政资质，要求举办单位提供《营业性演出许可证》及其他一系列证照、批准文件。若当时签订演出合同或合作合同的举办单位尚未获得该行政审批，但承诺会在演出举办前几日获得的，艺人和经纪公司可以考虑在合同中约定：举办单位应在某具体期限前提供相应批准文件，否则视为违约；艺人和经纪公司可以解除合同并不负任何法律责任，举办单位应承担违约责任。

需要注意的是，在实践中，常有演出经纪机构本身没有举办营业性演出的资质，未申请获得《营业性演出许可证》，但是该项规定属于管理性规定，并不会直接导致艺人方与其签订的合同无效。因此前述约定就显得非常重要。

除此之外，调查审查举办单位和演出场所提供的安全保障措施并在合同中对此进行约定也是要点之一。

司法实践中，对此形成了相应的裁判规则：以演出为媒介进行广告宣传或者产品促销的演出亦属于营业性演出，需要提前向文化主管部门提出申请，否则属于“未经批准举办营业性演出”。面临的行政处罚有：责令停止演出，没收违法所得，并处罚款，情节严重的还可能被吊销营业性演出许可证。

案例：富阳市某酒吧有限公司未经批准举办营业性演出纠纷

基本案由：2016 年 2 月 23 日晚上，富阳市某酒吧有限公司为活跃酒吧气氛、吸引消费者，增加酒吧营业收入，在未经文化主管部门批准的情况下，擅自在酒吧内邀请艺人金某佳表演唱歌。因富阳市某酒吧有限公司举办的演出并未单独就演出项目向顾客售票或收取其他费用，违法所得无法确认，故认定为无违法所得。富阳市城市管理行政执法局对其作出罚款人民币五万元整的行政处罚。

就该案例，我们分析如下：根据《营业性演出管理条例实施细则》，营业性演出是指以营利为目的、通过下列方式为公众举办的现场文艺表演活动：（一）售票或者接受赞助的；（二）支付演出单位或者个人报酬的；（三）以演出为媒介进行广告宣传或者产品促销的；（四）以其他营利方式组织演出的。上述案例属于第（三）项“以演出为媒介进行广告宣传或者产品促销的”。因此富阳市某酒吧有限公司为活跃酒吧气氛、吸引消费者、增加酒吧营业收入而于 2016 年 2 月 23 日晚举办的演出，系营业性演出。

三、艺人自行举办演出的方式

艺人除了受邀参与演出之外，还可以作为“个体演员”自行承办营业性演出，这种情况下艺人应当充分了解我国法律对个体演员自行举办演出提出的一系列要求。

我国法律中，演出市场主体机构包括文艺表演团体、演出场所经营单位、演出经纪机构、个体演员和个体经纪人。针对部分想要自行举办营业性演出的个体演员，根据《营业性演出管理条例》规定，其应当以从事营业性演出为职业，依法到市场监管管理部门办理注册登记、领取营业执照。领取执照后，应当在规定时间内持个人身份证明和相应的艺术表演能力证明向文化主管部门申请备案。

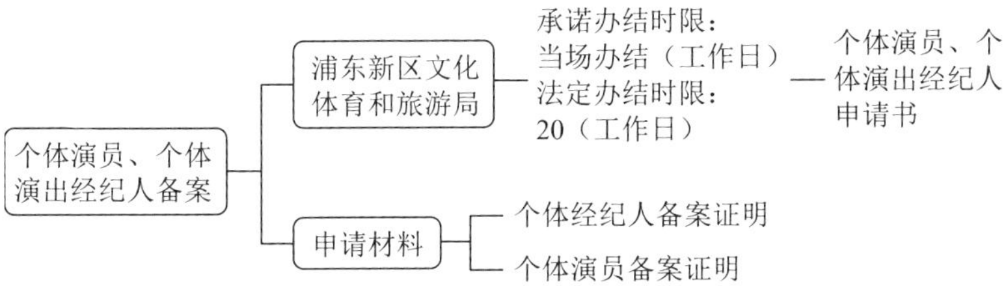

5-3　个体演员 / 个体演出经纪人备案

但需要注意的是，个体演员不能自行举办营业性组台演出（即临时组合的营业性演出活动，包括综艺晚会，演唱会等形式）以及有外国的或者我国香港特别行政区、我国澳门特别行政区、我国台湾地区的文艺表演团体、个人参加的营业性演出。

四、艺人参与演出的人身安全保障

艺人参与演出过程中，可能存在各种危及人身安全的潜在风险，这些风险不仅仅存在于演出实际举办过程中，还存在于彩排流程、艺人到演出地的差旅过程、艺人所入住的酒店和实际演出地来回路程等中。导致人身危险的原因也可能是多方面的，如交通工具出现故障、不可抗力（地震、冰雹等）的发生、人群拥挤和推搡、故意袭击、演出过程中舞台塌陷和物品坠落导致艺人伤亡等。因此，艺人在前期谈判和签订合同时，应与举办单位明确安全保障措施，并提前考虑人身意外险等保险的购买。下文将对艺人参与演出需要注意的人身安全保障进行具体分析。

首先是演出举办前后的人身安全保障。（1）艺人在到达演出举办地时，可能会有粉丝团或媒体接机，往往会伴随拍照、录像、握手等活动。现场拥挤或他人故意伤害可能会危及艺人的人身安全。如根据北青网等多家媒体报道，某男团在机场行动途中，因部分粉丝不遵守秩序导致成员意外摔倒。此外，除艺人的人身安全外，也应注意维护现场秩序，注意随行工作人员、粉丝的人身安全。（2）从酒店到演出举办地及入场时，出于艺人安全和隐私的考虑，可以视实际需要考虑与举办单位协商为艺人提供绿色通道，或安排安保力量护送艺人进出演出场地及后台。（3）艺人在演出排练过程，常常面临着超乎寻常的工作强度，可能对艺人的生命健康造成影响。对此艺人方可以考虑提前向举办单位协商和确认艺人的最长连续工作时间及彩排时段、是否需要提供专门的化妆间、休息间及有关食宿最低标准等具体要求。

其次是演出举办的安全保障措施。不可否认，我国的现场演出行业仍处于成长阶段，舞台搭建人员资质混乱、水平良莠不齐，近年来舞台事故频发，舞台塌陷、物品掉落或装置失灵的状况屡见不鲜。我国《营业性演出管理条例》规定了演出举办单位和演出场所的公共安全保障措施，艺人及经纪人在合作或者审核合作合同的过程中应当对此有充分的认识和了解。例如:（1）演出举办单位应当依照有关安全、消防的法律、行政法规和国家有关规定办理审批手续，并制订安全保卫工作方案和灭火、应急疏散预案。（2）演出场所应当配备应急广播、照明设施，在安全出入口设置明显标识，保证安全出入口畅通；需要临时搭建舞台、看台的，演出举办单位应当按照国家有关安全标准搭建舞台、看台，确保安全。因此，艺人在签订合同时，可以在合同中明确要求举办单位提供上述保障措施，如举办单位未提供或由于疏忽发生人身意外的，应承担所有法律责任。

另外，对于艺人自身而言，在参与演出的过程中，应当对自身安全尽到充分注意义务，否则在出现意外之后法院可能会依据“艺人对自身损害后果的发生存在明显过错”为由，让艺人自担风险。因此，建议艺人在演出前向举办单位了解节目的流程、与自己有关的节目内容、配合要求以及自己负责演出部分的全部内容，并在合同中明确约定以避免举办单位临时要求加演；此外艺人应充分估量自己的身体素质和演出内容，杜绝为了节目效果而冒险。

案例：浙江某影视传媒有限公司、刘某某生命权、健康权、身体权纠纷

基本案由：2017 年，刘某某经导演招募，出演某影视传媒公司投资拍摄的微电影。2017 年 6 月 15 日，剧组用宾馆的床垫代替辅助材料海绵垫进行作业，致使刘某某在拍摄“从二米余高处下跳”动作时落在弹性不足的床垫上致右踝骨折。刘某某据此要求某影视传媒公司全额赔偿其损失。

裁判规则：艺人在参与演出时应对自身安全尽到充分的注意义务，若对自身损害后果的发生也存在明显过错，侵权人的责任可以被适当减轻。

法院分析：某影视传媒公司在拍摄过程中未根据需要选择符合安全要求的辅助垫材，增加了拍摄过程中的危险性，且对演员未尽到充分的安全教育义务，对刘某某损害后果的发生存在明显过错；刘某某作为长期从事影视表演工作的演员，在明知拍摄道具不符合安全要求的情况下，对自身安全未尽到充分注意义务，对自身损害后果的发生也存在明显过错。根据本案案情，酌定某影视传媒公司对刘某某损失承担60%的赔偿责任。

最后要注意的是考虑保险的购买。艺人或艺人的经纪公司应参考上述演出过程中可能会出现的艺人人身危险，注意协商和安排购买对应的保险，同时明确购买保险的份数、保额、时间等，以控制风险。

五、演出内容的版权合规问题

演出活动的版权法律纠纷亦是经常遇到的问题。比如，有一名人气很高的实力派歌手在某大型晚会直播过程中翻唱了《西游记》片尾曲《敢问路在何方》，该歌曲经改编以摇滚乐的形式被呈现。对此，该歌曲的原曲作者在社交平台上严厉谴责，表明自己从未授权该编曲者改编其作品，该行为已涉及侵权且歪曲作品本意。随后大量媒体争相报道，不乏出现“艺人无视版权”“不尊重原作”“品德欠缺”等负面评论。尽管在这个案件中，依据歌曲署名表该艺人仅承担演唱的角色，并未参与歌曲的改编，但由于公众并不清楚其中的法律关系，加上一些媒体为了热度而恶意引导，艺人被误当成侵犯改编权的主体。

这种情况会给艺人及其经纪公司的声誉造成很大的影响，甚至可能由于与品牌方签订了道德条款，艺人陷入违约、承担巨额违约金的境地。不仅如此，艺人的未来演艺工作发展、与第三方商业合作都可能受到严重损失。这给艺人和艺人的经纪公司敲响了警钟，提高版权意识、了解相关的法律知识，可谓预防这类风险发生的“捷径”。

一般来讲，任何一台演出都会涉及版权问题，不管舞台大小、不管演出的形式是一首歌、一份朗诵/演讲稿、一个小品/相声……那么如何获取著作权的授权许可是合规的？法律上要求应当由哪方负责？

演出市场曾发生过这样一起案例：某歌手在举办单位的协助下开办演唱会，演唱了数十首脍炙人口的歌曲。演唱会结束后，中国音乐著作权协会认为其作为其中十余首歌曲的权利人，从未作出相关授权许可，于是将演唱会举办单位诉至法庭，该侵权案掀起轩然大波，开办演唱会的歌手也因此背负“侵权”的名声。

根据（2018）浙0702民初5259号判决书内容，法院认定案件的侵权人应当是主办单位和承办单位，而不是歌手本人。根据《著作权法》规定，使用他人作品演出，表演者（演员、演出单位）应当取得著作权人许可，并支付报酬。演出组织者组织演出，由该组织者取得著作权人许可，并支付报酬。对该条款，实践中具有一定争议，但是艺人至少应在参与演出之前做好歌曲的版权调查工作，在合同中约定举办单位获得版权的义务以及未获得的违约责任，避免使自己陷入侵权风波。

案例：中国音乐著作权协会与浙江某传媒有限责任公司、金华市某商贸有限公司侵害作品表演权纠纷

基本案由：2017年4月8日，某中国歌手在其演唱会上翻唱表演了《世外桃源》等11首音乐作品，其著作权人为中国音乐著作权协会（简称音著协）、中国香港作曲家及作词家协会，音著协又分别与上述两个机构签订了《相互代表合同》。演唱会门票宣传海报上载明主办单位为浙江某传媒有限责任公司，承办单位为金华市某商贸有限公司、杭州某演出有限公司。上述公司均未向原告支付上述11首歌曲的使用费，故音著协向法院提起诉讼。后某商贸有限公司要求追加前述中国歌手为本案被告参加诉讼。

裁判规则：演出时应当由演出组织者取得著作权人许可并支

付报酬。未取得著作权人许可造成侵权的，由演出组织者承担法律责任。

法院分析：某商贸有限公司庭后要求追加演唱艺人为本案被告参加诉讼，但在演出组织者组织演出的情况下，应由该组织者取得著作权人许可，并支付报酬，因此无须追加艺人为本案被告。侵权人违反“先授权，后使用”的原则，未经原告许可且未支付报酬，在其组织的涉案有偿现场演唱会上使用原告的音乐作品表演的行为，侵犯了音著协对该作品享有的表演权，应当就其侵犯著作表演权的行为赔偿损失。根据《著作权法》第四十八条[①]规定，未经著作权人许可，表演其作品的，应当根据情况，承担停止侵害、消除影响、赔礼道歉、赔偿损失等民事责任。

鉴于在营业性演出中，音乐版权争议较为常见。一般情况下，在表演音乐作品前，应先取得著作权人和/或邻接权人的同意。对于部分由音乐著作权协会托管的音乐作品，可以向音乐著作权协会获取许可。此外，需要注意的是，在取得许可的情况下，若表演者翻唱时涉及对原音乐作品的改编，应当特别注意授权许可的范围。在签订许可合同时，应在授权许可范围内，增加原作品著作权人对作品改编的同意。针对已进入公有领域的作品（已经超出法律保护期限的作品），使用音乐作品进行营业性演出

① 本法已于2020年11月11日第三次修正，第四十八条修改为第五十三条。

时可以不需要授权许可。在本书第七章“音乐相关法律实务”中，对该问题有详细阐释，因此本节将不再赘述。

六、营业性演出中知识产权的保护问题

一场演出可能会涉及方方面面的知识产权，如演出自身作品的著作权、参演艺人的表演者权、演出名称的商标权和道具的专利权等。这些知识产权都是有价值的，因此建议艺人和经纪公司在签订演出合同之前，明确演出内容知识产权的归属和使用、表演者权的授权形式，并以此作为演出费用的对价。

演出中最与艺人息息相关的两项权利为表演者权和著作权，本文将重点分析这两项权利的授权和维护。

首先是艺人的表演者权。艺人作为知名人士，其自身就具备一定商业价值，这也是品牌方邀请艺人代言产品、举办方邀请其演出的前提和目的。与艺人有关的产品、服务都能为公司带来利益，如专辑、写真、自传等周边产品。而艺人在参演的过程中，无论是表演自己的原创作品，还是根据举办单位提供的剧本表演他人作品，表演过程本身若具备独创性的，应受到《著作权法》保护。这种保护不仅限于正式表演过程，每一次的彩排、录像、花絮等，不管内容是否相同，都能成为被保护对象。艺人对其表演的内容享有表演者权，这是作品传播过程中衍生出的邻接权之一，实践中容易被忽视。

表演者对其表演享有六项基本权利，即两项人身权利和四项财产权利。人身权利包括表明表演者身份和保护表演形象不受歪曲这两项权利。财产权利则包括现场直播权、首次固定权、复制和发行权、信息网络传播权。

那么，艺人如何将这几项权利与实务相结合，切实保护自身权益，甚至主张合同对价呢？

（1）表明表演者身份权。类似于著作权中的“署名权”，艺人应与举办单位提前约定署名的方式和位置。

（2）保护表演形象不受歪曲权。是指表演者有权禁止他人对自己在表演中的形象进行将有损其名声的歪曲、篡改或其他修改。例如，现在很多视频会对表演者的某个视频使用特效表现“鬼畜”和滑稽的效果，这实际上使其丧失了原来的艺术表现风格，可能会造成对表演形象的歪曲。

（3）现场直播权。即表演者有权许可他人从现场直播和公开传送其现场表演，并获得报酬。这对于艺人的现场表演极其重要，如果艺人对这项权利不做限制，那很多观众会选择在远程收看，势必会损害艺人的潜在经济利益。因此艺人可以在演出合同中规制这项权利，限制现场直播的授权，如授予举办单位该项权利，可约定一定对价。

（4）首次固定权。即表演者有权许可他人录音录像，并获得报酬。之所以称为“首次固定权”，是因为在此之前表演者的该项表演并未被固定在载体之上，而在录音录像之后，其表演首次被固定在物质载体之上。这为之后的复制、发行和传播奠定了基础，因此这项权利十分重要。

（5）复制、发行权。即表演者有权许可他人复制、发行录有其表演的录音录像制品，并获得报酬。复制、发行是表演内容传播的途径，如将演唱会全程刻成光盘在实体店售卖，或直接将该视频在网络平台播放，这些售卖和许可播放行为的前提都是复制和发行，因此复制和发行权是表演者权产生利益的方式之一，在签订合同时应谨慎授权。

（6）信息网络传播权。即表演者有权“许可他人通过信息网络向公众传播其表演，并获得报酬”，与著作权人所享有的信息网络传播权类似。由于网络传媒的发达，如今很多演出内容都会被举办单位上传至网络平台上供网民点击和观赏，这实际上就涉及信息网络传播权的使用。

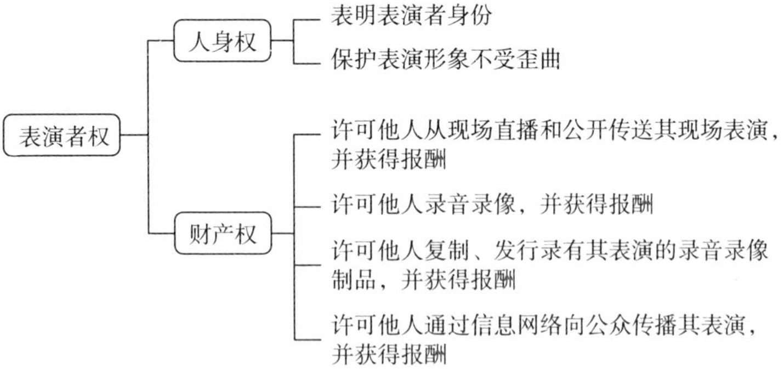

5-4　表演者权

根据2020年4月28日生效的《视听表演北京条约》，表演者对其表演拥有精神权利与经济权利，其中精神权利为：（1）除非另有规定，应承认其系表演的表演者；（2）在对视听录制品的特点予以适当考虑的前提下，反对任何对其表演进行的将有损其声誉的歪曲、篡改或其他修改。表演者拥有的经济权利如下：（1）对其尚未录制的表演应享有专有权，可授权广播和向公众传播其尚未录制的表演（该表演本身已属广播表演的除外）、录制其尚未录制的表演；（2）复制权；（3）发行权；（4）出租权；（5）提供已录制表演的权利；（6）广播和向公众传播的权利。

另外，2020年11月11日修订的《著作权法》第三十九条第（五）项，在原《著作权法》第三十八条第（五）项"许可他人复制、发行录有其表演的录音录像制品，并获得报酬"的基础上除了"复制、发行"之外，另增加了"出租"的权利，这实际上与已生效的《视听表演北京条约》相呼应，表明国家进一步增强表演者权利保护的决心。

此外，演出根据其表现方式主要包括以下几种形式：（1）小范围内的封闭式演出，不许媒体录制和拍照，事后也不许做成视频上传至网络。（2）允许媒体直播或转播。（3）举办单位录制成音视频，事后出版发行。（4）编辑成视频上传至网络等。演出的方式不同，具备的价值也不同。

另外，艺人还可能作为演出的著作权人。虽然艺人享有多种邻接权，可以通过邻接权获得收益，但是在中国著作权法体系，邻接权的保护程度低于著作权。著作权人拥有表演权、改编权、复制权、发行权、信息网络传播权等十七种权利，而表演者仅拥有六种权利。因此，建议艺人在与举办单位的合同中明确自己表演内容的知识产权，如将自己表演内容的知识产权约定归属于自己、与举办单位共享知识产权，或者保留该内容的免费、无条件使用权利，这样能避免出现原创歌手不能唱自己歌曲的困境。据报道，艺人吴某某被前经纪人林某某起诉，原因是艺人所在组合已将所有创作歌曲的著作权转让给林某某，但艺人吴某某在未获得他同意的情况下公开演唱。虽然法院已经判决驳回林某某所有诉讼、艺人吴某某胜诉，但是对于艺人而言，如果签约方具备足够的法律知识和技巧，足以保证著作权转让合同合法有效，那艺人很有可能出现无法使用自己创作作品的情况。

七、营业性演出中艺人“假唱”的风险

在现今的营业性演出中，假唱频繁出现。这可能是举办单位过分追求节目效果而要求艺人假唱，也可能是由于艺人自身状态不佳而作出该行为。可以明确的是，“假唱”的负面新闻一旦爆出，可能会被媒体和网民大肆讨论和传播，最终会导致艺人受到舆论指责，如“缺乏专业水准”“不尊重舞台、观众”等。据环球网等多家媒体报道，艺人韩某主演的音乐剧在宁波演出时，开场

前因韩某身体不适，临时决定将其歌唱部分替换为以前录制好的音频。被现场观众发现后，舆论一度发酵，观众纷纷要求退掉该话剧团接下来其他演出的门票。

除了上述商业风险之外，假唱可能还会引起法律责任。

关于假唱的法律问题，《营业性演出管理条例》明确规定，演员不得以假唱欺骗观众，演出举办单位不得组织演员假唱。演出中若出现假唱，观众有权在退场后依照有关消费者权益保护的法律规定要求演出举办单位赔偿，演出举办单位可以依法向负有责任的文艺表演团体、演员追偿。文化主管部门还应及时向社会公布参与假唱的演员、文艺表演团体、演出举办单位名单。个体演员在 2 年内再次被公布的，可能会被吊销营业执照。可见，假唱对于艺人而言风险极高，不仅可能被观众质疑其专业水平，还可能面临民事赔偿和行政处罚。因此，艺人及经纪公司应予以充分了解，拒绝假唱或“被安排”假唱。

第三节　艺人演出合同重点条款列举及风险提示

如前所述，营业性演出需要举办单位向政府提交行政审批，获得批准的单位才有资格举办演出。实践中，有的单位在未获取批准的情况下举办演出，行政执法人员会在演出时查验演出的行政许可，如发现未获得行政审批，很可能当即取消演出，艺人也会因此受到损失。艺人方在签订演出合同时，首先，应检验举办单位的举办资格，如举办单位承诺在一定期限内获得行政审批，艺人应在合同中约定举办单位在承诺日期前提交批准文件，否则视为举办单位违约。除了对演出举办单位的资质、证照及演出本身的行政审批进行核查，还应对演出关于消防、卫生等审批进行确认。在演出前，艺人应要求信得过的团队工作人员、有资质的监督检查人员（如中国演出行业协会于 2018 年 6 月 5 日发布的《中国演出行业舞美（舞台）工程技术人员资质评定办法》认定的舞美装置师、舞台机械师等）对舞台安全进行检查，避免事故发生。其次，艺人应格外关注演出内容是否获得授权的问题，避免在未经授权的情况下表演有关作品。最后，艺人还需仔细审阅演出合同的条款。

以下以艺人签订的《演出合同》为例，列举合同重点条款，供重点关注和参考。

一、表演内容和形式

该条款为演出合同的基本内容，主要包括艺人提供表演的内容和形式、演出（包括彩排）具体时间和地点。这项条款看似简单，却是艺人履行义务的主要条款，有以下几点需要重点关注：

1. 演出的形式。演出是否属于营业性演出，如上文分析，举办单位举办一场营业性演出需要具备《营业性演出许可证》、获得演出有关行政审批，否则可能被查处后中途停止演出，对艺人造成不良影响。因此需要在合同中确认演出性质，尤其是公益演出更应在合同中明确。

2. 演出（包括彩排）具体时间和地点。此项约定避免举办单位临时更换时间或地点，导致艺人无法及时参演而违约。

3. 演出内容。演出内容的约定尽可能具体，因为艺人本身的肖像、表演内容，甚至姓名和声明都是具有经济价值的，因而产生的照片、音视频、签名都应作为演出活动的一部分。艺人应在合同中明确演出内容中艺人应履行的义务，比如是专注于表演节目本身，还是需要与粉丝互动、媒体采访和拍照。另外，会不会中途加演、清唱或翻唱他人歌曲都应明确，这不仅涉及艺人本身的著作权，还涉及对他人合法权利的使用。对他人合法权利进行使用时，合理使用或一般使用应作区分，如果是一般使用需要事先获得著作权人许可，否则可能构成侵权。

4. 艺人的署名方式。艺人对其表演享有表明表演者身份的权利，但法律并未明确规定署名方式，因此可以在合同中约定艺人的具体署名位置和名称。

5. 为避免举办单位出于扩大宣传的目的而让艺人表演一些违反公序良俗和道德，乃至分裂国家主权和领土完整的内容，艺人应在合同中约定举办单位不得要求艺人表演违法违规、割裂祖国统一、违反公序良俗等内容，如有上述内容艺人可以拒绝演出。

6. 对于表演性质较强，或有杂技特质的节目，艺人应特别注意人身安全的保障，在合同中明确自己完成表演的程度和节目的强度，并自我评估是否能完成节目的要求。

二、举办单位为艺人提供的服务

该条款主要包括艺人在按照合同约定到达活动举办地点时，举办方应提供的接待服务，以及举办方应承担的费用。此项条款目的是保护艺人的健康权和生命权，这两项权利是公民的基本权利，应当予以维护。

1. 接待服务。双方应约定艺人自到达约定城市起至离开时的接待服务，包括接待人数、行李运输和行程安排等。尤其是行程安排，应在合同中约定从机场往返酒店、酒店往返活动现场的细节安排，如举办方应提供某具体品牌具体型号的交通工具用于活动，以及是否配备司机等。

2. 住宿。艺人方应向举办单位确定演出当日参加的人员，除了艺人本人之外，还可能有助理、化妆师、司机等，便于举办单位提前预订酒店。双方应在合同中明确酒店的规格、房间的类型和数量以及需要配备的物品等。

3. 餐饮。双方应在合同中约定餐饮的地点和规格，如不在举办单位提供的地点用餐，应允许一定数量的报销，具体费用应在合同中明确。

4. 交通。艺人及其随行人员为参加活动花费的交通费用可以通过合同约定由举办单位承担，合同对此项内容应进行细化。一方面，应约定具体往返的交通方式（飞机、高铁等）和车票规格（商务舱、经济舱等）；另一方面，应约定交通费用的报销方式和时间，艺人可以提出在活动开始几日前完成报销，如举办单位延迟支付或拒绝报销，艺人方有权解除合同，举办单位应承担违约责任。

5. 其他服务。艺人方如需要其他服务应一并在合同中提出，以免后续发生纠纷，如提供化妆间、休息室及热水、免费网络、道具服装等。

6. 报销依据和方式。艺人方与举办单位应在合同中明确报销的费用和支付方式、凭借依据，可以约定具体数额一次性报销，也可以约定为实际消费数额事后报销。如约定事后报销，则应明确举办单位认可的报销依据（增值税专用发票、小票或支付账单）和税务承担。

三、人身安全保障

上文已分析过艺人在参与商业活动时，存在一定人身意外风险，可能是发生在往返旅途中、演出过程中的人为或非人为事故。因此，我们在重点条款中再次强调此类条款的重要性。为保证艺人参与活动的人身安全，艺人方应在演出合同中确认以下几点:（1）举办单位应为艺人和随行人员购买保险，艺人方应在合同中明确购买的保险类型、时间和保额大小。（2）应明确举办单位为其提供的安保服务，包括但不限于接送机的安保人员数量、安保人员的陪同时间等。（3）双方应在合同中约定演出活动的安保措施，如入口处是否设有充足安保人员、艺人绿色通道的设置、场内消防与安全卫生措施的准备等。

四、关于艺人姓名权和肖像权

举办单位为演出宣传和推广之需，会在宣传物品如海报、易拉罐、宣传片等上用到艺人的姓名（包括艺名）和肖像（包括照片、动漫形象等能体现艺人相貌特征的形象），这就需要在合同中明确艺人姓名权和肖像权的授权。应注意的是，知名艺人因其本身具备一定知名度，可以带动数据和流量，具有宣传效果，因此其姓名和肖像都是具有一定经济价值的，在对外授权时应尤其注意使用方式和范围。

艺人方应在合同中明确姓名权和肖像权的使用范围。首先，应明确由乙方提供宣传所需的照片；其次，为防止举办单位滥用其姓名和肖像，建议艺人方明确姓名和肖像的使用目的为本次演出活动所需，并且在演出结束之后不可继续使用。如需再使用上述权利，需要获得艺人方许可，否则构成侵权。除此之外，海报等宣传资料发布之前应经过艺人方书面确认，且不可用于有价售卖或与演出无关之目的。

五、演出录像和摄影方式

上文已分析过艺人表演者权的有关内容，艺人对其表演享有极大的经济权益，应在合同中分项约定。

1. 关于现场直播权的约定。应向举办单位获知演出的播放形式，是场内演出，抑或场外同步投放、扩音，这关乎现场观众的人数并直接影响演出的收益。

2. 关于首次固定权的约定。这一项录音录像授权的约定不仅指向举办单位，还指向录音录像的观众和媒体，如艺人不愿被录音录像，可以要求举办单位在入口处设置告示“禁止录音录像”。如果举办单位想要录音录像，艺人方也可以将此细分，协商是否作为演出费用的单独一项。

3. 关于复制、发行权的约定。我们通常能在音乐平台上看到现场 live 版专辑，或在实体店中看到收录演唱会全程的 CD。这对举办单位而言是获利的一种方式，艺人应谨慎授权。

4. 关于信息网络传播权的约定。在如今网络新媒体盛行的趋势下，举办单位一般会摄制现场视频并上传至网络平台供公众点击和观赏，这涉及信息网络传播权的使用。因此艺人可以在合同中明确约定该项权利的授权区域、时间和范围。

一场演出可能是非公开转播或禁止录像，也可能是被录制为音像制品用于出版发行，还有可能实时转播或同步直播、事后传播至网上供观众播放，每一种方式的商业价值和收益都不尽相同，因而艺人方应明确演出的录制和摄影方式，根据方式提出要求及相应演出费用的报价。如果是非公开摄制的表演，应在合同中明晰举办单位采取措施提醒媒体禁止录音录像。如果是直播、转播、摄制用于出版发行或传播至网络等公开形式表演的，应通过艺人书面同意。另外，如演出过程有摄影或拍照的环节，出于肖像的价值考量，建议也可将此作为演出费用中的单独一项。

六、知识产权条款

本条关注点在于艺人表演内容的知识产权归属。

在艺人演出合同中，知识产权的归属和使用方式是重点条款之一。艺人在演出过程中除了产生邻接权之表演者权之外，还会产生一系列受《著作权法》保护的作品，如参演宣传片、录音录像、直播、网络短视频等，这些作品本身就是有商业价值的，并且著作权的内容远比作为邻接权的表演者权多。因此建议艺人方在合同中约定艺人所拍摄的音视频的著作权归属，并且根据自身需求，考虑是否同时约定举办单位未经艺人方许可不可擅自使用这些作品。如果举办单位坚持获得这些作品所有知识产权，艺人方可以在合同中主张这些作品的免费使用权，并且考虑作为演出费用的对价之一。

需要注意的是，不仅是著作权，艺人表演内容的邻接权（上文已分析过的表演者权）、商标权和专利权、知识产权的衍生权利也很重要。如在合同未有约定的前提下，由举办单位对艺人的表演内容开发衍生产品，但如果本身不触及艺人肖像权，对艺人而言很难主张其经济损失。如果艺人在合同中对此进行了约定，就可以避免这种尴尬的处境。

七、关于表演内容的剪辑

很多演出都为录制形式，经过一定剪辑和编辑之后在网上或电视发布，这就不排除有的举办单位为了制造舆论、带动收视率，对视频进行恶意剪辑，损害艺人形象。这实际上可能构成对艺人表演者权之保护表演形象不受歪曲权利的侵犯。但鉴于实践中较难证明艺人的名声受到歪曲、篡改或其他修改，且就算是艺人胜诉，损害后果已然发生，舆论导向已成定势。因此建议艺人在合同中就约定举办单位对演出内容的剪辑方式，以不影响艺人形象为限，否则将承担违约责任。

八、道德条款

现今娱乐圈中约定“道德条款”的情形很常见，主要是品牌方为避免艺人形象受损导致品牌经营受牵连。有的举办单位因签约与演出正式投放存在一定时间间隔，也会在合同中作此约定。具体可以参见本书第一章“艺人经纪相关法律实务”中对道德条款的具体约定方式和条款内容。

本章在此基础上为了保障艺人的权益，建议艺人在合同中约定“反道德条款”，即如果举办单位或其合作的赞助商出现违法违规、割裂祖国统一等行为，对合作的艺人造成名誉上的影响，进而带来经济上的直接损失和间接损失时，应承担何种违约责任。艺人可以以此条款维护自身利益。

九、违约责任和合同解除条款

对于艺人演出合同中的违约责任和合同解除条款，建议艺人方结合合同其他条款来约定，同时审量对方提出的违约责任条款是否不利于自己。以演出不能正常进行为例，实践中可能存在各种原因导致演出不能按照约定时间举办，如举办单位未申请到演出批准、艺人身体不适、旅途延误、演出地不可举办演出等，此时应充分考虑各种情形，以及对应的责任承担。如由于举办单位或非艺人方的原因导致演出不能照常进行（包括演出的时间和地点改变而与艺人其他行程冲突，导致艺人无法参演的情形），那举办单位应承担违约责任；如果出于意外原因如不可抗力、艺人身体不适、旅途延误等导致艺人无法参演的，艺人方不承担责任；如果出于艺人方原因如无故拒绝参演等，艺人应承担违约责任。除了违约条款的确定之外，还应约定明确的违约金，以免未来发生争议。

鉴于演出的法律因素多而复杂，演出合同的风险之多，建议艺人和经纪公司在确定参演之前，寻求相关法律专业人士的建议，做好举办单位的背景调查工作，明确参演的法律风险，尽量周全地考虑到演出的每一种情形，保护自身权益。

第六章

艺人参与综艺节目相关法律实务

某传媒公司打造了一个改造类节目，叫作《你还认识自个儿吗》。

节目的内容是明星艺人组队对被选择的人进行改造，致力于对一个人的外在形象乃至生活习惯改造，让他们重新“发现自我”。广告宣传是这么说的:“改变你的外在！改变你的心灵！明星艺人、时尚达人、知名设计师携手出击！无死角立体式呈现灰天鹅向白天鹅的华丽蜕变！”

毕鸿有些犹豫，她觉得自己还达不到指点别人如何生活的水平，但是作为艺人，必须抓住每一个出镜的机会，况且这个节目经初步判定对观众很有吸引力，所以毕鸿还是同意彭虹霓的建议，接受了节目组的邀约。毕鸿收了节目组首付的部分款项，合同约定，剩余款项应在本季结束后支付。

《你还认识自个儿吗》的第一季共有五名导师，包括设计师徐佳、时尚搭配专家李米妮、艺人毕鸿、时尚名媛梅人桦、归国人士卜娜娜。第一期的任务是改造一位以律师为职业的女生。

这位女士出现在导师们面前，身着一袭中规中矩的黑色套装，妆容极为素雅，依稀可见薄薄的粉底下遮不住的黑眼圈。几位导师按照导演组的要求，立刻表现出惊讶的样子。设计师徐佳批评这位女士失去了女性原有的自信和活力；时尚名媛梅人桦说这位女士的妆容令时尚界无法忍受；时尚搭配专家李米妮说这位女士的服装搭配毫无魅力可言；归国人士卜娜娜则对着那位女士大声咆哮，说："你一定要改变！ Understand？！"

此类情形不断发生，其他四位导师奇葩语言频出，什么"女人就应该要有女人的美""你这个样子不美了，不温柔了""你对衣着和妆容的忽视是对自己的不关心、不爱护"……毕鸿觉得心里不适，尽可能采用和缓的语言去沟通，结果被导演谴责"不会制造节目效果"。

节目一播出，果然"对观众很有吸引力"，只不过这吸引力吸引来的是如潮的骂声。

观众一边倒地谴责节目中的几位导师，认为节目物化女性，三观不正，不尊重被改造的女士，随意对他人生活作出评价，导师表情一脸嫌弃说话大声喊叫很没有教养，不尊重多元文化，自我优越感爆棚……毕鸿虽然相对温和，但也没能幸免，不少观众在她的微博下面口出恶言，她不得不关闭了评论。

负面影响还不只是如此，在节目过程中，时尚名媛梅人桦有一个桥段是当众演唱活跃气氛，为了体现出自己的个性，她把著名的歌曲《我是女神》变着花样唱了出来。但是她的改编极为失败，很多观众投诉说被吓到了。《我是女神》的词曲作者兼原唱歌手钱雯儿公开谴责节目组侵犯了她的多项著作权，特别是改编权。

节目的影响还在不断发酵，不久连官方媒体都发声了，直接炮轰《你还认识自个儿吗》这个节目“节目质量不高、创新能力不强、价值导向偏颇、不尊重知识产权”。甚至说：“我们应当反思这样的综艺节目有无存在的意义。”

《你还认识自个儿吗》更加成为众矢之的。

就在这时，打造《你还认识自个儿吗》的某传媒公司被告了。

原来，《你还认识自个儿吗》的节目模式、环节设置几乎是完全抄袭邻国节目《一起改变吧》。邻国的节目版权方自然要来维权，不惜跨境向中国法院提起了诉讼。侵犯知识产权的行为自然不得人心，某传媒公司见大事不妙，干脆人去楼空，留下投资者、电视台、艺人们面对一摊烂账。《你还认识自个儿吗》节目下架，毕鸿的尾款也不知找谁去要了。

“惹上一摊子事，钱还要不回来了，看来以后要注重价值观导向啊！”彭虹霓在自己的经验笔记上用红色笔又深深记了一条。

第一节　艺人参与综艺节目的方式及基本流程

一、综艺节目定义及法律性质

所谓综艺节目，顾名思义为综合性的艺术类节目，其具体定义目前尚无统一的概念。笔者在此归纳为：广义上的带有娱乐性的、利用多种形式满足不同观众审美、娱乐需求的节目形式，通常在电视和互联网上播出，有时称为“广播电视节目”或者“网络视听节目”。大部分综艺节目会邀请观众参加录影，有时采取录播方式，也有现场实况播出的方式。从著作权的角度，根据综艺节目本身独创性的高低不同，可以进行以下分类：

1. 类电作品。根据《北京市高级人民法院关于审理涉及综艺节目著作权纠纷案件若干问题的解答》的规定，通常系根据文字脚本、分镜头剧本，通过镜头切换、画面选择拍摄、后期剪辑等过程完成，其连续的画面反映出制片者的构思、表达了某种思想内容的，认定为以类似摄制电影的方式创作的综艺节目影像作品。

2. 录像制品。根据《北京市高级人民法院关于审理涉及综艺节目著作权纠纷案件若干问题的解答》的规定，以机械方式录制完成，在场景选择、机位设置、镜头切换上只进行了简单调整，或者在录制后对画面、声音进行了简单剪辑的综艺节目影像，认定为录像制品。

二、综艺节目的种类

综艺节目总体上以娱乐性为主要目的，有的节目也注重一定的专业性、知识性，目的是满足不同类别、不同层次观众的口味和需求。基于观众口味的多样性，综艺节目也存在多种类型。需要说明的是，具体的综艺节目可能会同时符合两种乃至多种类型，如一个节目中既存在访谈的形式，又具备真人秀的特点；又如歌唱类选秀节目，既属于真人秀，同时又可能属于音乐类节目。因此，将某个节目单纯定位为某一类节目可能并不全面。

笔者根据目前存在的主要综艺节目类型，将综艺节目的种类划分为以下几种：晚会类、真人秀（包括选秀）类、知识问答类、生活类、时尚类、脱口秀类、情感类、户外旅游类等。需要说明的是，这种划分仅为便于读者理解，依据其他不同的标准亦有不同的划分方法，如根据节目内容分成音乐类、舞蹈类、演艺类等。

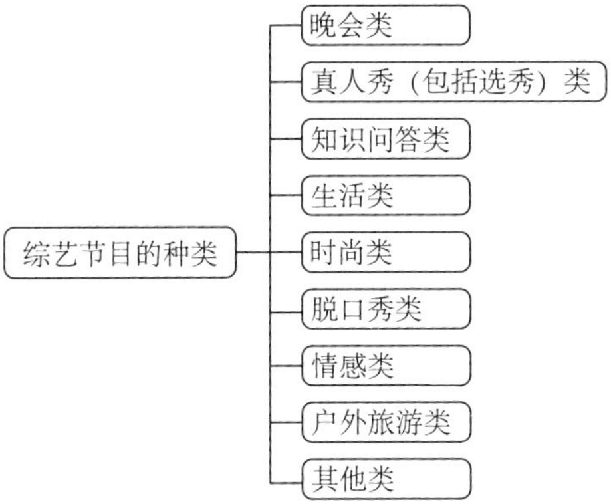

6-1　综艺节目的种类

（一）晚会类综艺节目

晚会是观众较为熟悉的综艺形式之一，包括综艺晚会以及专题性晚会。晚会通常由观众、主持人、演员聚集在一起进行群体性表演，因其表演节目多样、演员数量众多且涉及不同领域，有很广泛的群众基础。晚会成型的时间长、跨度大，从历史上看深受观众喜爱，已经形成了一定的品牌。如央视的春节联欢晚会于2014年已经被定位为国家项目，成为不可或缺的文化大餐，甚至成为公众心中除夕的象征之一，每年春晚参与的艺人达到数千人。

例如，综艺晚会比较著名的是每年CCTV的《春节联欢晚会》，专题性晚会如每年的3·15晚会、庆典晚会等。

（二）真人秀（包括选秀）类综艺节目

真人秀英文名为Reality Show，又称真人实境秀、真实电视。原指由普通人（真人）在节目设定的环境和场景中，按照节目设定的规则完成某个任务或者达到某个目的，节目制作方对此过程进行记录、剪辑而形成的电视节目。这一类节目是在特定空间近距离拍摄真实情景和人物而形成的节目，其中也包括选秀类节目，即通过举办某一类别的比赛，在节目设定的规则内，由多名参赛者竞争最终选出获胜者。随着节目的逐渐发展，也出现了明星艺人参与到节目之中的新的组织形式，时至今日，相当比例的真人秀节目已经成为明星艺人“展现真实性”、设立个人形象的舞台。

例如，《青春有你》《创造营》《中国好声音》《乘风破浪的姐姐》等。

中国电视真人秀节目截至目前已经形成中国娱乐市场中较具有典型意义的社会文化现象，拥有了广泛的群众基础。当然，繁荣背后同样存在隐忧，个别节目可能面临的问题是：（1）模仿甚至抄袭国外同类型节目，可能存在侵犯知识产权的问题；（2）简单跟风，内容粗糙；（3）为了追求收视率，存在文化导向、价值观导向上的问题；（4）片面追求“为大牌艺人树立人设”，在规则设置乃至内容设计上弄虚作假；（5）有的选秀节目甚至存在幕后操作、内定结果等。以音乐类内容的真人秀综艺为例，部分精品节目已经形成品牌，但有的排行榜、颁奖礼类节目仍存在争议。国内特有的粉丝应援文化使很多艺人歌手乐于在音乐类节目中露相以带来巨大的流量，歌手选秀亦可以通过粉丝扩大影响力。此种现象促使国内的音乐类节目异常繁荣，歌曲打榜、粉丝刷票等现象较为常见，随之而来的就是“买水军”“恶意刷票”等不良现象的出现。

种种问题，均对真人秀节目的可持续健康发展构成威胁，也对艺人及艺人团队选择节目提出了更高的要求。

（三）知识问答类综艺节目

知识问答类综艺节目是一种集专业性（知识性）和娱乐性于一体的节目，主要内容为参与者依照节目组设定的规则进行知识问答、解答或者竞猜，并竞争优胜。此类节目通常对参与者的某一类知识储备要求较高。

部分问答类综艺节目在某种程度上与其他种类（如旅游类综艺节目、真人秀类综艺节目）有重合之处。

例如，《正大综艺》《开心辞典》《幸运52》《中国诗词大会》《我爱记歌词》等。

（四）生活类综艺节目

生活类综艺节目通常是指节目内容与生活相关的综艺节目。内容包括饮食、家居、职场、法治等。需要注意的是，随着综艺节目形式的不断发展，这一类节目与真人秀类综艺节目的重合之处逐渐增加。

例如，《交换空间》《非你莫属》《天天饮食》《爽食行天下》《时尚美食》《令人心动的offer》等。

（五）时尚类综艺节目

时尚类综艺节目以时尚搭配、流行元素为主要内容。部分时尚类综艺节目与生活类综艺节目有重合之处。

例如，《美丽俏佳人》等。

（六）脱口秀类综艺节目

脱口秀来源于英文Talk Show，属于谈话节目，是一种由主持人个人或主持人与嘉宾、观众之间通过语言宣讲、互动讨论来阐述观点、讨论话题的节目形式，此类节目有观众和主持人，有的节目会有嘉宾，部分节目有鲜明的个人特色。不同的脱口秀节目侧重点不同，如有的侧重于个人表演，有的侧重于观点讨论。

在世界范围内，脱口秀都是一个有广泛影响力的节目形式，观众、嘉宾聚集在一起讨论主持人提出的话题，部分话题与现实紧密关联。我国的脱口秀节目形式较多，早期产生了一些较有影响力的脱口秀节目。随着时代的发展，国内的脱口秀节目主要追求幽默、轻松效果。

（七）情感类综艺节目

情感类综艺节目注重通过不同方式在不同角度引导观众情感，内容包括婚恋、伦理、家庭等。此类综艺节目由于能够直观刺激观众的情感，易于引发共鸣，故受到部分观众欢迎。目前的问题是部分与伦理、家庭相关的节目为了追求收视率，刻意追求矛盾和冲突，有的节目受嘉宾个人影响较大，以至于节目引发争议被停播。另一个问题是不同频道之间的节目内容雷同，易于引发审美疲劳。

例如，《新老娘舅》《金牌调解》《甲方乙方》《非诚勿扰》等。

（八）户外旅游类综艺节目

户外旅游类综艺节目以户外运动、户外竞技、户外任务挑战、旅游为主要内容。此类综艺节目可能会与其他类型的综艺节目如真人秀等存在重合。

例如:《极速前进》《奔跑吧兄弟》《极限挑战》。

（九）其他类综艺节目

三、艺人参加综艺节目的方式和基本流程

艺人由于受关注度高、能够吸引观众，且具备相对专业的表演能力，通常参加综艺节目的概率也比其他人高。对节目组而言，艺人参加综艺节目可以带来话题和收视率；对艺人而言，参加综艺节目可以获取报酬、增加露面机会、展现实力、表演才艺、进行宣传、甚至制造话题。故艺人参加综艺节目，在正常情况下对艺人和节目组而言属于双赢。

艺人参与综艺节目的方式较多，常见的如艺人作为导师、评委出现；作为主持人或嘉宾出现；作为表演者出现、作为幕后策划或其他职务出现。当然，艺人参与综艺节目时并非限于前述几种方式中的一种，而是可能同时存在两种及以上方式。比如，艺人担任选秀节目的评委时，可能还需要在节目中表演节目；又如《我是歌手》节目中，会出现一位艺人同时担任主持人和表演者的情况；再如艺人作为节目的策划、编导的同时，可能还担任节目主持人。由于不同的综艺节目形式不同、环节设置不同，对艺人的要求也相应不同，流程也存在差异。整体来讲可以大体分为两种情况。

第一种情况为艺人未参与节目的策划、编导。此种情况下，

艺人与该节目制作团队之间是单纯的表演服务关系。过程通常包括：1. 前期的谈判和沟通。艺人在此期间会详细了解节目信息、自己的服务内容、时长、报酬、待遇等；2. 签署表演服务合同。双方达成一致后，签署表演合同，以书面形式对双方权利义务进行确定，内容除前述服务内容、报酬等事项外，还会对艺人前后期参与宣传、争议解决等细节予以约定；3. 前期工作。艺人在签署合同后，基于合同约定，按照节目组的要求参与前期的宣传（如拍摄宣传照和宣传片、发微博等），以及其他合同约定的在录制节目前应做的工作；4. 准备及录制工作。艺人基于合同约定，提前到达节目录制现场，熟悉环境和设备，了解节目内容，参与彩排走位和节目正式录制；5. 节目后期工作。包括补录、参与宣传，报酬结算等。

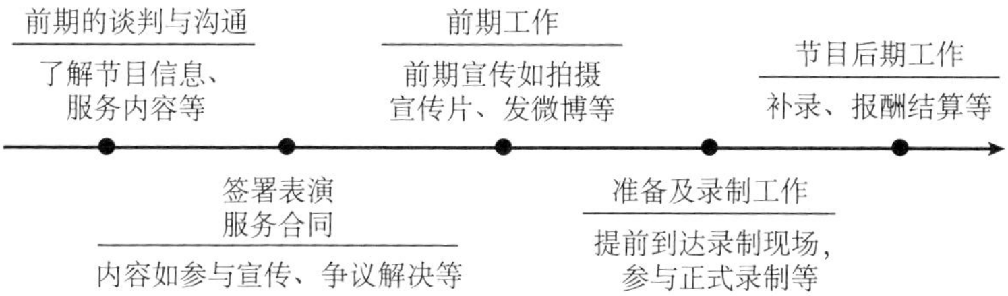

6-2　综艺节目的基本流程（艺人未参与节目的策划、编导）

第二种情况为艺人本身即节目的策划编导人员。此种情况常见于艺人与电视台、制作公司、网络视频平台有长期合作关系（或劳动关系）的情形，艺人利用自身资源和电视台、制作公司、网络视频平台的制作能力，策划、制作节目，并将制作完成的节目在电视台、网络平台播出。在此情况下，艺人会从事较多幕后工作，但也不排除在完成幕后工作的同时，也担任节目的主持人、表演者等，参与节目录制。其过程依据艺人实际担任的职务类型而有所区别。

由于第二种情况艺人的身份更多属于制作方，在此主要针对第一种情况下的合规进行阐述。

第二节　艺人参与综艺节目所面对的风险

一、国内艺人参与综艺节目活动的风险管理现状

本章节所说的风险，系指参与综艺节目前后过程中存在的合同违约风险、人身伤害风险等民事法律风险，与犯罪有关联的刑事风险不在本章节讨论范围之内。

与艺人参与影视摄制活动类似，艺人参与综艺节目录制，亦可能会经历以下单项或多项事项：长途交通出行；肢体动作表演；脑力劳动；通宵工作；不规律乃至不符合卫生标准的膳食及用餐环境；灯光、烟雾及噪声污染；危险动作及环境等。艺人在参加综艺节目过程中发生意外事件以及争议的案例并不少见。

案例一：1993 年 6 月 24 日，我国著名乐队组合的主唱黄先生到日本的富士电视台录制一个名为《想做什么就做什么》的游戏节目。在节目舞台的中央有一个巨大的水池，水池里有一个旋转的浮桥。节目录制了十几分钟之后，因为不断有人落水，舞台地面变得相当湿滑，而舞台周围的背景墙只是装饰用的很薄的背景板。黄先生和节目主持人不慎一起从三米高的舞台上摔下，没

有戴安全帽的黄先生后脑先着地，6月30日，一代传奇巨星黄先生在日本东京去世。

案例二：张某某是韩国非常著名的配音演员，2004年，张某某参加韩国综艺时，在舞台上挑战吃长条年糕，中途因为忍不住想笑场说话，导致年糕落入呼吸道被当场被噎死，享年五十一岁。

以上案例，均是在综艺节目录制过程中出现意外导致艺人死亡的情况。综艺节目虽然不同于影视摄制，但有共通之处，即部门多、环节多。任何一个环节出了问题，或者各部门衔接不畅，以及出现工具、其他艺人的突发状况，均有可能导致艺人遭遇人身伤害。不同于影视拍摄的是，综艺节目的剧本不会精确到每句台词、每个表情动作，艺人参与综艺节目需要一定的自由发挥，这在一定程度上增加了意外情况发生的概率。前述第二个案例中，韩国艺人即在节目录制时吃东西过程中突然笑场想要说话，才会发生意外。

如前所述，艺人参加综艺节目，本就有助于增加露面机会、展现实力、表演才艺、进行宣传、甚至制造话题。在影视行业进入寒冬期后，参加综艺节目对急需舞台展现自己的艺人来说就有了更重要的意义。

艺人M曾因在偶像剧中扮演男主而大热。然而2019年其参加综艺节目时表示：这是自己今年的第一场戏。无独有偶，著名女艺人D曾在某节目中透露：自己已经七八个月没有戏拍了。

在此情况下，艺人参加综艺节目的意愿更高，相对的谈判地位在总体上会降低，综艺节目制作方的选择范围变大，难度降低，在商业活动中会处于相对强势的地位。与艺人参加影视摄制活动类似，艺人主要依靠自身和经纪人与节目制片方进行合同条款协商，在行业中总体处于弱势地位，易受舆论干扰。国内演出市场处于纯市场经济局面，表演服务合同条款是否公平、合理，取决于制作方和艺人地位的强弱。在市场环境不佳的情况下，艺人方更易于降低自己的各项要求（包括报酬、安全要求等），而降低要求必然导致艺人参加综艺节目的风险加大。

二、艺人参与综艺节目的前期和合同风险

如前所述，艺人参与综艺节目的基本流程包括：

1.前期的谈判和沟通；2.签约；3.前期工作；4.报到、准备及彩排；5.正式录制；6.节目后期补录、参与宣传，报酬结算等。

在以上流程中，“签约”环节、“前期工作”环节、“报到、准备及彩排”环节和“正式录制”环节均是风险高发期。就所述之风险我们分别进行阐述。其中，不同综艺节目在前期风险及

合同风险上有相通之处，在此我们进行统一的论述。关于报到、彩排、录制等环节，因综艺节目类型不同而有所不同，故分别进行阐述。

（一）前期的风险

1. 合规风险

艺人接到综艺节目制作方邀请后，首先面临的就是对合规风险进行基础尽职调查，包括节目制作方的合规风险和艺人自身的合规风险。

在现实生活中，综艺节目制作方在创作及命名该综艺节目时，通常会涉及合规问题，包括：此节目是否有知识产权等侵权风险；此制作机构本身是否属于合法经营；该节目内容是否合法、是否挑战公序良俗等。

对于内容是否合法及挑战公序良俗，艺人及其经纪人基于基本的价值观或许还能够进行一定的权衡；对于节目是否侵犯知识产权、此制作机构是否合法经营、资金来源是否合法，艺人通常过于相信制作方从而没有意识和意愿去加以了解。然而这几项合规要点，往往关系到综艺节目本身是否具备合法资质、有无可能被叫停等，也将会直接对艺人造成影响。

比如，某企业利用非法吸收公众存款所得投资制作某综艺节目。艺人接受邀请参加该节目，签订完成相关表演服务合同且已正式参与摄制。而该企业及制作机构却因非法吸收公众存款而东窗事发，主要人员因涉嫌犯罪被采取刑事强制措施，节目可能无法继续录制下去，艺人难以在节目录制后收到报酬，甚至已收的报酬也可能被司法机关追缴。艺人不仅落得“人财两空”的境地，还将面临不可忽视的舆论风险。

又如，艺人参加的综艺节目涉嫌侵犯国外同类型节目的知识产权，随时可能会因原著作权人维权而导致节目停播。艺人亦存在报酬无法及时收到、名誉被牵连受损的风险。

关于艺人自身的合规风险，通常包括：艺人参加该综艺节目是否与自己所属经纪公司的经营相悖；节目的冠名商是否与艺人现有代言合同相冲突等。特别是要避免节目冠名商与自己代言合同的品牌方是竞争关系，以免导致巨额违约赔偿的发生。

2. 其他风险

除了合规风险，艺人应对该综艺节目既往是否存在争议进行一定的调查和了解，注重该综艺节目过往系列、制作方、主要创作人员等是否有过不当行为的历史，如内容侵犯第三方知识产权（如使用未经授权的商标、图片和文字）、不正当竞争（如某些应当打马赛克的地方未打马赛克、“搭便车”）、是否涉及名誉损害（如有意丑化、刻意放大某些违背本意的人设）、是否不尊重艺人（如节目剪辑涉及艺人的部分是否经过艺人同意或征求艺人的意见）等。

同时，艺人亦应了解该节目的流程及安排，如是否涉及隐私，是否会有下一季（续集）安排等。

（二）合同条款风险

艺人在前期讨论达成一致后，会和制作方签署协议，如《节目表演演出服务合同》《委托表演合同》等（名称不固定），不同制作方使用的合同文本有所不同。主要内容包括：

①节目的基本情况；

②艺人在本节目中的角色、内容、要求；

③录制周期；

④双方权利义务及违约条款；

⑤伤病及突发事件处理条款；

⑥知识产权条款、肖像权合理使用条款、道德约束条款；

⑦不可抗力条款；

⑧保密条款；

⑨争议解决及法律适用条款；

⑩其他条款及附件。

实践中，艺人签署此协议亦存在不同的背景情况：

第一种情形为制作方与艺人所在经纪公司谈妥合同条款后签约，经纪公司会代替艺人对合同条款进行审阅，经纪公司的法务能力、商业地位和具体经办人员的职业操守，均会影响到合同条款的设置。

第二种情形为艺人并无经纪公司，而是委托了自然人作为自己的经纪人。制作方与经纪人对合同条款协商一致后，由制作方与艺人本人签约。艺人委托的经纪人的法务能力、业务知识、职业操守，均会影响到合同条款的设置。

第三种情形为艺人没有经纪人，也未签约经纪公司，即为所谓的“自由职业者”。此种情况下，艺人要自己与制作方商谈合同条款，确定权利义务。艺人是否具备前述法务能力、谈判能力、自身商业地位的强弱，均直接影响到合同条款的设置。

合同对艺人而言潜在的风险多种多样，包括但不限于合同条款的不完善、合同条款的过分严苛等。关于合同条款的不完善和过分严苛情形，与本书第四章第三节所列类似，在此不再赘述。

（三）延迟、换角、突发公共事件风险

合同签署后，艺人即应当按照合同约定提前规划档期和日程，如后续有新的邀约与此次参加综艺节目相冲突，应以履行原先签订合同所载的义务为主，否则可能因为“轧戏”而面临巨额违约责任。

然而在实践中，由于种种原因，节目制作方有可能基于自身意愿或客观原因，出现延迟、换角等情况。当然，节目延迟、换角也有可能是艺人自身的原因导致，如艺人陷入负面事件、争议等情况。一旦出现延迟、换角等突发情形，艺人不但蒙受收入上

的直接损失，还需承担档期冲突等间接损失。

还有一种情况是突发公共事件导致节目延期乃至取消。这里所说的公共事件包括政治事件、舆论事件、灾难、公共卫生事件等。比如，2020 年 1-2 月，由于新型冠状病毒疫情暴发，国家新型冠状病毒肺炎疫情防控措施频频出台。在最高级别的防控措施下，人群聚集活动被限制或禁止，部分节目因可能会造成人群聚集而被迫取消或延迟。

（四）肖像权

肖像权是指自然人所享有的对自己的肖像上所体现的以人格利益为主要内容的一种人格权，是公民的基本权利。根据《民法典》的规定，任何人不得丑化、污损，或者利用信息技术手段伪造等方式侵害其肖像；未经本人同意，也不得制作、使用、公开其肖像，但是法律另有规定的除外。如果受害者的肖像被擅自使用，且该种使用不符合法律规定的合理情形的，属于侵权行为，应承担侵权责任。

综艺节目录制期间、开播之前、播出过程中，节目制作方为了增加节目的曝光率和关注度，会进行配套的宣传、推广，包括文字、图片、视频（如定妆照、剧照、花絮、宣传片、海报）等，其间可能会涉及对艺人肖像的大量商业使用。通常艺人会按照合同要求，配合节目制作方拍摄或自行提供自己的肖像用于节目宣传。为避免制作方超出节目宣传范围使用艺人肖像，艺人应在合同中对肖像权使用的范围和方式作出详细约定。根据艺人与综艺节目的制作方签订的合同，以及表演服务的性质，可以推定该艺人已经同意制作方使用其肖像。

然而，在合同未作约定的前提下，制作方未经艺人同意，将照片授权第三方使用的情形并不罕见。此类纠纷实质上是艺人肖像权与综艺节目制作方的商业权利的冲突。综艺节目制作方为了节目的商业利益，会尽可能进行节目的宣传、推广，此等宣传推广除了自有渠道，还会委托第三方专业推广公司，甚至与其他公司合作推广宣传。此时被委托的专业推广公司或合作公司就取得了在授权范围内使用艺人肖像的权利。一旦制作方、被委托的专业推广公司或合作公司对艺人肖像的使用，与艺人理解的许可使用的范围不符，就会产生纠纷。

更加复杂的是，有的文字、图片、视频系制作方拍摄、制作而成，制作方对之享有著作权，艺人的肖像权和制作方的著作权之间亦存在潜在的冲突。因此，如何保护艺人肖像权，将艺人肖像的使用限定在合法、合理范畴内，是艺人及其经纪公司、制作方必须重视的问题。

三、艺人在制作、录制环节的风险

如前所述，本书将综艺节目分为晚会类综艺节目、真人秀（包括选秀）类综艺节目、知识问答类综艺节目、生活类综艺节目、时尚类综艺节目、脱口秀类综艺节目、情感类综艺节目、户外旅游类综艺节目等种类。在分析其中的风险时，需要结合不同综艺节目的特性来具体识别和判断，在此对一些常见的制作环节的风险采取分别说明的方式。

（一）晚会类综艺节目及脱口秀类综艺节目

此类节目的特点在于场地、环节、顺序均事先设置，甚至对艺人的表达内容、方式、走位路线或范围均有要求。艺人参加此类综艺节目，一般需要按照导演的要求进行主持或表演，脱离主题发挥的概率较小（脱口秀节目存在一定的即兴发挥，但也是在设定好的主题范围内，主要内容仍是事先设定好的）。艺人参加此类节目主要面临以下风险。

1. 人身损害或疾病

（1）人身损害

晚会及脱口秀类综艺节目的基本硬件要求是有一个舞台，用于主持人主持及艺人表演。而一个完整的舞台除了平台之外，还包括电力系统、灯光系统、特效设备、信号系统、音响系统、背景布置等，每个系统均由复杂的不同设备组成。以电源系统为例，包括电源分配箱、电源直通箱、电缆等；灯光系统所需设备可能包括摇头图案灯、筒灯、舞台回光灯、换色器、换色器控制器、高效追光灯、电脑灯控制台、数字调光台、数字调光硅箱、电缆等；电源分配器等；信号及特效系统可能包括信号放大器、三芯及五芯信号线、信号卡侬头、烟雾机、泡泡机等；音响系统可能包括调音台、音频激励器、电子均衡器、电子分讯器、音频处理器、压限器、无线（有线）手持话筒、耳麦、音源、电脑音频、功率放大器、阵列主扩箱、低频主扩箱、舞台返听箱等。

除此之外，舞台四周可能会架设桁架，舞台上可能会设置升降系统、移动系统。舞台上下四周或附近可能会设置烟花特效。

以上设备纷繁复杂，共同组成了一个复杂的舞台表演系统。此外，舞台表面因表演需要也会有高低差。乐队在台上现场伴奏或表演时，会有线缆连接。

整个舞台系统的任何一环节出现问题，都会对在舞台上进行表演和主持的艺人构成直接人身威胁。比如，吊灯坠落、桁架不牢固、电线裸露等；过于强烈的灯光和噪声，粉尘污染等。

有的晚会类综艺节目在室外露天举行，则该日该时的天气状况也会对舞台上人员的人身安全造成影响，如狂风导致的物件坠落，下雨引发的湿滑等。可见，一个好的综艺节目，应当由专业的制作方和导演组进行管理，任何一个部门的疏忽、硬件上的不足及管理不善均会增加意外事故的风险概率。

案例：2019年年底，当红年轻艺人王某在某卫视跨年晚会上演出，出现了三次险情。第一次在其独唱时，舞台上燃放烟花，王某表演过程中，画面中有一颗烟花射向其眼部位置，幸无大碍；其后在独唱表演时，身后有一个约一人高的银色圆环道具突然掉下，险些砸在其背后；第三次为王某与其他艺人站在小车上滑行，不知为何车子突然快速制动，导致车上的几位艺人踉跄了一下，险些摔倒下来。短短的几分钟表演时间，王某就遭遇了三次舞台险情，所幸的是并未导致严重的后果。

除了硬件和管理上的原因，晚会及脱口秀类综艺节目观众的个人素质也成为艺人人身安全的不确定因素。观众过分热情造成的围堵、投掷物品、冲上台、强行搂抱亲吻、激光笔照射等行为均会直接威胁到艺人的人身安全，个别极端的粉丝甚至可能会对艺人采取暴力行为，安保压力较大。

案例：艺人杨某在2019年3月拍摄某综艺节目时意外伤到了左手，以至于用钢板固定，两个月后杨某受邀参加一场晚会的彩排，到场后，不少粉丝守在她必经的路线打招呼及用手机拍照，其中有粉丝试图伸出手接触。杨某微笑回应时，突然被某一激动的粉丝抓住左手，所幸保安人员迅速采取保护措施，避免了杨某左手再度受伤。

另外，后勤保障上的原因也有可能对艺人造成人身损害方面的风险。比如，不洁净的饮食、未充分消毒的住宿房间及日常用品（如水杯、水壶、毛巾）等。

（2）自身疾病

此处亦指艺人自身原有的疾病在主持、表演过程中复发的情况。艺人自身疾病发作有两种情况。一种基于自身原因疾病发作；另一种是由于工作导致原有慢性疾病复发。

节目现场人员聚集，特别是参加室内节目时，空气状况相对较差；节目现场灯光强度、音响音量均高于日常正常数值；加之艺人可能出现的紧张等心理状况，有可能导致艺人疾病发作。在此之前，曾有老年艺人在演出中突然昏厥，所幸经过抢救未造成严重后果。

艺人在台上发病的原因较为复杂，相关病症的发作是否与工作有关在现实中较难举证，毕竟现实中艺人发病的潜在因素较多。比如，不合理的节食减肥、过度劳累、带病参加节目等。在因果关系复杂、难以查明的情况下，对医疗费用承担和录制失误导致的损失作出约定，是一种较好的避免后续争议的方法。

（3）录制过程中引发的疾病

这里是指艺人在录制过程中发生新的疾病。

此处讲的新的疾病，系指非艺人自身原有疾病，而是由于录制现场的客观环境或由于工作劳累、心理因素导致的新的疾病。比如，在高温、寒冷环境下进行表演引发的中暑或感冒、在高原表演引发的肺水肿、空气污浊引发的咽喉炎；对粉尘、光过敏的艺人在录制过程中接触了可能致敏的过敏源等。

发生此类情况，应判断疾病与录制行为有无关联，有无因果关系。

与艺人在影视摄制活动中可能面临的疾病与人身安全问题有所不同，艺人报到后和离开前的期间通常相对较短，故很有可能在离开后才发病或病情加重。此时的病因查明、因果关系举证在实务中的处理难度亦会加大，需要根据实际情况进行分析。

2. 合同违约

（1）待遇约定不明或与合同标准不符

此处所称之待遇，包括艺人在报到和离开期间所需的住宿、膳食和交通标准。

现实中存在几种情况，第一种是合同完全不作约定。在此情况下，制作方提供的住宿、交通或膳食标准就有较大选择空间，实践中双方可能因此产生争议。第二种情况是合同约定好了待遇，但实际待遇与合同约定不符。比如，合同约定的车辆标准、住宿标准、膳食标准“因客观原因”与合同不符。第三种情况是双方约定艺人及相关工作人员在综艺节目录制地的住宿、交通、餐饮费用标准为每日多少元，并约定由制作方直接支付。这样的“算总账”给每一个具体单项留下一定的模糊空间，有可能在某一单项上产生争议。

（2）工作时间

从常理而言，制作方应尊重人体生理极限，安排合理的工作时间。然而在实践中，为了更加满意的节目效果，节目录制时间延长并不罕见。一些现场直播的晚会类综艺节目由于前面节目过长等客观原因，或“取得更多广告收入”的主观原因，也会延长时间。艺人工作时间延长现象较为普遍，大部分艺人对此会无奈选择配合。如 2012 年 9 月 30 日，某节目在上海举办总决赛，时间极度延长至深夜，所有参与艺人均滞留在现场。直至警方因时间严重超时而勒令节目制作方停止录制，并强行关停音乐，才终止了该晚会。

3. 报酬是否及时足额支付

在大多数情况下，制作方向艺人提前全额支付报酬的情况较少，更多是采取多次支付或表演后支付的方式，如约定在节目录制结束之后的几个工作日内向艺人支付合同约定的演出报酬。艺人表演完毕后，可能面临节目制作方拖延支付报酬、削减报酬乃至拒付报酬的情况，这种拖欠报酬的行为并不罕见。另外，没有签经纪公司的艺人可能需要通过人力资源有限公司等方式收取服务费，人力资源服务公司介于艺人与制作方之间来解决付款和税务问题。

案例一： 甄某曾在社交媒体上公开表示，自己曾多次被邀请去演出，到了当地索取演出费时，竟然遭对方耻笑：“让你演出是捧你，大把大牌自掏旅费无酬演出，抢都来不及，红了你就可跑穴赚钞票。”

案例二： 艺人袁某在社交媒体上声称，其参与某卫视某综艺节目时“遭遇黑幕”，没按照约定让其晋级，合同系演出后补签，而演出费用人民币八十万元一直未付。在此事曝出来后，袁某收到了演出费用。

4. 知识产权

艺人在晚会、脱口秀类综艺节目中进行表演和主持时，大多数情况下其舞台背景、伴舞、艺术效果、道具等均由制作方安排，部分情况下演出的台词和曲目也由制作方决定。在实践中，制作方漠视知识产权、侵权的情况并不少见，导致参与节目的艺人同样陷入侵权风波。

案例一： 2018 年某春晚演出的小品节目，由著名艺人蔡某、潘某、贾某表演，该节目演出过程中，使用了歌手李先生 2005 年发行的作品作为背景音乐，引发侵权质疑。

案例二： 2012 年某卫视跨年晚会中，歌手曾某在演唱时，舞台背景出现了某插画师的作品作为背景，引发公众对“侵权”的热议。对于这种制作方的原因导致的侵权行为，严格来说，如果艺人未担任编剧和设计的职位，一般而言就并非由艺人向外承担侵权责任。但是由于实践中媒体和公众并不熟悉其中法律关系和应承担法律责任的真正主体，如艺人所表演的节目本身涉嫌侵权，势必会为艺人带来负面影响，从而影响其商业价值和社会评价，这样的负面信息理应避免。

还有一种情况是艺人自行担任编剧，设计了服装、舞台背景、音乐或台词等，由于其对知识产权的不了解或者对他人的轻信（轻信已经取得授权），使用了侵权作品，导致所表演的节目侵权。在此情况下，艺人不仅要面临侵权的指控，如果综艺节目制作方也因此遭受索赔的话，艺人还将向综艺节目制作方承担赔偿责任。

5. 其他负面风险

无论是综艺节目制作方，还是艺人方，其在录制过程前后及日常生活中均应遵守法律法规，并尊重公序良俗。如果在节目前后出现触犯法律、违反公序良俗、引发群体争议、挑战特定族群的行为，有可能会导致制作方基于其负面影响而换角（节目录制前和录制中），影响录制进度甚至使节目停摆（节目录制中），节目无法播出或者需要额外的工作对录制视频进行加工（节目录制完成后）、节目的广告和赞助被撤（全过程）等。这不但会给艺人带来经济、名誉上的损失，更严重的是要承担法律责任，甚至断送演艺事业。

（二）选秀类综艺节目

选秀类综艺节目系在节目设定的规则内，由多名参赛者竞争最终获胜者的节目。较为常见的是歌手选秀，其他的还有才艺比拼如《中国达人秀》等。

此类节目的特点是：场地、环节、顺序均事先设置，但艺人的表达内容、方式等自行发挥的空间较大。艺人参加此类节目主要面临以下风险：

1. 人身损害或疾病

艺人参加选秀类综艺节目面临的人身损害和疾病风险，可参照艺人参加晚会类综艺节目及脱口秀类综艺节目的人身损害和疾病风险，在此不再赘述。

2. 合同风险

选秀类综艺节目因其赛制、主题不同，参加艺人来源也不尽相同。有的节目的参加者为成名艺人，如《我是歌手》《蒙面唱将》等。而有的节目的参加者原本并非艺人，当他们参加选秀节目（包括之前的海选），可能会面临较为苛刻的合同条款。比如，晋级到某一阶段，需要与综艺节目指定的经纪公司签约；必须无条件配合宣传；必须服从管理（特别是工作时间和日程安排等）

等。如果遇到不厚道的主办方，在合同中对艺人的待遇和权益等甚至不作规定或笼统带过。此类合同的另一个风险在于：基于商业地位的不对等导致合同对违约责任的设置不对等，即对艺人一方设置较重的违约责任，对节目制作方设置较轻的违约责任甚至完全免责。艺人参与选秀节目后，其日程、人身关系即受到节目制作方的实际影响乃至控制。

选秀类节目对于艺人而言还存在另一类风险，即打包转授权的风险。实践中，一些选秀或偶像养成类节目，节目制作方通常不是艺人的最终经纪关系归属方。艺人在参加该类综艺节目时往往会和节目制作方签订经纪协议，而后节目制作方又会和其他合作公司签订经纪转让协议，将艺人的经纪关系打包转授权给其他合作公司。因此，艺人应格外注意与节目制作方签订的协议中是否约定转授权条款与艺人单方解除条款，如约定了节目制作方的转授权条款但未约定艺人对此的单方解除条款的，艺人不可擅自解除双方协议，否则可能构成违约。

3. 知识产权

艺人在选秀节目中进行表演，一种情况是表演自己的原创作品，另一种情况是表演其他人创作的作品（如歌曲）。此时明确表演作品的著作权归属及完善知识产权合规便非常重要。

艺人原创作品的著作权归属风险，主要集中在其表演作品的复制权、发行权、信息网络传播权以及收益分配上。对如今的中国娱乐市场尤其音乐细分行业而言，原创作品异常珍贵，实践中不乏节目制作方以参赛获奖、签约、宣传推广等行为作为对价，而与作品创作者拟定条款以获取作品的著作权或免费使用的权利。比如，某歌手在选秀节目中演唱了自己独立创作的歌曲，节目制作方可能会在协议中约定其表演作品的著作权全部（或部分）归属于或转让给节目制作方，允许节目制作方将其演唱的作品提供给视频网站、音乐网站供用户下载或收听、收看。如果节目制作方与艺人在合同中未对此进行约定，那么双方可能会对权利的归属和使用、收益的分配比例产生分歧。

在艺人表演他人作品的情况下，主要风险在于是否获得了原著作权人的许可。是否必须获得著作权人的授权、支付报酬，应以著作权使用的方式为准和法律法规的规定为准，具体可参见本书第七章“音乐相关法律实务”。《著作权法》第二十四条规定的十三种合理使用的情形之九为：“免费表演已经发表的作品，该表演未向公众收取费用，也未向表演者支付报酬，且不以营利为目的”。

综艺节目具有商业属性，会为艺人和节目制作方带来收益，选秀类节目实际上是“商业选秀”，难以界定为“免费表演”，因此艺人选择他人作品进行表演时，如未事先取得著作权人许可，或者未向相关机构支付过版权费，艺人及节目制作方均有可能陷入侵权纠纷。

特别需要说明的是：在音乐方面，也有很多制作机构采取向中国音乐著作权协会付年费打包购买歌曲版权的方式取得该机构下管理的歌曲商业使用权。上述情形下，通常作品著作权人会将作品被侵权时维权和获得赔偿的权利一并授权给中国音乐著作权协会，但没有把上述权利授权给中国音乐著作权协会的著作权人时，其有自行维权的资格和权利。因此艺人在选择表演作品时，应对作品的原作者信息、授权情况做充分的调查，注重知识产权的合规。

另外，综艺节目还可能存在名称和商标侵权风险。

案例：某著名歌唱比赛选秀节目的制作方存在侵权使用权利人商标、已有系列作品知名名称的可能性，故权利人申请诉前行为保全。北京知识产权法院在（2016）京73行保1号裁定书中裁定被申请人立即停止在歌唱比赛选秀节目的宣传、推广、海选、广告招商、节目制作过程中使用相应的节目名称及注册商标。

如综艺节目出现名称或商标侵权问题，可能会出现节目延期播出甚至取消播出的情形，即便正常播放，也可能对参与的艺人的知名度和名誉造成不良影响。因此，艺人在签订合同之前，需知晓参加节目的名称、使用商标、是否存在知识产权侵权的可能性，以免被“连坐”。

（三）竞技类及户外类综艺节目（户外旅游类、户外真人秀类、户外竞技类）

竞技类综艺节目既包括户外竞技类节目，也包括室内的竞技类节目。

竞技类及户外类综艺节目的特点在于环节、顺序由导演组事先设计，但是艺人在此过程中有较大的临场发挥余地。

然而基于竞技类节目的体力对抗性，以及户外节目的户外（甚至野外）环境，艺人参加此类节目主要面临的风险是人身损害及疾病风险。其他合同类风险可参照其他综艺节目中对合同风险的论述，在此不再赘述。

1. 人身损害或疾病

（1）人身损害

竞技类综艺节目有一定的体力对抗性，对参与者的身体状况、反应灵敏程度、运动能力、忍耐力等有较高要求。通常此类节目设置的环节有一定的惊险和刺激性，需要完成体力上的挑战，有的还会设置失败的惩罚机制（如挑战失败会跌入水池、要接受浇冰水的惩罚等）。

同样，户外类综艺节目也对参与者的身体状况、反应灵敏程度、运动能力、耐受力等有较高要求，有的户外旅游类及真人秀类综艺节目拍摄时间长，地域跨度大，有时还要考验参与者的野外生存能力等。

因此，艺人参加竞技类及户外类综艺节目时的人身损害风险远高于其他综艺节目。对抗中的疏忽、挑战项目及环节设置的不合理、交通意外、不熟悉的户外环境、野外环境自身的危险性均有可能导致艺人的人身损害。在综艺节目竞争激烈的环境下，有的制作方过度追求挑战性和刺激性，忽视艺人安全，或过分轻信能够避免安全事故，不顾及人体生理极限，乃至单日长时间拍摄，更增加了艺人的人身损害风险。

案例一：2015年6月，某综艺节目选取穿越角度，以户外真人秀方式体现中国历史，并邀请了多位知名艺人参加。开拍首日，著名艺人张某某、沈某、宋某某便不同程度受伤，其中在深山拍摄时，著名艺人宋某某误入山洞。为保证节目真实性，工作人员并未提醒。在毫无防备的情况下，宋某某失足掉入深坑中，腰腿部着地，虽被及时救出，但腿部被划出深长的伤口。

案例二：2019年11月下旬，某著名艺人参加某综艺节目的录制，时间跨度较长直至深夜。第二天凌晨在录制在一条长两千米的跑道上全力奔跑的镜头时，高某突然倒地晕厥，凌晨五点半左右，有人透露高某不幸过世，此消息在几个小时后得到官方证实。此后多位艺人呼吁规范工作时间，拒绝疲劳工作，减少不合理的危险拍摄方案。

（2）疾病

此处包括艺人自身原有的疾病及新染上的疾病。

艺人自身原有疾病发作包括基于自身原因疾病发作和由于工作导致原有慢性疾病复发。此风险可参照之前对其他综艺节目的艺人风险分析，在此不再赘述。

艺人参加户外类综艺节目时发生新的疾病的风险高于其他综艺节目。如因当地流行的传染病、野外细菌感染引发疾病、水土不服、过敏等。而事实上，综艺节目很多时候都在极端恶劣和危险的环境下录制，特别是在很偏僻和遥远的山区，医疗条件本来就不好，如此更容易造成无法及时就医的风险。

2. 艺人个人及家人的隐私权

根据《民法典》的定义，隐私是自然人的私人生活安宁和不愿为他人知晓的私密空间、私密活动、私密信息。具体来说，隐私是一种与公共利益、群体利益无关，当事人不愿让他人知道或他人不便知道的个人信息（只能公开于法律法规规定的主体、有保密义务的人等），当事人不愿让他人干涉或他人不便干涉的个人私事，以及当事人不愿让他人侵入或他人不便侵入的个人领域。

部分竞技类户外类综艺节目的参与者不局限于艺人个人，还包括艺人的家人、朋友，有的还包括未成年人。在节目录制过程中，可能会无意中暴露艺人或其家人的隐私，如日记内容、通信秘密、身体的隐蔽部位、夫妻关系、家庭住址、未成年人的就读学校等。如某以跳水竞技为主要内容的综艺节目，就曾发生女艺人跳水时动作幅度过大以致暴露身体隐蔽部位的情形。又如，节目中艺人手机中的内容被无意中拍到，导致隐私泄露等。特别需要注意的是，部分综艺节目存在追求流量的倾向，有时会有意识地追求这种“无意中拍到”，因此在参加综艺节目时如何保护自己和家人的隐私，是艺人必须面对的课题。

四、不恰当剪辑的风险

制作机构录制综艺节目完成后，会进行包括剪辑在内的后期制作，将原本较多的素材剪辑成一定的集数用于播出。

通常艺人的表现和人格素养，应通过全部素材来体现。剪辑必然会舍弃部分素材，对艺人的部分表现进行删减和拼贴。好的剪辑会在有限时间内尽可能客观体现参与者的形象，但是不好的剪辑却可能对艺人的形象造成歪曲乃至损害。

一个不争的现实是，为了追求收视率、制造话题，恶意剪辑并不罕见。比如，有的剪辑打乱事件发生的前后顺序，将艺人的一些行为不合理化，或者让观众误以为艺人应对某不良突发事件负责；还有的剪辑会选择性地突出特定艺人间的互动，强行暗示两人之间的亲密关系或两人之间的矛盾等。这种恶意剪辑可能会歪曲艺人形象、影响艺人的生活交际，甚至降低艺人的声誉。

案例：2018年4月末，年轻艺人王某及其工作室通过社交媒体谴责某综艺节目恶意剪辑。节目拍摄消防队完成救火任务的时候，节目恶意剪辑成王某被点名批评出现了失误（把未关水的消防水枪扔在地上），然而实际上扔水枪者另有其人。事后节目组在社交媒体上公开道歉。

第三节　艺人参与综艺节目的风险管控

艺人参与综艺节目的风险管控，不可避免地会涉及艺人与综艺节目制作方之间的权利义务平衡、利益平衡，需要商业智慧及法律智慧。同影视摄制活动中的风险管控一样，需要考虑双方商业地位的强弱，在力所能及的范围内做到利益最大化，努力争取，适当妥协，求同存异，力求解决问题，不要扩大矛盾。

为减少争议，控制风险，首先，需要对艺人的《节目表演演出服务合同》（或同类合同）的条款进行细化，使之足够公平且具有可操作性，知晓并管理合同的风险所在。这个过程也涉及谈判技术、谈判尺度的把握。其次，在录制过程中及前后，对合同中未解决的风险加以合理注意，保留证据并积极沟通。最后，如争议无法通过协商解决，应由专业律师介入，进行谈判和诉讼/仲裁。

一、合同条款的细化

艺人在接到综艺节目制作方发来的合同后，应仔细阅读，结合自己的业务知识判断风险点，在所有的合同条款中，应特别注意如下条款：1. 双方权利义务的设置；2. 违约条款的设置；3. 艺人的待遇及保障；4. 报酬的计算标准和支付条款；5. 争议解决条款；

6. 对剪辑版本的提前知晓权。

（一）双方权利义务的设置

权利义务设置系合同中最重要的条款之一，实践中存在综艺节目制作方利用商业地位加重艺人义务、增加自身权利的情况。此类条款要重点关注以下几个方面：

1. 综艺节目制作方的权利和义务。比如，拍摄周期、交通保障、安全保障、应提供何等标准的食宿、医疗保障、报酬结算等。其中综艺节目制作方的权利应仔细阅读，因为其是与艺人方的义务相对应的。

2. 艺人方权利和义务。如应享受的食宿行待遇，每日最长工作时间，报酬结算，超期的报酬计算方式；续集（下一季）是否有权优先参加，生病受伤情况下的处理等。

此类条款是合同的核心内容，在可争取的范围内，艺人方应尽可能对此类条款进行细化，争取条款尽可能平衡。对于一些基于双方商业地位不同无法修改的条款，做到提前知晓风险，有针对性地加以注意。

特别需要注意的是：双方的权利义务不仅仅局限于合同中“甲方的权利义务”及“乙方的权利义务”两大条款中，可能会有设置权利义务的条款分散于其他的条款（如保密条款、不可抗力条款、送达条款等）中。艺人方在阅读合同时应注意其他条款中隐含的权利义务约定。

（二）违约条款的设置

一旦合同中确定了双方的权利义务，那么接下来必然涉及违约责任的约定。艺人应仔细审核违约条款，了解合同双方违反某一条款后应承担的责任。应当重点关注：

1. 违反某一义务后，要承担何种违约责任；

2. 该违约责任约定得是否合理；

3. 双方对于同类违约行为所承担的违约责任是否对等及公平；

4. 有无只约定单方违约责任。

关于违约责任的承担，我们在前章已经有所论述，在实践中，违约责任的承担以实际损失为上限，而实际损失在现实中一般难以计算或举证。因此，可以约定一个违约金标准或列明不同情况下的违约责任补救措施。艺人应尽可能使违约金标准在自己承受范围之内，如果基于商业地位难以修改的，在后续的节目录制中就要加以合理注意，避免违约情形的发生。

（三）艺人的待遇及保障

艺人的待遇主要包括住宿、膳食和交通方面。此部分条款约定应尽可能明确、详细。包括住宿标准、交通工具级别、餐费标准、更衣室或休息间配备等。此类条款应详细明确，具体到标准金额乃至车型，以及需要配备的家具设施等，以使该条款具备可操作性。

艺人的保障条款主要集中于休息时间的保证、保险购买等。

通常综艺节目制作方会购买商业保险，但保额有高有低，应尽可能提高保额。参与户外类综艺节目和竞技类综艺节目时，应要求有专业的医护人员驻场，要求有专业保安以及完善的安保措施等，确保发生危险时第一时间得到救援和救治。

（四）报酬的计算标准和支付条款

此部分条款约定应尽可能明确、详细。包括报酬总额、税费承担、支付方式、付款账号等。如需要人力资源有限公司介入，应约定将艺人与人力资源有限公司签订的协议作为附件。

同时，针对可能产生的逾期付款或不足额付款行为，双方应约定处理方案。此处理方案可以列入前述违约条款中。同时双方亦可约定，由于客观（如银行结算日等）及不可抗拒原因造成的支付延误，将不作违约处理。

（五）争议解决条款

此类条款必须清楚、准确，无歧义。其要求在前章已有论述，在此不再赘述。

二、在录制过程中及前后，对合同中未解决的风险加以合理注意，保留证据，积极沟通

艺人在综艺节目录制过程中及前后，应结合前面对权利义务、违约条款的理解，对合同中未解决的风险加以合理注意，尽可能避免违约情形的发生。

一旦遇到权益受到损害的情形，艺人首先要知晓对方违反的合同条款，并保留相应的证据。其原则亦应如之前章节论述的那样，遵循随时记录原则、及时记录原则、及时沟通原则。通过以上原则，艺人能够最大限度地保留证据，作为下一步沟通及其他争议解决手段的基础。在沟通阶段应以解决问题为首要目标，尽量不要激化矛盾。

三、如争议无法通过协商解决，由专业律师介入，进行谈判和诉讼 / 仲裁

争议解决的方式包括协商谈判和诉讼 / 仲裁。一旦争议发生，且不能通过双方直接沟通得到解决，那么就应该交由专业的法律人士介入。艺人应配合律师的工作，积极提供真实信息及证据，且不可在信息上有所隐瞒，导致律师掌握信息有误从而作出错误判断。

第七章
音乐相关法律实务

毕鸿主演的年度古装大戏《深宫早春燕归来》杀青了，制作方决定由毕鸿来演唱片尾主题曲《郡主的爱情》。

这首曲子是制作方请著名作曲家朱量和词作家雷一雯为毕鸿量身打造的，毕鸿拿到谱子后试了试旋律，感觉非常喜欢，于是开始在老师的指导下练习演唱。

随着对旋律掌握得越来越好，毕鸿感觉有部分旋律有点熟悉，可是一时又说不上为什么会有这种感觉。指导老师说有可能是毕鸿与这首歌“产生了共鸣”，毕鸿觉得甚为有理，更加坚定了要唱好这首歌的决心。

几天后，电视剧《深宫早春燕归来》正式播出之前，制作方发布了本剧的主题曲进行预热。在MV里，毕鸿穿着古装站在桃花树下，轻摇宫扇，但见瓣落如雨，宛若仙子，轻启朱唇唱道：“窗扉儿半掩，雕栏画舫轻舟，尘烟往事今安在，今兮古兮付水流……”

这首《郡主的爱情》一下子成为热门曲目，唱遍大街小巷。经纪人彭虹霓乐得双目放光，制片方也极为满意。借着这首歌的热度，电视剧《深宫早春燕归来》被重磅推出，火爆荧屏。

“你看看，当初让你同时往音乐方向发展，是不是很英明？”经纪人彭虹霓得意地说。他站在落地窗前，手里端着一杯红酒，望着脚下的整个城市，感觉“钱”途万丈光芒。说完这句话，他把红酒倒进嘴里。

就在这时电话响了，彭虹霓接通电话。

“彭总啊，不好了，”制作方的老总郭耀北在电话里说，“有人起诉咱们了，说那首《郡主的爱情》的曲子侵犯了人家的著作权……”

彭虹霓噗的一声，嘴里的酒喷了出来，在玻璃上飞溅回来，溅了他自己一脸。

原来，国内创作型歌手钱雯儿向法院提起了诉讼，指控《郡主的爱情》这首歌未经许可使用了她的原创歌曲《闭月羞花的我》里的一段旋律，要求停止侵权、赔偿损失、赔礼道歉。

赔钱倒是次要的，歌曲涉嫌侵权造成的影响实在是太大了。彭虹霓和郭耀北立刻联系作曲家朱量，结果朱量承认：在创作的时候确实把钱雯儿歌曲中的一段旋律“编进了这首歌里”。听到他这么说，彭虹霓和郭耀北傻眼了，只好找法律顾问前去与钱雯儿接触，争取达成和解，同时在网上进行危机公关。一番折腾后，总算与钱雯儿达成了和解，但为了解决此事，公司付出了大量的精力和金钱。

“唉，以后要进行著作权调查啊！咱们得找朱量要个说法。不过不管怎么说，这事儿总算解决了，我们要向前看。”经纪人彭虹霓叹息着说。他又站在落地窗前，手里端着一杯红酒，望着脚下的整个城市，重新看到了希望。说完这句话，他把红酒倒进嘴里。

就在这时电话响了，彭虹霓接通电话。

“彭总啊，不好了，”制作方的老总郭耀北在电话里说，“有人侵咱们的权了，那首《郡主的爱情》被人家擅自给用了……”

彭虹霓噗的一声，嘴里的酒又喷了出来，在玻璃上飞溅回来，溅了他自己一脸。

原来，国内某公司老总傅浪看到《郡主的爱情》这么火爆，就不失时机地把这首歌收录入该公司搞的“听歌中国”网站里，提供收费下载。

彭虹霓和郭耀北满头冒火星，联系法律顾问与侵权方交涉，一番折腾后，傅浪迫于压力，将歌曲从网站删除了。

“艺人的音乐著作权保护真不是件容易的事儿啊！”彭虹霓疲惫地说。他又站在落地窗前，手里端着一杯红酒，望着脚下的整个城市。说完这句话，他把红酒倒进嘴里。

手机突然又响了，彭虹霓吓了一跳，这次他有了经验，先把嘴里的红酒咽下去，再拿起电话。这才发现，其实这次是他定的闹钟响了。

第一节　音乐行业发展现状

近年来，中国音乐产业实现了持续快速的增长，迎来了新时代发展的黄金期。据 2019 年 11 月 8 日发布的《2019 中国音乐产业发展报告》[①] 显示：2018 年，在中国音乐产业各细分行业中，“数字音乐产业”规模达到 612.42 亿元，数字音乐用户规模超过 5.5 亿人，音乐类电视及网络综艺节目总收入已超过 66.5 亿元。同时，在“音乐 + 产业”模式下，影视剧、游戏、动漫音乐产业总产值达 7.08 亿元。更可喜的是，在各细分行业中增幅最大的为“音乐版权经纪与管理”，这表明中国音乐产业发展的版权保护环境持续改善，音乐版权体系日趋成熟。

随着互联网技术日益成熟，数字音乐产业因网络用户及平台的增多也日渐繁荣，打破信息交互壁垒的音乐产业人也开始从多渠道获得音乐资源，如各大音乐软件、音乐网页、线上 KTV，甚至相邻产业如短视频、直播、网剧、网络综艺等都可能是获取音乐资源的载体。音乐作品信息交互频繁势必引发关于音乐作品的授权和购买的合规性讨论。艺人在音乐产业中的角色是多元化的，可能是原创型歌手，可能是购买词曲进

① 2019 年 11 月 8 日在京举办的 2019 第六届音乐产业高端论坛上，中国传媒大学赵志安教授领衔音乐产业项目组撰写完成并发布年度性产业报告《2019 中国音乐产业发展报告》。

行再创作的音乐人，也可能是单纯演唱的表演者。角色不同，在进行音乐作品交易或使用他人音乐作品时的风险点也不同。本章节将就音乐著作权作具体分析，并结合理论研究介绍维权和避免侵权的方式，另结合实践中草拟、审核和修订音乐著作权相关合同的经验，以著作权授权合同为例，列举合同主要条款。

第二节　常见法律问题

实践中，部分音乐作品使用人缺乏版权意识，可能会无意中引起侵权纠纷或由于第三方的过错承担共同侵权责任。侵权人不仅需要承担侵权后果如赔偿损失、停止发售单曲等，还需面对一些无法估量的间接损失，如声誉和各种潜在商业机会。随着互联网的发展，信息和资源能够更方便和快速地交换，版权人也因此能够更好地监控作品版权，甚至跨境进行版权监控。若不加注意，使用了未经授权的他人音乐作品，既可能造成侵权，对音乐使用人的声誉亦存在极大影响。因此，在使用他人音乐作品时，需注意流程规范化和合规，对著作权的真实性做背景调查，保留与著作权相关的一切证明材料，以免发生著作权侵权纠纷，并以书面合同的方式固定版权授权。

一、音乐之著作权、邻接权的基本概念

要想以合规的方式使用音乐作品、维护作为权利人的利益，首先要明确音乐作品的法律性质和作品上承载的各种权利。

从广义来说，我国音乐作品分为三种类型，分别是音乐作品、音像制品和视听作品。

（1）音乐作品。音乐作品是《著作权法》明确定义的作品类

型，是指歌曲、交响乐等能够演唱或者演奏的带词或者不带词的作品。音乐作品既包括无歌词的纯音乐，也包括带歌词的歌曲。歌词和曲谱均可以单独构成受法律保护的作品。

（2）音像制品。音像作品是指对声音或表演进行录制而成的作品，通常以唱片、磁带、电子数码等形式作为载体存储，因其独创性有限，作为著作权邻接权而非著作权本身来保护。

（3）视听作品。视听作品包括电影作品、以类似摄制电影的方法创作的作品（如微电影、广告片、短视频等）。这类作品通常属于复合型作品，一部电影不仅自身可以单独作为作品受到保护，电影中的音乐、文字、美术也根据独创性的程度可能受到著作权法的保护。

从著作权的角度，就音乐作品而言，一般有两类权利主体，即著作权人和邻接权人。音乐作品的著作权人如词作者和曲作者，对音乐作品分别享有词著作权和曲著作权；音乐作品的表演者和录音录像制作者，对音乐作品享有邻接权，分别为表演者权和录音录像制作者权，侵犯音乐作品邻接权同样构成侵权。实践中，音乐作品的权利人不单单是指作品的原作者，还包括经合法方式获得原著作权人许可的个人、组织或法人，如中国音乐著作权协会通过协议获得作品的部分著作权，也可以成为作品的权利人。

音乐作品的著作权包括发表权、署名权、修改权、保护作品完整权、复制权、发行权、表演权、广播权、信息网络传播权、改编权等，根据《著作权法》及相关法律规定，这些权利的保护内容分别是：

（1）发表权，即决定作品是否公之于众的权利；

（2）署名权，即表明作者身份，在作品上署名的权利；

（3）修改权，即修改或者授权他人修改作品的权利；

（4）保护作品完整权，即保护作品不受歪曲、篡改的权利；

（5）复制权，即以印刷、复印、拓印、录音、录像、翻录、翻拍等方式将作品制作一份或者多份的权利；

（6）发行权，即以出售或者赠与方式向公众提供作品的原件或者复制件的权利；

（7）表演权，即公开表演作品，以及用各种手段公开播送作品的表演的权利；

（8）广播权，即以无线方式公开广播或者传播作品，以有线传播或者转播的方式向公众传播广播的作品，以及通过扩音器或者其他传送符号、声音、图像的类似工具向公众传播广播的作品的权利；

（9）信息网络传播权，即以有线或者无线方式向公众提供作品，使公众可以在其个人选定的时间和地点获得作品的权利；

（10）改编权，即改变作品，创作出具有独创性的新作品的权利；

（11）其他权利。

前述音乐作品的著作权可以分为著作人身权和著作财产权，著作权人在授权时可以许可他人使用一种或多种著作财产权，而邻接权人在权利范围内同样可以作出许可。因此，艺人或艺人的经纪公司，需要清楚地知道音乐作品上负载的权利类型和每一类型所指向的行为，才能避免侵权、保护自身权利，在控制法律风险的同时创造最大商业价值。

艺人在其演艺生涯中常会与著作权为伴，但往往会因为缺乏著作权意识而无意中侵犯他人的著作权，例如，艺人演唱一首歌，若存在未经音乐作品权利人（如词作者、曲作者）授权而商业使用的行为，如直播演唱并收取打赏，则可能构成著作权侵权。同时，艺人也可能成为《著作权法》下另一种权利——邻接权的主体，如艺人演唱一首歌，作为该音乐作品的表演者即对其表演享有表演者权。根据我国《著作权法》第三十九条的规定，表演者对表演享有的权利包括：（1）表明表演者身份；（2）保护表演形象不受歪曲；（3）许可他人从现场直播和公开传送其现场表演，并获得报酬；（4）许可他人录音录像，并获得报酬；（5）许可他人复制、发行录有其表演的录音录像制品，并获得报酬；（6）许可他人通过信息网络向公众传播其表演，并获得报酬。也就是说，任何未经艺人（表演者）许可而进行上述行为的，都可能构成对艺人表演者权的侵权，在这种情况下艺人便成为被侵权的一方。

二、音乐的使用场景

艺人，尤其是以音乐为主业的艺人，了解音乐场景的使用和每一种场景使用的法律意义对防范侵权或被侵权是很重要的。数据显示，中国音乐产业已进入快速发展阶段，围绕“音乐 +”泛娱乐消费经济模式，商业开发、版权管理体系日趋成熟。随之而来的行业也越来越细分，音乐的使用场景也越来越多元化，主要包括以下几类：

（一）最普遍也是使用最频繁的场景包括：音像及音乐图书、音乐演出（音乐剧场演出、演唱会、音乐节、Live House）、音乐版权经纪与管理（演艺经纪、版权委托管理、版权流转与运营、维权）、数字音乐（音频流媒体如数字音乐平台、短视频、直播、移动 K 歌）等；

（二）一些延伸性的使用场景，如广播电视音乐（音乐广播广告、音乐综艺及网综）、KTV（传统 / 在线）、影视音乐、游戏音乐、动漫音乐、商场播放音乐、玩具内置音乐等；

（三）一些音乐作品的关联产业，如乐器（销售、进出口、体验）、音响（音箱、智能音箱、耳机、麦克风、随身音频产品）、音乐教育培训、音乐产业基地 / 园区 / 特色小镇等。

根据行业细分的不同，音乐使用场景和使用方式所需的授权种类也不相同。不同的场景可能涉及多个授权主体和多种权利。鉴于音乐场景之多样性和授权种类之复杂，下文中会就具体使用中的授权作具体分析。

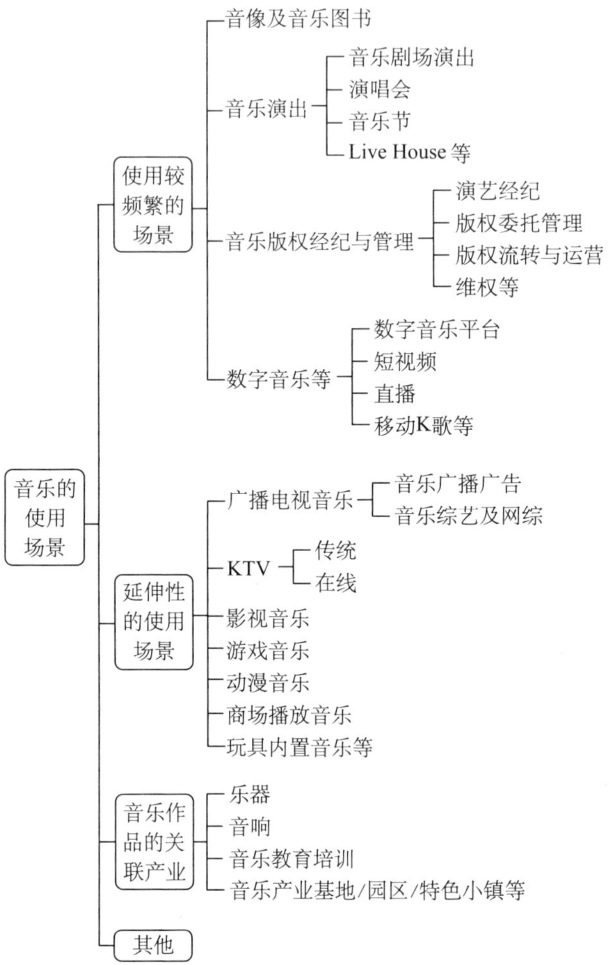

7-1　音乐的使用场景

三、音乐作品的使用合规指引

本部分结合第二部分“音乐的使用场景”，就艺人在实践中使用音乐的方式列举其中涉及的法律知识，提供风险提示和合规使用指引。

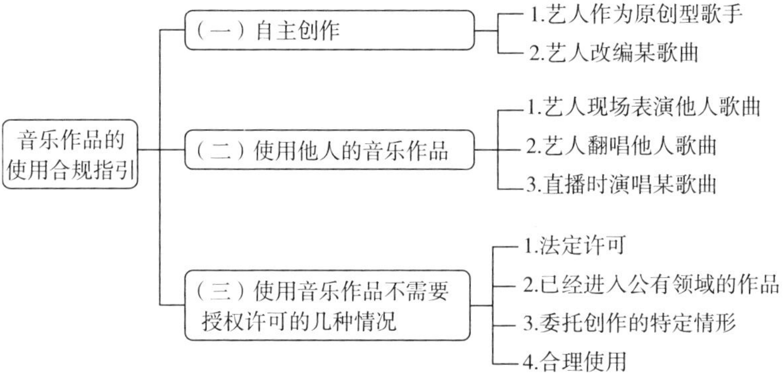

7–2　音乐作品的使用合规指引

（一）自主创作

1. 艺人作为原创型歌手的情形

不少艺人会自己创作歌曲并且自弹自唱，这类艺人通常被称为“原创型歌手”，此时艺人即作品的权利人。

但要注意，创作型歌手如果创作的歌曲涉及对他人作品的改编，可能需要获得原著作权人关于改编权的许可，具体分析见关于改编权使用的论述。

创作型艺人作为作品权利人，应特别注意作品的版权。第二部分“音乐的使用场景中”，每一种场景都可能使用作品，因此这类艺人应谨慎行使作品的著作权和邻接权，在对外授权时应明确哪些权利可以许可、哪些权利需要保留，并且保留所有与作品归属及交易有关的证据。除非有特殊理由，最好去做著作权登记，具体登记内容和方式见本章第四节“著作权登记”。平时也应留意自己的作品是否被侵权，如发现被侵权的情形应积极采取措施维护自身利益。

艺人如与他人合作完成具有独创性的作品，则该作品为《著作权法》框架下的“合作作品”。根据法律规定，著作权由合作作者共同享有。请注意，合作作品分为可分割的作品和不可分割的作品，对可以分割使用的合作作品，作者对各自创作的部分可以单独享有著作权。举例而言，如果两位原创作者分别完成一首歌曲的词和曲的创作，那作词者对该歌曲的歌词享有著作权，作曲者对曲享有著作权。合作作者在行使著作权时不得侵犯合作作品整体的著作权，如未有约定的前提下，作词者无法对曲主张使用的权利，否则构成侵权。

此外，艺人作为原创作者是否获得完整著作权，需考虑其与所属经纪公司之间的约定，以及艺人创作作品时经纪公司提供的资源。艺人与经纪公司之间可能存在两种特殊的作品形式，即职务作品和法人作品，两种作品中艺人和经纪公司享有的法定权利各不相同，故要想判断作品的著作权归属，则应明确该艺人完成的作品的性质是属于职务作品还是法人作品。若该艺人是公司的工作人员，并为履行工作任务而完成作品，则其创作的作品是职务作品，一般职务作品的著作权归艺人所有；特殊职务作品的著作权归公司，署名权归属作者个人。若该艺人在公司组织下、代表公司意志创作了该作品，并且该作品由法人负责的，该作品则属于法人作品。法人作品的著作权归属法人所有，包括署名权。

（1）一般职务作品。艺人为完成经纪公司工作任务所创作的作品是职务作品，一般情况下著作权由作者享有，但经纪公司有权在其业务范围内优先使用。并且在作品完成两年内，未经经纪公司同意，作者不得许可第三人以与公司使用的相同方式使用该作品。

（2）特殊职务作品。认定为特殊作品的方式主要有两种，其一是主要利用公司物质技术条件创作，并由公司承担责任的职务作品；其二是艺人与经纪公司约定为特殊职务作品的职务作品。对此艺人仅享有署名权，著作权的其他权利由经纪公司享有。

（3）法人作品。由艺人所属经纪公司主持，艺人代表该经纪公司意志创作，并由该经纪公司承担责任的作品为法人作品。法人作品的著作权归属于该经纪公司。

就艺人的创作，实践中还存在受委托完成作品的情形，如某公司在推进一个项目时需要某种特定类型的歌曲作为背景音乐，委托某艺人创作该歌曲。在此情况下，该作品著作权的归属由委托人和受托人通过合同约定；合同未作明确约定或者没有订立合同的，著作权属于受托人，即该艺人。

特别说明：本节系建立在艺人为著作权人的基础上作出分

析，如艺人及经纪公司出现上述情形而由经纪公司享有著作权，则经纪公司可被视为本文所探讨的权利主体。

2. 艺人改编某歌曲

某些原创型歌手艺人在创作过程中，会在他人作品的基础上进行再创作，可能是改编他人的词作品，也可能是改编他人的曲作品。这就涉及取得对其他作品的著作权许可。取得著作权授权的对象是相应的著作权人，但要注意他人作品是否是合作作品。以歌曲作品为例，歌曲作品本身是合作作品，合作作品可以分割使用的，作者对各自创作的部分可以单独享有著作权，但行使著作权时不得侵犯合作作品整体的著作权。取得歌曲整体的改编权需要同时得到词著作权人和曲著作权人的授权。

举例而言，如某创作型歌手想要在其他歌手当下大火的某歌曲的基础上进行再创作并商用的，创作内容包括对曲的改编和重新填词。则该歌手需要获得曲作者的相关授权，至少获得复制权、表演权和改编权；对于重新填词的行为，则要看重新填的词和原歌词的相似程度。法院在进行裁判时会根据重新填词的作品是否利用了原有作品主题、独创性表达等基本内容判断是否构成对歌词著作权的侵犯。若争议作品从立意到内容与原作品均不相同，则司法实践倾向于认定构成全新的作品，不侵犯原歌词作者对歌词单独享有的改编权。

基于前述论述及司法实践，我们总结的裁判规则如下。

案例：北京 ZD 文化传播有限公司、W 影视传媒有限公司侵害作品改编权纠纷

基本案由：歌曲《牡丹 ××》创作于 1980 年，由乔某作词，吕某、唐某作曲。2018 年 4 月 5 日，歌曲《牡丹 ××》的词作者乔某授权乔甲享有《牡丹 ××》词作品的独占排他的著作权财产性权利。2018 年 4 月 8 日，乔甲又将《牡丹 ××》词作品的著作权财产权利之改编权、信息网络传播权、表演权、复制权授权给 ZD 公司，授权期限至 2021 年 12 月 31 日。2015 年 W 公司与其他公司出品、上映电影《×× 侠》，该电影推广曲为《×× 之歌》，演唱者为岳某某及 M 先生，由岳某某、M 先生填词，吕某、唐某作曲，姚某编曲。对此，ZD 公司主张岳某某未经授权擅自将《牡丹 ××》的歌词改编后创作成《×× 之歌》，其行为侵犯了 ZD 公司所享有的改编权。W 公司及岳某某则辩称 ZD 公司不享有《牡丹之歌》的改编权。

裁判规则一：对于一首歌的曲和词分别由不同作者创作的作品，即“合作作品”可以分割使用的，作者对各自创作的部分可以单独享有著作权，但行使著作权时不得侵犯合作作品整体的著作权。

裁判规则二：判断参考原作品而创作产生的新作品，是否侵犯原作的改编权应取决于该新作品是否利用了原作主题、独创性表达等基本内容。若从立意到内容与原作品均不相同，则应构成脱离原作的全新的作品，具有完整的著作权，也即不侵犯原作的改编权。

法院分析：音乐作品《牡丹××》是词、曲作者共同创作的合作作品，其著作权归属词作者乔某及曲作者吕某、唐某共同享有。在没有特别约定的情况下，该合作作品的著作权应由合作作者共同行使，各个合作作者不能单独行使合作作品的著作权。ZD公司知道音乐作品《牡丹××》的著作权属于合作作者共有，在这一情形下，ZD公司仅获得了词作者的授权。ZD公司在未获得其他共有人即曲作者一方授权的情况下，不能仅凭词作者的授权就主张获得了音乐作品《牡丹××》的改编权。但是ZD公司由于获得了词作者的授权，因此享有词作品的改编权，有权就其享有的词作品改编权提起诉讼。

针对《××之歌》是否侵犯词作品改编权的问题，法院认为：改编权是指在原作品基础上改变作品，创作出具有独创性的新作品的权利。改编虽是一种再创作，但通常应当是利用了原有作品包括主题、独创性表达等在内的基本内容，创作空间受到限制。《××之歌》旨在反映北京城市交通的道路状况，与《牡丹××》借牡丹的美丽、顽强歌颂电影主人公的主题完全不同。此外，在独创性表达方面，两首歌的歌词内容除语气词“啊”字相同外，其余文字表述完全不同。综上，《××之歌》与《牡丹××》的歌词作品从立意到内容均不相同，《××之歌》歌词构成了全新的作品。因此,《×× 之歌》不构成对《牡丹 ××》歌词的改编。

尽管如此,《×× 之歌》实际使用了《牡丹 ××》曲谱，这种使用方式涉及《牡丹 ××》曲作品和歌曲整体的改编权问题。只是本案中，ZD 公司仅从词作者处获得相应授权，未获得曲作者的相应授权，无法以自己的名义单独主张曲作品及歌曲整体的相关权利。若《×× 之歌》确实存在未经曲作者允许而改编《牡丹 ××》的情形，而 ZD 公司欲主张歌曲整体的著作权，可考虑与曲作者或曲作品著作权的继受主体作为共同原告提起诉讼。

可见，未经词、曲作者允许，商业性改编使用原歌曲的行为有引发侵权诉讼的风险，对艺人及经纪公司而言，在使用他人歌曲时，应充分树立著作权授权意识，注意合规使用，避免出现侵权情形。

（二）使用他人音乐作品

由于我国音乐作品总数非常庞大，不少权利人选择将作品交由集中管理组织——中国音乐著作权协会进行统一管理。这也为艺人使用音乐作品时，寻找作品权利人获得合法授权提供了便利：对于已经交由音乐著作权协会托管的音乐作品，可以向音乐著作权协会交纳授权许可费以取得相关作品使用许可。值得注意的是，音乐著作权协会保护音乐作品的著作权为词著作权和曲著作权，并不保护邻接权人所享有的邻接权（如前文提到的表演者的表演者权、录音录像制作者的录音录像制作者权等），如需获得邻接权授权许可，应另行向邻接权人获得授权。

经音乐著作权协会管理的音乐作品，在许可使用环节会产生两种关系：一是著作权人与音乐著作权协会之间的委托管理及授权关系；二是音乐著作权协会与音乐使用者之间的转授权及付费关系。在实践中，音乐作品的著作权人在将作品交由音乐著作权协会管理时，往往会把维权和获得赔偿的权利一并授权，这样在作品被侵权时，音乐著作权协会有权直接提起诉讼和获得赔偿。当然，也存在著作权人保留维权权利的情形，具体应参考双方之间的合同约定。

本节结合上文所列举的音乐使用中的具体场景和使用方式，简单分析不同场景下艺人使用音乐作品时应获得的授权，以作指引。同样的，对于作为权利人的艺人和经纪公司而言，也可以据此对享有权利的作品进行著作权监控，如发现作品被未经许可或超出许可范围而使用，应当积极采取措施维护自身权益，包括要求停止侵权和获得赔偿等。

1. 艺人现场表演他人歌曲

商演是艺人工作中频繁出现的内容，实践中常有艺人未获得原作者的同意而在演出中演唱了某作者创作的歌曲，原作者发表声明维权导致艺人名誉受损的情形。原作者影响力越大、舆论关注越多，使用作品的艺人就会受到越大的影响。从法律角度而言，艺人在参加类似的营业性演出时，演唱的歌曲应由主办方而非艺人本身去获得著作权许可并办理行政审批等手续，具体内容可见本书第五章营业性演出。但媒体和公众往往不清楚此类法律规定和责任，艺人站在舆论中心、聚光灯下，也承载了更多的压力，一旦媒体/舆论不加区分地以“××艺人侵权”来进行报道和宣传，并出现大量针对艺人的“负面”新闻，就会有艺人因此而“吃哑巴亏”。有鉴于此，艺人在参加演出之前就应防范风险，做好基本的尽职调查，要求主办方提供获得授权的证明。还要在演出合同中进行详细约定，如主办方未获得授权时应采取的处理措施、承担的违约责任等。

除此之外，艺人的表演是有价值的，他人基于商业目的使用这些表演内容时需要获得艺人的许可，具体内容见本节第一条“音乐之著作权、邻接权的基本概念”。根据《最高人民法院关于审理侵害信息网络传播权民事纠纷案件适用法律若干问题的规定》第三条第一款的规定：“网络用户、网络服务提供者未经许可，通过信息网络提供权利人享有信息网络传播权的作品、表演、录音录像制品，除法律、行政法规另有规定外，人民法院应当认定其构成侵害信息网络传播权行为。”

但是，并非在所有的情况下，使用艺人的表演内容都需要获得艺人的许可。《著作权法》第二十四条规定了“合理使用”的情形，其中之一便是“为个人学习、研究或者欣赏，使用他人已经发表的作品”，即该情形下使用作品，可以不经著作权人许可，不向其支付报酬，但应当指明作者姓名、作品名称。因此，需要结合现实中对作品实际使用的方式来判断是否需要获得权利人的授权。

也就是说，观众或媒体如果要现场直播、转播、录音录像、通过信息网络传播，公司要复制、发行艺人表演内容的作品时，如需商用都需要获得艺人的许可并支付报酬。否则可能构成侵权。艺人有权主张报酬。

2. 艺人翻唱他人歌曲

当前音乐类的综艺节目、选秀节目层出，在培养歌界新星的同时，也间接令很多前辈艺人的歌曲再次翻红。在这些音乐类综艺中，很多歌手会采取“翻唱”的形式，即将已经发表并由自己或他人演唱的歌曲换一种风格重新演唱，包括重新填词、编曲。

上述情形中，艺人在翻唱他人歌曲时，应获得相关著作权人的授权。一类是原著作权人的授权，即歌曲原词曲作者的授权。另一类是改编后著作权人的授权，就是改编词、曲的改编者的授权。具体授权内容根据实际的商用情形来判断，一般至少应包括复制权和表演权。

3. 直播时演唱某歌曲

在实践中，音乐作品的使用往往还涉及更为复杂的情况，以现今被广泛使用的娱乐方式“直播”对音乐作品的使用为例，网络主播常常会在直播过程中“翻唱”他人歌曲并将该视频录制、剪辑后上传至短视频平台或个人账号来进行“推广”，这个过程往往涉及“打赏”（观众给予主播一定的金钱奖励），对于一些日活流量充沛的主播来说还有可能获得广告收入，因此这类公开的、商业性的直播在使用音乐作品时必须获得授权，至于具体应当取得什么授权，则应当结合“直播”的具体形式分析：（1）对于不能回看的直播：应当至少取得词曲作者对复制权的许可；（2）对于可以回看/点播的：除了取得上述复制权，还应当取得信息网络传播权。

当然，除了以上情形，使用人还应当根据商业模式和使用情况考虑取得其他权利，如摄制权等，同时，务必谨记在显著位置对原词曲作者进行署名。如果需要对词曲进行改编，还应当取得词曲作者对改编的许可，并且要注意改编不得越过“抄袭”界限，也不得侵犯保护作品完整权。

对于直播过程中的侵权责任承担，虽然直播中未经著作权人许可使用其音乐作品构成侵权，但存在直播平台承担法律责任但主播免责的情形：若使用人与直播平台签订相关协议约定直播公司享有直播期间产生的所有成果的知识产权、所有权和相关权益，则根据权利义务相一致的原则，认定直播平台是相关侵权主体，主播不承担侵权责任。此项裁判原则的认定需要综合考虑包括著作权归属和直播平台的注意义务等多项因素。尽管如此，即便艺人未被认定承担侵权责任，但其受到的负面评论是不可逆的。因此艺人应充分做好合规审查，避免侵权行为发生。

案例：中国音乐著作权协会与武汉D网络科技有限公司著作权权属、侵权纠纷

基本案由：网络主播冯某在D直播平台进行在线直播，播放了某流行歌曲的三分之一左右。直播结束后，此次直播视频被主播制作并保存在D直播平台上，观众可以通过登录D直播平台随时随地进行播放观看和分享。庭审中，歌曲权利人明确，本案所诉的侵权行为并不是主播在直播中的行为，而是直播后该次直播视频被上传到D直播平台供人观看分享的行为，D公司作为视频的权利人，直接侵害了权利人享有的信息网络传播权，应当承担侵权责任。

裁判规则：直播中未经著作权人许可使用其音乐作品构成侵权。若使用人与直播平台签订相关协议约定直播公司享有直播期间产生的所有成果的知识产权、所有权和相关权益，直播平台是相关侵权主体，主播不承担侵权责任。即使直播平台在获悉涉案视频存在侵权内容后及时删除了相关的视频，仍然应承担侵权责任。

法院分析：涉案视频中存在未经权利人许可播放的歌曲内容，公众能够在个人选定的时间和地点通过登录直播平台进行浏览、观看、分享，属于侵害信息网络传播权行为。根据D公司提交的与主播签订的《直播协议》，双方约定主播在直播期间产生的所有成果均由D公司享有全部知识产权、所有权和相关权益。虽然主播是视频的制作者和上传者，但因为主播并不享有对这些视频的知识产权和所有权，所以根据权利义务相一致的原则，其不应对视频中存在的侵权内容承担侵权责任。而相应地，既然D公司是这些成果的权利人，享有相关权益，其自然应对因该成果产生的法律后果承担相应责任。从其与主播之间的协议约定上看，主播实质上是在为D公司创作作品，作品一旦完成，权利就属于D公司。

一般情况下，网络服务提供者如果仅提供的是自动接入、自动传输、信息存储空间、搜索、链接、文件分享技术等网络服务，当网络用户利用网络服务实施侵权行为时，按照《民法典》侵权责任编的规定，在接到被侵权人通知后，网络服务提供者及时采取删除、屏蔽、断开链接等必要措施的，可以免责。而D公司不仅是网络服务的提供者，还是平台上音视频产品的所有者和提供者，并享有这些成果所带来的收益，在这种情况下，虽然其在获悉涉案视频存在侵权内容后及时删除了相关视频，但也不能就此免责。

海量用户的存在会带来巨大的影响和收益，直播平台不应一方面享受利益，另一方面又以直播注册用户数量庞大及直播难以监管而逃避审核、放弃监管，放任侵权行为的发生，拒绝承担与其所享有的权利相匹配的义务。因此，法院判决D公司不能援引“网络服务提供者避风港原则”免责。

（三）使用音乐作品不需要授权许可的四种情况：

1. 法定许可。“法定许可”是指法律明确规定实施某种原本受专有权利控制的行为无须经过著作权人许可，只需向著作权人支付报酬。也就是说，在法律明文规定的几种情形下，行为人使用作品无须通过著作权人许可，向著作权人支付报酬即可。我国《著作权法》规定了两种与音乐作品有关的法定许可，分别如下：

（1）制作录音制品法定许可。《著作权法》第四十二条规定：“录音录像制作者使用他人作品制作录音录像制品，应当取得著作权人许可，并支付报酬。录音制作者使用他人已经合法录制为录音制品的音乐作品制作录音制品，可以不经著作权人许可，但应当按照规定支付报酬；著作权人声明不许使用的不得使用。”对于该条款，首先需要注意客体是“已经合法录制为录音制品”，一般网络上广为传播的音乐作品并不能直接被认定为“已合法录制的录音制品”。其次，录音制作者虽然可以不经过词曲作者的同意对音乐进行再录制，但是对象仅是词曲作者，如果直接翻录他人制作的录音制品，还需要获得录音制作者和表演者的授权，否则可能构成侵权。

（2）播放作品法定许可和播放录音制品中作品的法定许可。《著作权法》第四十六条第二款规定：“广播电台、电视台播放他人已发表的作品，可以不经著作权人许可，但应当按照规定支付报酬。”此种法定许可针对广播电台、电视台，在此不赘述。

2. 已经进入公有领域的作品。我国《著作权法》仅保护尚处于保护期内的作品，使用超出法律保护期限的作品即已进入公有领域的作品，可以不经著作权人同意，也不必向其支付报酬。但值得注意的是，作者的署名权、修改权、保护作品完整权不受保护期限制。根据《著作权法》第二十三条的规定，著作财产权的保护期为作者终生及其死亡后五十年，截止于作者死亡后第五十年的12月31日；合作作品，截止于最后死亡的作者死亡后第五十年的12月31日；法人作品、视听作品保护期为五十年，截止于作品创作完成后第五十年的12月31日，但作品自创作完成后五十年内未发表的，法律不再保护。

不少音乐家在世期间创作了享誉世界的音乐作品，被广为传颂和称赞，这些作品如已过了《著作权法》保护期限，那么使用人无须支付费用即可使用上述作品。事实上有不少使用人在公开场合演奏知名音乐家的乐谱，很多知名电影也使用著名音乐家的演奏乐作为背景音乐且无须支付报酬。但需注意，在使用上述作品时，应保护作者的人身权之署名权、修改权和保护作品完整权，即在适当位置为其署名、不得随意修改作品，并且不得歪曲作品所要表达的原意。

3. 委托创作的特定情形。实践中存在不少这样的情形：歌手想要出版唱片，但其本人不属于原创型歌手，故需要委托他人创作歌词和曲谱，甚至委托他人一次性承包歌曲创作、录音制作和

MV 制作，歌手只负责演唱歌曲即可。《最高人民法院关于审理著作权民事纠纷案件适用法律若干问题的解释》第十二条规定：双方没有约定使用作品范围的，委托人可以在委托创作的特定目的范围内免费使用该作品。

尽管如此，无论是歌手自行委托还是经纪公司委托他人创作，都需在合同中明确作品的著作权归属问题。

《著作权法》第十九条规定："受委托创作的作品，著作权的归属由委托人和受托人通过合同约定，合同未作明确约定或者没有订立合同的，著作权属于受托人。"如果委托合同中并没有约定作品著作权的归属，或者合同约定不明确的，著作权归属于受托人——即接受委托并完成歌曲创作工作和录音制品、MV 制作的人或公司。这对于委托人而言显然是不利的，未取得音乐作品的著作权意味着歌手在演唱歌曲、公司在发行专辑时，需要获得著作权人的授权，否则构成侵权。对于歌手和经纪公司而言，没有音乐作品的著作权是一大隐患，不仅可能造成争议和纠纷，而且在受托人能够提供权属证明时，歌手很有可能失去公众的信任。因此，建议歌手或经纪公司在委托他人创作时，认真设计委托合同之条款，明确作品著作权的归属。

4. 合理使用。合理使用是指：基于合理的理由在法律规定的情况下使用作品，可以不经著作权人许可，不向其支付报酬，但应当指明作者姓名、作品名称，并且不得侵犯著作权人其他合法权利。另需注意的是，“合理使用”的有关规定不仅适用于著作权，也同样适用于邻接权。

对比法定许可，合理使用对使用人而言更加具有诱惑力，可以不经著作权人许可，也无须向著作权人支付报酬。当然，法律上适用“合理使用”的条件也更为严格。《著作权法》第二十四条规定了十三种合理使用的情形，如为个人学习、研究或者欣赏，使用他人已经发表的作品；为介绍、评论某一作品或者说明某一问题，在作品中适当引用他人已经发表的作品；为报道新闻，在报纸、期刊、广播电台、电视台等媒体中不可避免地再现或者引用已经发表的作品；为学校课堂教学或者科学研究，翻译、改编、汇编、播放或者少量复制已经发表的作品，供教学或者科研人员使用，但不得出版发行；免费表演已经发表的作品，该表演未向公众收取费用，也未向表演者支付报酬，且不以营利为目的；等等。

艺人及经纪公司在使用他人歌曲时，首先应区分歌曲类型对应的是哪种使用方式，属于法定许可的，可以不经著作权人许可，只需支付报酬即可；属于已进入公有领域和合理使用的，可以不经著作权人许可，也无须支付报酬；属于委托创作的，应订立合同并明确著作权归属。属于一般授权方式的，需要获得著作权人许可并支付报酬，作品归音乐著作权协会保留的，向音乐著作权协会获得许可并支付报酬即可，否则需要向著作权人本人获得许可并支付报酬。具体见下图：

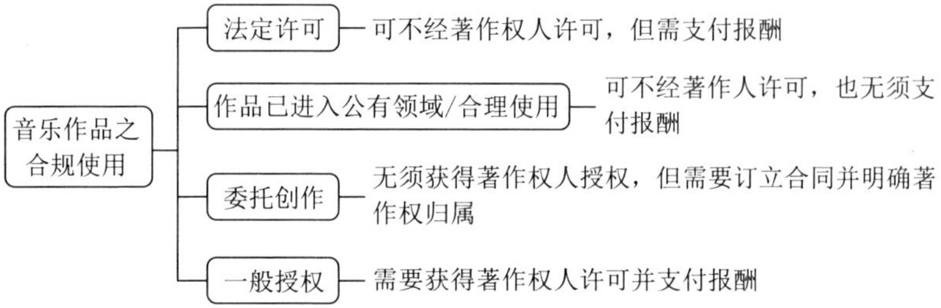

第三节　著作权授权许可合同重点条款列举及风险提示

一般情况下，音乐作品使用者需直接向音乐作品的著作权人和/或邻接权人获取作品的著作权或邻接权，形式有转让、授权许可等。

由于音乐作品使用场景多，实践中与音乐作品使用或交易相关的合同也有多种，如《著作权转让合同》《著作权授权许可合同》《表演者权授权许可合同》《委托创作合同》《委托制作录音制品合同》《委托拍摄 MV 合同》等，由于篇幅所限，本章节选取最广泛使用的《著作权授权许可合同》，列举合同重点条款并进行风险提示。

在音乐作品的交易中，艺人既可能是作品的授权人（原创型歌手），也可能是作品的被授权人（演唱和表演歌曲的歌手），本章节充分结合两方需求，制定权利义务相对平衡的合同条款，作出风险提示。

一、作品基本信息

在《著作权授权许可合同》中，“鉴于”条款及第一部分通常会约定音乐作品的基本信息，双方应尽可能明确歌曲的内容，确定合同阐述的基本信息可以直接指向该歌曲。在实践中不乏只约定了歌曲名称的情形。在这一情况下，由于出版或发行的要求，被授权方很有可能修改原来的名称，并且不承认该歌曲为合同标的歌曲。为避免该类型纠纷的出现，建议双方在合同中将歌曲的其他基本信息如歌曲长度、歌词、曲谱等也直接约定在合同中，或以附件形式附在合同主体之后。

关于授权人的指向，就被授权人而言，由于一首音乐作品包括歌曲和曲谱，应结合自身需求明确合同对象，如仅需要获得歌曲/曲谱，则可仅与词作者/曲作者签约；如需要完整歌曲的授权，则需要分别和词曲作者签约。

二、许可方式

音乐作品著作权的许可包括两种形式，独家许可和非独家许可。独家许可是指在合同约定的期限和区域内，只能将约定的权利授予被授权人，不得授权给其他个人或公司；非独家许可则是授权人可以在任何时间将合同约定的权利另行许可任意第三方使用。

对于授权人而言，为保证歌曲的多元化发展，往往会选择将作品以非独家授权的方式许可给被授权人。这样的优势在于，授权人可以将作品授权给多个使用人，充分发掘作品的可利用性，将作品的价值发挥到极致，也避免被授权人在授权期限内“雪藏”作品而使授权人束手无策的情形发生。但是非独家许可也有风险，如作品使用费可能相对比较低，而且被授权人由于使用方式的局限性不愿或不能充分开发作品。因此我们建议授权人在签订合同时，应结合歌曲本身质量和潜力、被授权人的知名度和能力、对方提供的使用费等因素，综合考量后再决定作品授权方式。

对于被授权人而言，最直接且风险最小的方式是获得作品的所有权，但往往授权人并不愿转让作品。在这一情形下，被授权人会退而求其次争取作品的独家授权。独家授权许可使被授权人具有竞争优势，若被授权人还能获得歌曲的首发权，则其在约定期限内还能够获得最大利益，提升知名度。对于一般歌手表演歌曲的情形，歌手仅需要在某一场或几场演出表演歌曲，采用非独家授权的形式就足以满足要求。被授权人可以结合作品的使用方式、开发需求等与授权人进行谈判，以达成于双方最有利的合作方式。

三、许可的权利类型

音乐作品上存在发表权、署名权、修改权、保护作品完整权、复制权、发行权、表演权、广播权、信息网络传播权、改编权等十几种法定权利，除了前四种权利为人身权利不可转让或授权之外，其他财产性权利都可以通过协议转让或授权给他人。鉴于著作权种类之多、权利内容之复杂，双方应充分了解每一项权利所含有的内容。如复制权是指，以印刷、复印、拓印、录音、录像、翻录、翻拍等方式将作品制作一份或者多份的权利；发行权是指，以出售或者赠与方式向公众提供作品的原件或者复制件的权利；信息网络传播权是指，以有线或者无线方式向公众提供作品，使公众可以在其个人选定的时间和地点获得作品的权利等。

对于授权人而言，要明确理解每一项著作权所蕴含的权利内容，把握授权的界限，确定自己可以授予对方哪些权利，需要保留哪些权利。很多授权人为了保持歌曲的完整性，选择只授予合同相对人复制权、表演权、信息网络传播权等权利，以便其用于表演和网上传播，但将改编权保留，不准许他人改编作品。也有授权人将作品改编权一并授予，增加作品被开发的可能性，若改编歌曲能够出名，则原作品及作者也能一同被人知晓。具体选择，由授权人综合考虑后决定。

对于被授权人而言，应根据作品的使用方式获取作品的著作权。不同的音乐作品使用方式对权利的要求也是不一样的，如果仅用于现场表演，则至少应当取得复制权和表演权的许可；如果用于网上传播的，还应当取得信息网络传播权；如需要翻唱的，除了复制权和表演权之外，还需获得改编权授权，否则可能被控侵权。被授权人在签订合同时，应基于未来使用作品的目的，明确要获得的著作权许可的种类，避免超出权限使用而侵权。

四、姓名权、肖像权的授权

双方在签订授权许可合同时，往往会遗漏姓名权和肖像权这两项人格权的授权，这两项权利主要用于被授权人在宣传、推广歌曲时，一并推广原作者，如果原作者本身知名度就很高，对作品来说更是一种极其有效的推广方式。

如果原授权许可合同未授权姓名权和肖像权，则被授权人自身及合作的宣传推广公司不能使用原作者的姓名和肖像，否则可能构成侵权。

对于授权人而言，应谨慎授权自身的姓名权和肖像权，毕竟这两项都是人格权，如被不适当使用可能会影响自身形象。如授权，则应考量授权的期限和目的，将授权时间尽量控制在合同期限内，或将授权目的控制在合同目的之内。

对于被授权人而言，由于后续推广和宣传歌曲可能会一并宣传原作者，所以建议获得原作者的姓名权和肖像权，以免后续发生侵权纠纷。

五、交付方式和材料

音乐作品的交付一般分为实物交付和电子交付两种形式，建议在合同中明确交付方式和交付时间，以免发生纠纷。就授权人而言，出于对作品著作权的保护，不宜在合同正式签订之前将作品的全部资料交给被授权人，防止合同最终无法签订但是作品已被获取的情形出现。对于被授权方来说，不仅要获取合同约定的音乐作品成品，而且应让对方出示作品原创的证明材料，并做全面背景调查和合规分析，证明作品为原创作品，其使用不侵犯任何第三人的权益。

六、获奖及对价

作品在交付之前或者使用过程中可能会因参赛而获得奖项，双方应事先在合同中约定作品获奖之后的利润分配及奖杯保存方式。

除此之外，还应将商业条款作为合同对价明确约定在合同中。例如，因被授权方自身知名度、宣传推广资源等要素，能在宣传作品的同时使得授权人知名度一并提升，将此作为支付费用的对价。这些类似条款需要双方基于商业目的谈判和协商约定，但应考虑周全以免出现意外情形引发纠纷。

七、承诺和保证

根据实务中拟定、审核和修订的无数合同，与著作权相关的合同往往会约定“承诺与保证”条款。内容一般是授权人作出承诺，表明自己是作品的权利人，有权作出合同项下的许可、授权，并且不会侵犯其他任何权利人的任何权利。究其原因，由于著作权侵权后果严重，被授权人往往会要求授权人保证因作品本身发生的侵权纠纷，责任最终归于授权人自身。

合同中该条款可以这样约定:(1)双方互相向对方声明、陈述和保证如下：该方是合法设立并有效存续的独立法人或有完全民事行为能力的自然人；该方有法定资格签署本合同；本合同所述的许可符合法律、法规的规定；该方有能力履行其于本合同项下之义务，并且其履行义务的行为不违反任何对其有约束力的法律文件或约定。本合同一经合法签署及交付，即构成对该方合法有效的约束，并可强制执行。(2)授权方保证其在本合同项下作出授权许可的相关署名权无争议，若发生署名权争议问题，一切责任由授权方承担。授权方保证其对作品独家享有完整、独立的著作权或合法使用权，且有权作出本合同项下之许可。授权方保证所许可使用的作品及其内容不违反法律、法规，不侵犯任何第三方财产权、著作权、专利权或其他任何合法权益。授权方保证，被授权方因在合理范围内使用授权方作品而侵犯他人合法权益或引起任何纠纷、争议、诉讼或其他法律程序的，应由授权方承担相应的法律责任，并赔偿被授权方因此而产生的所有损失，包括但不限于合理的律师费、公证费等一切支出。

八、违约责任和合同解除

著作权许可授权合同的违约责任与合同解除条款应基于双方合作目的而订立，一般会约定以下几个方面的违约责任:(1)作品延迟交付;(2)费用延迟支付;(3)违反承诺与保证条款，导致对第三方的侵权等。双方应注意在合同中约定具体的违约责任及违约金，以督促合同目的的达成和避免合同义务的延迟履行。

综上，鉴于音乐使用场景之复杂多样、授权内容之复杂、权利主体之庞杂，我们建议使用人及时向专业人士寻求意见，避免被要求承担侵权责任。毕竟在音乐版权日趋完善的今天，对广大主播和网络平台用户、MCN 机构甚至是平台本身来说，这些都是将直接面对和亟须防范的法律风险。

第四节 著作权保护及救济

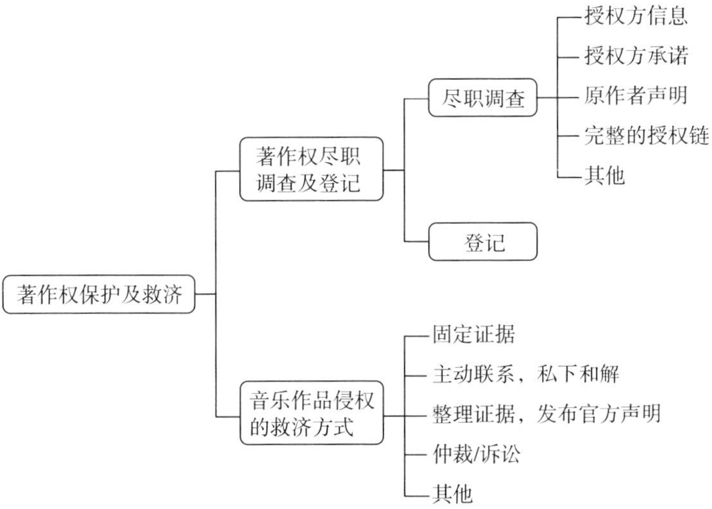

7-3 著作权保护及救济

一、著作权尽职调查及著作权登记

著作权奉行“自动取得”的原则，所谓自动取得原则，于中国法律而言，是指“不论是否发表，依法享有著作权”，这意味着除了发生纠纷时为了维权之需，作者原则上无须向政府机构证明自己是作品的法定作者，并且中国市场上交易著作权一般双方只需签订著作权转让 / 授权合同。这为作品的流转提供了极大便利，但反之亦为购买著作权 / 被授权方带来了风险，如合同对方并非作品原创方、作为著作权利人并无转授权的权利，或超出转授权的权限，又或提供的作品侵犯他人其他权利（肖像权、署名权等）。因此艺人在著作权交易时应特别关注合同相对方的著作权来源，应对其做全面的尽职调查，避免获得有瑕疵的著作权，导致实际使用对第三人侵权。

尽职调查不仅发生于艺人本身与他人著作权交易过程中，还存在于艺人受邀表演他人作品时。艺人因其影响力大，一旦陷入侵权纠纷，名誉可能会受到严重影响。故艺人及其经纪公司在从事与音乐有关业务时应做全面的尽职调查。

一般情况下，尽职调查（以授权许可为例）的内容主要包括授权方合法真实的信息、授权方承诺、原作者声明和完整的授权链。具体如下：

（1）授权方信息。授权方为个人的，应提供个人真实有效的身份证件、基本信息；授权方为公司的，应由其授权代表提供公司授权书、公司基本信息（营业执照副本），要对公司做一个基本的背景调查，看公司是否合法存续、涉诉情况、被执行数额等。

（2）授权方承诺。授权方可以出示承诺本人为合法著作权人的承诺书，并承诺不侵犯任何第三人的任何权利，否则承担赔偿责任。

（3）原作者声明。在影响力较大或涉及金额较大的著作权交易过程中，建议由授权人出面，提供原作者的原创声明，以证明该作品不是抄袭的。

（4）完整的授权链。这是最重要也是最复杂的一环，往往需要授权人提供著作权许可链上所有相关材料，包括从原作者开始授权的材料，包括但不限于合同、授权书、著作权登记证书、手稿等。鉴于著作权多层转授权的特点，很有可能同一个作品被转授权无数次才到自己，因此要检查每一次交易的真实性和授权范围，以及合同相对人是否在权限范围内作出该项许可。

著作权侵权事件时有发生，在解决争议时必不可少的一点就是提供证据证明权利来源的合法性。根据《最高人民法院关于审理著作权民事纠纷案件适用法律若干问题的解释》第七条的规定，著作权登记证书可以作为证明权属的合法证据。

为维护作品著作权人的合法权益和为解决著作权纠纷提供初步证据，音乐作品的著作权人可以对作品进行著作权注册和登记，在中国，音乐著作权登记方式包括但不限于到作品登记机关及其办理机构、音乐著作权协会网站、著作权登记代理公司进行著作权登记。本章节列举两种著作权登记方式，建议音乐作品权利人提前做好准备以保护自己的合法权益。

根据国家版权局于 1994 年发布的《作品自愿登记试行办法》，著作权人可以直接到办理机构（无办理机构的可直接到登记机关）申请作品登记，具体作品登记机关和办理机构名称及地址可于中国版权局官网查询。中国以“省”“市”为单位进行行政划分，不同的地区有不同的登记机构且提供的材料略有不同，但版权权属的证明效力是全国性的。以上海市新闻出版局（挂牌上海市版权局）的办理机构上海市版权协会为例，申请人可以向其提交申请材料，机构人员在受理后对著作权登记材料进行审核，对通过审核的作品，会在线进行公告并向其发放《著作权登记证书》，时间为三十个工作日。在上海市进行作品版权登记不收取任何费用，所需申请材料为：1. 作品登记申请表；2. 作品自愿登记申请书；3. 作品自愿登记说明书；4. 作品自愿登记权利保证书；5. 作品登记对照样本；6. 权利证明文件。

除此之外，音乐作品权利人还可以选择在中国音乐著作权协会 MORP 数字音乐版权注册平台进行网上登记等，以多种方式保留证明作品权属的证据。

二、音乐作品侵权的救济方式

艺人一旦发现自己的作品被侵犯，应积极采取措施，要求停止侵害、赔礼道歉和赔偿损失，这里所说的损失不限于直接损失，还可能包括间接损失；如果侵犯的是人身权，还可以要求精神损害赔偿。在被侵权的情况下，应采取如下方式积极维护权益：（1）固定证据。可以采取自行拍照和录像方式固定证据，为防止侵权人删除证据也可采取公证的方式固定证据。（2）主动联系侵权人，以私下和解的方式解决纠纷。侵权方为顾及自身名誉，一般情况下会同意和解方式。如不同意和解，则可以采取（3）初步整理著作权归属的证据，在官方网络平台发布维权声明并附上证据。（4）采取仲裁或诉讼方式保护自身权益。

实践中，无论是自己的作品未经许可被他人使用，还是艺人演唱的歌曲未经许可被播放、艺人自身表演内容被他人上传至网络，甚至被恶意剪辑、调侃，都常出现艺人被侵权的情况，因其不知晓维权方式而错失良机，或未事先固定证据导致败诉。很多情况下，艺人由于不知道自己可以维权，或不知道维权可以获得什么样的结果，放弃了既可以实现“曝光度”，又可能获得合法收益，甚至可以起到“危机公关”效果，还能起到“杀一儆百”作用的法律手段。

因此，我们建议每一位艺人都提高著作权合规使用的意识和维权意识，清楚知道如何监测自己的作品是否被侵权、被侵权后如何固定证据、如何维护自己的权利，在被侵权时有效维权。

另外，由于著作权意识欠缺或者合同订立的失误，艺人也可能因为被认为侵权而被权利人要求发布官方声明赔礼道歉、赔偿经济损失的情形。在信息交互极其便利的时代，互联网的记忆长久，十余年前的新闻仍会被媒体和公众津津乐道，故侵权标签会对艺人产生长远的不良影响，更可能直接影响到艺人的流量、口碑、商业价值。因此，建议艺人应具备一定法律意识或者引入法律专业人士。如发现可能或已经涉及侵权时，艺人及经纪公司应采取友好方式处理纠纷：艺人方应第一时间联系作品真正的版权方，以尽量通过私下和解的方式解决纠纷；如对方拒绝和解，艺人可以在网络上发布声明，充分解释当下情形并诚恳承认自己的错误，表明自己已和权利人进行沟通并积极解决问题。如权利人坚持采取仲裁或诉讼的方式，艺人方应聘请律师，尽量减少自身承担的法律责任。

本文已列出艺人和经纪公司在面临侵权时的自查方向及识别和处理方向，艺人及经纪公司可以以此为指引，尽量降低艺人事业和公司运营的风险。

第八章
艺人从事自媒体/直播相关法律实务

艺人必须努力向外界展示自己，保持热度，避免长时间不露面。彭虹霓为此绞尽脑汁。助理施小艳建议说:“最近好多明星艺人都开了短视频账号，有的还开直播呢。毕鸿要不要也试一试？”

彭虹霓一拍桌子，说:“有道理。这是舆论的阵地啊，你不占领，就会被别人占领！你怎么这么聪明呢？给你加——加——”他本想说加工资，可是话出口却变成了“加个鸡腿儿”！

施小艳听了直翻白眼。

对于开直播，毕鸿总体上是有顾虑的，之前她的好友——艺人姚小静在开直播时曾经被一晚上刷了二十个超级火箭，后来发现刷礼物的是一个十三岁的孩子，在媒体炒作下，不得不协商退还部分费用。她还听说过有主播被调戏，被辱骂，所以不太想开直播。经纪人彭虹霓也不好勉强她，于是甜言蜜语地劝道:“那就开个短视频账号吧！拍一些展现生活细节的短视频，分享给你的粉丝嘛！”

毕鸿答应了，于是开始在彭虹霓的安排下，在某视频网站上注册了一个账户叫“必须红颜”，定期拍一些短视频发布出来。短视频是一些日常素材，包括和朋友们聚会、做一些天真可爱的动作等，都是经过剪辑、制作完成的，加上毕鸿本身就是带着流量的艺人，她凭借发布的系列视频很快积累了大量粉丝。

有一些广告商和品牌方找上门来，请毕鸿在短视频里推荐各种商品，什么苏格兰炸酱面、欧洲皇室千年传承煎饼果子……彭虹霓看得眼花缭乱。“选品”是门大学问，彭虹霓不敢怠慢，带着经纪团队一起研究产品方的提案，毕竟是毕鸿在自媒体上的第一次代言，大家都很谨慎。面对各式各样的商品和提案，彭虹霓带领着经纪团队重点比较了产品安全性、销售数据，还带着律师做了尽职调查，包括品牌方企业背景调查、委托加工生产商背景调查、产品调查、消费者反馈调查等，把生产、销售有关的资质、证照、产品备案信息、品牌的商标登记信息等全摸底了一遍。几经权衡，选择了其中一个“闭月”牌面膜。谨慎起见，彭虹霓让助理施小艳对品牌方提供的试用产品开始了为期两周的试用，两周虽短，至少在用户体验、使用心得，包括产品短板上有所了解，在没有什么硬伤的前提下，毕鸿在做推荐的时候也能发表一些自己的见解。推荐词底稿的拟草和定稿的过程中，彭虹霓带着团队根据自己的试用体验与产品方几经讨论、几易其稿。随后，合作顺利推进，毕鸿做了几期短视频，非常中肯地说了自己用“闭月”牌面膜的体验，重点说了面膜的优点，甚至也介绍了一点面膜无关痛痒的缺点，如面膜太实在，里面的精华液实在太多了，敷上去许久都不干脸，所以常常半夜一觉睡醒发现还在敷着，建议大家敷的时候定个闹钟……网上也是一边倒地支持毕鸿非常“用心”的体验和很真实的推荐。毕竟这届观众的智商也是越来越高，早已认识到没有100%好的商品，就像没有100%完美的人一样，观众对这种更为真实和贴近生活的“广告”比若干年前那一套一门心思100%“你好我好大家好”的广播式广告显然更为认可。

“闭月”牌面膜的销量有了显著增长。彭虹霓专门要求第三方服务机构制作了数据对比，“用事实说话”，点对点联系了一些圈内朋友，以及合作过的公关公司、广告公司，与其洽谈。功夫不负有心人，很快就有更多合作邀约找上门来，彭虹霓自己也没想到毕鸿对于自媒体的尝试如此顺利。想到自媒体的发展前景将一片光明，他决定多给毕鸿弄一些广告代言。于是接下来，毕鸿又做了一大堆嵌入广告的短视频，什么杨玉环牌纤腿塑形丝袜、懒人牌家用跑步机、耗电牌电烤箱……

随着直播合作越来越多、工作也变得越来越忙碌，彭虹霓和团队对选品上投入的精力已是不如先前的10%，但看着广告费哗哗地越赚越快，彭虹霓咧嘴直笑，又动了直播的念头。但彭虹霓也深深理解毕鸿不愿意自己开直播的心情。说实话，直播是个新鲜事物，与专业表演是完全不同的领域，也不是每个艺人的性格都适合，一旦操作不当，效果有可能适得其反。为了降低这种风险，彭虹霓考虑不如让她和著名主播合作带货，主播熟悉直播间规则、氛围和话术，艺人自有流量，一唱一和的一场直播就过去了，“尴尬”翻车的可能性和风险性将显著降低。

于是毕鸿在彭虹霓的安排下，与直播带货界的天王木子南合作了一期“百万让利七夕传喜”的直播活动，两个人总共推荐了二十三种商品，具体方式为先介绍商品，然后当场演示，最后木子南用带着口音的魔性嗓音大叫：“我的天呐！姐姐们，你们不买，对得起你们自个儿咩？”

起初直播带货很顺利，等轮到第十九样商品——坚固牌铁锅时，木子南介绍道：“这铁锅真材实料，又结实又轻便，宝贝们不要不信，现在我们就让毕鸿敲敲这铁锅，让大家听一下声音！”毕鸿带着迷人的微笑，拿了个银匙往锅底敲了两下，当啷一声，锅底被敲漏了。摄像机后面的厂家代表顿时面如土色。

“我的天呐！”木子南赶紧往回兜，“毕鸿最近锻炼，力气怎么这么大啊！我们平常是不会用这么大力气敲的！宝贝们不要着急，等我换一只铁锅敲给大家看……”于是他拿了另一只坚固牌铁锅，面带微笑拿银匙轻轻一敲，当啷一声，铁锅又漏了。木子南一愣，嘴里的话一下子秃噜出来了："哎呀妈呀，这啥玩意儿啊？"

"毕鸿带货，带出假货"，这句话一下子在网络上流传起来，接着就有人写文章分析《艺人直播带货应承担什么样的法律责任》。彭虹霓气得脑仁儿疼。屋漏偏逢连夜雨，著名歌星钱雯儿又来了——她发微博指责毕鸿在录制短视频时使用了她的歌曲《我的清纯》作为背景音乐……

所幸此次带货，那个品牌的铁锅并没卖出去，也就没有消费者受害；和钱雯儿的争议也通过和解的方式解决了。彭虹霓暗自懊悔自己过于急功近利，只顾着赚钱，没有做好合规，结果给毕鸿惹来了麻烦，痛下决心组织全团队一起做了新的合规部署。

彭虹霓会后留下施小艳说："看来，我们还是要花一些精力在法律风险控制上啊。你这么聪明，这件事就交给你负责去和律师协调吧。给你——"他又停顿了一下，"——加工资，你可不要让我失望啊"！

施小艳点点头，笑靥如花。

第一节　关于自媒体及直播

一、自媒体与直播

（一）自媒体

自媒体属于新媒体的一种，英文为“New Media”。区别于传统的官方媒体、有资质的媒体，自媒体的业务模式一般系普通个体（包括个人及法人、组织等）通过网络等途径，以向外发布图片、文字、视频等方式，传播私人信息或公共信息。自媒体的传播方式有私人化、平民化、自主化的属性。在现代社会，自媒体的传播主要以网络为载体，向不特定的公众或者特定的群体、个人传递信息。

关于自媒体的范畴，从广义上来讲，一般区别于传统媒体的信息发布主体均可以归类为自媒体，如企业微博、微信公众号等。狭义的自媒体更多具备娱乐特征，是指拥有个人属性的独立账户、进行内容创造的媒体，如直播账号（如斗鱼、花椒）、短视频平台账号（如抖音、快手）、社交平台账号（如小红书、微信公众号）等。部分自媒体账号实际由公司进行运营和支持，但由固定个人进行经营、发布的也属此例。

随着互联网产业的成熟和发展，移动客户端特别是手机、平板电脑的普及，上网资费的降低、公众需求的多样化，尤其是互联网技术的更新换代，多样的互联网产品成为刚需，传统媒体已经不能满足公众的需求。自媒体以其阅读简单、消息发布快捷、种类丰富的特性，能够满足公众各种需求，无论是快餐式阅读、深入式讨论、短视频观看、在线交流互动，均有相应的文化产品模式可供选择。目前，中国的自媒体飞速发展，已经影响到社会生活的方方面面。很多艺人也已经注意并且开始布局这一快速、便捷、亲民的媒体传播方式，亲自或通过运营团队进行自媒体的信息发布。

然而，由于自媒体属于新生事物，在发展初期不可避免地出现了一些乱象，国家网信办曾通报[①]指出：有的自媒体传播有害信息，恶意抹黑国家形象；有的制造谣言，传播虚假信息，充当"标题党"，以谣获利、以假吸睛，扰乱正常社会秩序；有的肆意传播低俗色情信息，违背公序良俗，挑战道德底线，损害广大青少年健康成长；有的利用手中掌握大量自媒体账号恶意营销，敲诈勒索，侵害正常企业或个人合法权益，挑战法律底线；有的肆意抄袭侵权，大肆洗稿圈粉，构建虚假流量，破坏正常的传播秩序。国家网信办曾针对自媒体账号存在的乱象问题开展了集中清理整治专项行动，全网处置了9800多个自媒体账号。

① 国家网信办官网于2019年3月20日转载报道《"组合拳"整治自媒体乱象》(来源：《网络传播杂志》)，网址：http://www.cac.gov.cn/2019-03/20/c_1124259403.htm，最后访问日期：2022年1月12日。

这一行动表明，自媒体管理已经纳入法治化、规范化、制度化轨道。

（二）直播

此处所讲的直播不是传统广播电视媒体的直播（广播电视节目的录制、后期合成、播出同时进行的播出方式）。传统广播电视媒体多以视频和音频直播为主，如《新闻联播》《春节联欢晚会》等。本书所谈的直播专指网络直播，亦属于自媒体业务板块的一种。笔者结合《互联网直播服务管理规定》等法律法规给“网络直播”定义如下：以互联网网络传播为途径，实时制作和发布文字、图片、音视频信息的信息传播方式。

在移动互联网时代，文字直播、图片直播、视频直播均有各自的平台，各类直播平台为主播和观众提供了双向选择的渠道。直播不仅仅具有双向流通的泛娱乐化的功能，更逐步成为一个有商机的新兴产业。直播产业还能进一步带动其他产业的发展，如直播带货、在线付费课程等，对实体经济有非常大的促进作用。开展直播业务已经成为很多艺人日常休闲乃至作为职业赖以生存的重要内容。

正是由于直播产业对社会舆论、经济生活、精神文明建设的影响不可忽视，管理部门与时俱进，出台了一系列政策及规定，加强对直播产业的监督和管理。如 2016 年 9 月 2 日，国家新闻出版广电总局下发《关于加强网络视听节目直播服务管理有关问题的通知》，要求对直播服务加强管理；国家互联网信息办公室于2016年11月4日发布《互联网直播服务管理规定》，第三条明确规定："提供互联网直播服务，应当遵守法律法规，坚持正确导向，大力弘扬社会主义核心价值观，培育积极健康、向上向善的网络文化，维护良好网络生态，维护国家利益和公共利益，为广大网民特别是青少年成长营造风清气正的网络空间。"

如前所述，网络直播实际上是自媒体的一种业务形态。因直播形式作为新兴的方式，涉及风险较多，在此章单独论述。

二、艺人从事自媒体和直播的主要情形

艺人从事自媒体和直播的方式主要存在以下两种：

（一）通过社交媒体、各类平台进行个人动态、新闻时事、观点评论等信息发布

艺人进行此类信息发布时，实际制作和产出的主体既可以是个人，也可以是具备个人属性的账号的管理方（如运营团队、经纪公司、工作室等）；渠道既可以是社交媒体（如新浪微博），也可以是各类平台（如小红书、快手）；内容应是形式多样化的合法信息，从产出类型来看可以是个人动态、新闻时事、观点评论，从产出内容来看也可以是一个图标、一个表情、一张图片，甚至是空白，实践中多为图文、短视频等。

比如，艺人可以在微博上注册账号，账号名义主体可以是艺人本人、艺人工作室、甚至是艺人粉丝后援会，艺人可以以上述不同类型主体的名义发布艺人自身的生活和工作动态、轻松搞笑的片段、人生经验、轶闻奇事以及对时事的观点。部分艺人会录制视频，不定期发布在社交平台（如微博）及短视频平台（如抖音）上，以达到向受众宣传和推广自己、树立人设的效果。

此类信息的发布大多数情况下是基于宣传和分享的目的，不要求信息的实时性，不强调双向实时互动，但一般也会有自己的变现渠道，如账号的广告位招商。

（二）直播

部分艺人会根据工作档期、业务安排、合同约定、自身需求等要素，定期或不定期地进行直播。对于一部分以电商业务或者以代言、推广业务为主要工作内容的艺人而言，直播业务甚至占据其工作相当大的比重，成为重要的收入来源。艺人从事直播业务一般需要自身或经纪公司与平台签订协议，部分情况下艺人甚至要与平台指定的经纪公司（公会）签约，需受到平台和经纪公司（公会）的管理，收益的一部分归平台或经纪公司（公会）。随着直播业务的不断发展，直播内容不再限于传统的电子竞技、形象及才艺展示、单纯与观众聊天和互动，更是衍生出新型业态，如在线教育、吃播和直播销售等，本章节主要介绍形象及才艺展示、直播销售两种相对较为常见、重要的业务形态。

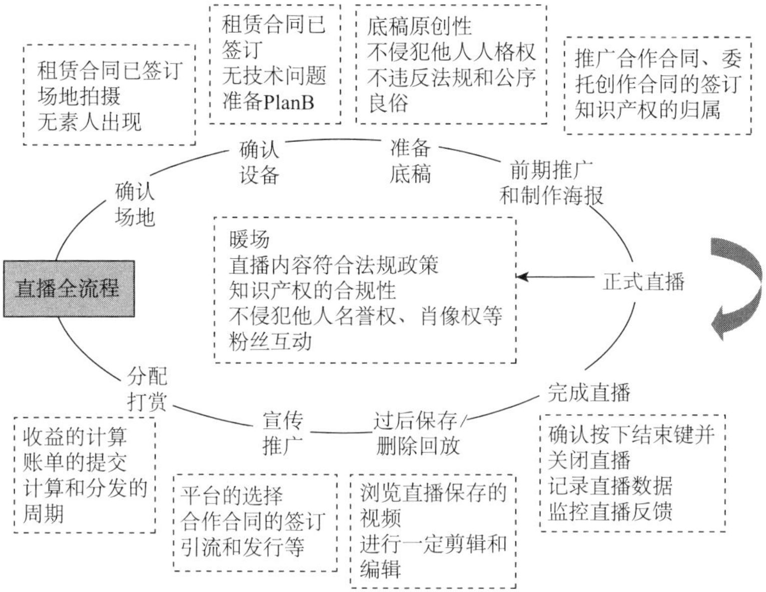

8-1　直播全流程

1. 介绍形象及才艺展示

这类直播的主要行为模式是主播利用自身技能在直播时与观众进行互动，从而将流量、粉丝通过“打赏”的方式进行商业变现。直播的重要特点之一是可以实时与受众开展互动。艺人直播进行形象及才艺展示时，可以实现在直播过程中与观众实时交流，甚至可以应某一受众要求进行专门表演（点播）。受众则自愿对艺人进行金钱性质的打赏或刷礼物（非现实礼物，系可以换算成现实金额的虚拟礼物），艺人可以通过自身努力从受众处取得更多打赏或礼物。直播为普通受众直接与艺人（主播）对话创造了条件，部分不以直播为主业的艺人（不乏明星艺人）也会偶尔进行直播宣传自己、树立形象，同时也能获得受众的打赏或礼物。

2. 直播销售

除形象及才艺展示外，部分艺人直播的目的为销售商品。直播销售又称直播带货，是指艺人通过自身影响力，以观看直播的人为对象，利用直播平台展示和介绍商品或服务、推荐购买的直播模式。直播销售成功的首要前提就是打造优质的个人 IP，这样才可以聚集较多的受众观看，并使其基于对艺人的信任而购买相应的商品及服务。其次需要艺人有一定的推销能力、具备较强的个人感染力，能够说服、引导观众对商品、服务产生兴趣，以促进销售。

艺人从事直播销售的主要目的不是获取受众的打赏和礼物，而是销售其介绍的商品和服务。在此模式下，艺人的收入主要来自品牌方的宣传推广费用。与品牌方签订此类宣传推广合同的艺人应努力促进所推荐商品或服务的销售，以确保达到预定的销售目标。在实践中，销售力较强的艺人能在几分钟甚至几秒内让受众购买数量惊人的商品、不断刷新带货记录。如某著名主播曾经在直播中创下了 5 个半小时带货 353 万元、5 分钟卖光了 15000 支口红、3 分钟内卖出了 5000 单化妆品、1 分钟售罄铸铁锅 4 万口的成绩。然而由于专业能力、互动能力等因素所限，并不是所有主播均有此带货能力。如某著名艺人李某曾利用自身流量直播带货，收取 5 分钟 80 万元出场费的报酬，然而销售业绩惨淡，据统计某次直播中观众达到 162 万人次，却只卖出 26 罐奶粉。

自 2020 年年初以来，受疫情影响的线下零售行业纷纷转战线上，直播带货成为各方争夺的重要市场。另外，如何深挖主播的私域流量价值并扩大平台流量变现能力，成为众多主播及直播平台的重要布局。在这样的背景下，零售品牌、主播及直播平台产生化学反应，快速形成产业链条整合合力，形成了一种独特的直播经济。

电商直播产业经过不断迭代发展，逐步形成了目前相对成熟的产业链，所涉及的主体包括但不限于：品牌方、中介机构（MCN 机构、代理运营机构）、主播、电商/社交平台、粉丝群体/消费者。一般来讲，品牌方与主播的合作模式分为两种：广告投放或电商带货。其中，就常见的电商带货模式整理如下图：

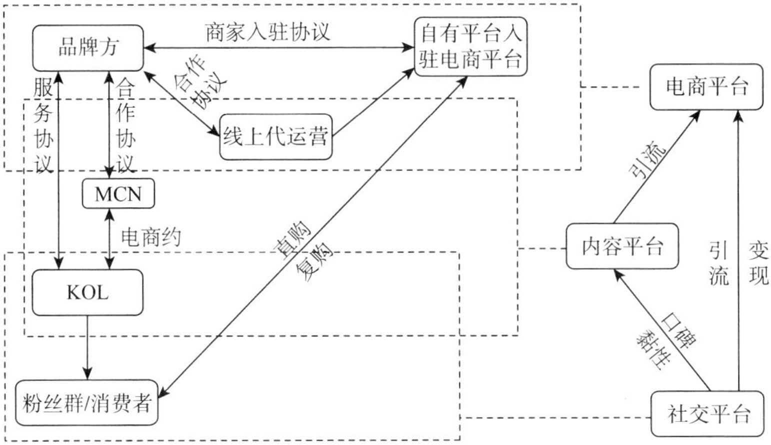

8-2　电商直播商业模式图

第二节　艺人进行自媒体信息发布及直播所面临的风险

一、艺人进行自媒体信息发布的风险

艺人进行自媒体信息发布的现象极为普遍。通过自媒体宣传自己、树立良好形象、与粉丝进行互动，可以达到很好的推广效果。然而在自媒体行业乱象尚未彻底清除、网络受众群体素质良莠不齐、一些不良社会风气和商业手段仍然大行其道的情况下，艺人为了维护自身形象、网络良好生态，应避免自己的自媒体信息发布行为与前述乱象挂钩。

艺人在自媒体运营过程中会涉及海量的作品版权问题，由于这些版权来源较为复杂、权利人多具复合性，作品及权利细分种类繁多，版权侵权成了运营过程中较难掌控的问题。其实，如果清楚每项作品的权利链和每项版权涵盖的行为类型，版权也可以轻松掌控。为了方便大家了解，我们按不同的分类标准来论述。

首先，艺人进行自媒体发布制作、产出的作品根据来源可以分为：

1. 艺人自身提供的作品。主要是艺人收集的素材和产出的作品。例如，艺人自己制作的图文、表情包、音视频等。但是

要注意：如果艺人提供的素材或发布的作品侵犯他人知识产权，另外还有一些可能出现的侵权行为，如内容抄袭、使用他人商标或名称构成不正当竞争行为、广告词侵权等，可能会承担法律责任并承担商业损失。因而艺人应充分做好商标检索和版权监测工作。

2. 第三方主体提供的作品。主要包括品牌方提供的广告词和图片，广告公司受委托设计的海报，以及其他合作方提供的素材。这种情形下艺人可能会作为共同侵权人被追究法律责任，但可以通过合同条款的设计要求第三方主体最终担责，以便追偿。

其次，艺人制作、产出的内容根据作品类型可以分为：

1. 音乐。音乐作品是指歌曲、交响乐等能够演唱或者演奏的带词或者不带词的作品，是艺人进行自媒体发布时最常使用的元素之一，通常出现在视频/直播的背景、翻唱和改编等中。

2. 视频。艺人从事自媒体经营，往往以产出长视频/短视频为主要业务，视频是指电影作品和以类似摄制电影的方法创作的作品（“类电作品”），即摄制在一定介质上，由一系列有伴音或者无伴音的画面组成，并且借助适当装置放映或者以其他方式传播的作品。有的视频如电影讲解类视频会不可避免重现电影作品的片段，另外有些直播也会就电影作品/类电作品进行“陪看”、对电子竞技进行讲解，实际上可能会侵犯电影作品/类电作品的版权。

3. 图片。图片是指我国《著作权法》规定的美术作品、摄影作品、图形作品，也是艺人最常接触到的作品类型，如静止型表情包和剧照（这两种可能涉及肖像权）、背景图片、插图等；

4. 文字。文字作品是指小说、诗词、散文、论文等以文字形式表现的作品。艺人产出的图文内容、视频的文字讲解等都会涉及文字作品的版权，同样需要注意使用过程的合规性。

5. 字体。有些字体可能属于我国《著作权法》上规定的美术作品，从而受到版权保护。字体的版权通常不被人所熟知，但这也是版权合规中很重要的一环，无论是 PPT 或是海报、视频中的文字，都需要使用合规的字体版权。

6. 其他。艺人在进行自媒体发布时还会遇到其他多种类型的作品，如口述作品、戏剧作品、计算机软件等，限于文章篇幅，此处不再赘述。

艺人进行自媒体信息发布面临的风险主要有以下几点。

（一）法律风险

艺人进行自媒体信息发布时应注意内容合规。

互联网不是法外之地。自媒体具有传播受众广、传播影响大等特点，故应遵守相应的行为规范，避免发布违反国家政策和法律规定的内容。比如，艺人通过自媒体发布的内容不应违反我国基本的政治方向，不应造谣传谣，不应传播低俗色情信息等。

然而，艺人由于信息掌握得不充分、不全面，或基于对他人的轻信，或者受主观情绪影响，可能难以分辨一些网传信息的真假。一旦其发布的信息被证实为失实信息，则有“造谣”或“传谣”，乃至构成诽谤之嫌。

2013年9月6日，最高人民法院及最高人民检察院公布《关于办理利用信息网络实施诽谤等刑事案件适用法律若干问题的解释》，该解释自2013年9月10日起施行。其第二条规定：

“利用信息网络诽谤他人，具有下列情形之一的，应当认定为刑法第二百四十六条第一款规定的‘情节严重’：

（一）同一诽谤信息实际被点击、浏览次数达到五千次以上，或者被转发次数达到五百次以上的；

（二）造成被害人或者其近亲属精神失常、自残、自杀等严重后果的；

（三）二年内曾因诽谤受过行政处罚，又诽谤他人的；

（四）其他情节严重的情形。”

在实践中，个人因传播自媒体发布信息失实，被公安机关行政处罚，乃至被追究刑事责任的案例并不少见。对于情节严重被追究刑事责任的，常见罪名包括诽谤、寻衅滋事、敲诈勒索、非法经营等。

另一种情况是艺人发布的信息虽有不实或者争议，但引发的后果或争议仅属于民事领域，其违反的主要是民事法律规范。比如，艺人通过自己的微博推介自己代言的产品，后发现此产品有质量瑕疵，导致受众向其诉讼索赔（注意，艺人违反《广告法》等法律法规，为特殊类型广告进行推荐、证明的，可能会受到行政处罚）；又如艺人发布的信息中的部分元素（如音乐、图片）未取得授权，导致后续的法律纠纷等。

因此，艺人对于自媒体信息发布要秉持谨慎的态度，因为一旦所发布或传播的为有害信息，作为有影响力的人，艺人不但需要承担法律责任，还要面临伴随而来的后果，如名誉受损、社会评价降低、商业价值下降、影响后续工作日程导致违约等。

（二）隐私泄露的风险

许多艺人会通过自媒体进行个人工作、生活及其他的动态分享，发布内容包括图片、文字、视频等，这样既可以达到宣传目的，又拉近了与受众的距离。然而，这样的信息发布如不加以注意，很可能无意中泄露了自己及他人隐私。

常见的隐私泄露信息包括身份、出生日期、电话号码、家庭住址、毕业院校、历史照片、人际关系、行程安排等。当前网络上“人肉”手段较多，主要途径之一即从被人肉者以前发布的自媒体信息中挖掘个人资料进行深度检索和挖掘。艺人本身就在舆论关注之下，一举一动均受到受众和传媒的仔细观察，任何的不谨慎的发布都有可能泄露信息碎片，这样的信息碎片达到一定数量，足以导致重要信息泄露。个人隐私泄露可能导致艺人的财产损失、人身安全受到威胁，后果严重性不言而喻。

此类隐私泄露的对象不仅仅局限于艺人本身，有时也包括其他艺人。比如，艺人 A 发布与艺人 B 的合影，受众或传媒根据照片分析出艺人 B 的实际身高，导致艺人 B 陷入“虚构身高”的争议等。

（三）道德风险及陷入争议性话题风险

艺人作为社会的一员，对于一些公共话题和热点话题有自己的观点实属正常，对一些话题发表自己的意见也是合法的权利。然而艺人作为有一定社会影响力（或希望成为有一定社会影响力）的人，发表意见时需要顾及社会感受（包括社会的整体感受及特定群体的感受），避免引发道德风险或陷入争议性话题。

关于艺人的道德风险，并不局限于吸毒、嫖娼、出轨、违法犯罪等方面（艺人在自媒体上也不会主动发布自己这方面的信息），还包括对公序良俗的遵守，对真相的维护，对正面价值观的敬畏。

案例一：2019 年 4 月，艺人赵某某在微博发表了言论，称“日本人占领北京八年，为什么没有抢走故宫里的文物并且烧掉故宫？这符合侵略者的本性吗”？此言论因有为侵略者洗地的嫌疑引发巨大争议。赵某某被紫光阁、共青团中央等公开点名批评后，不得不公开道歉，并注销账号。其新剧播出时也全部用 AI 技术将其形象替换为其他演员。

争议性话题，主要产生于特定领域及特定群体之间，话题正反双方均有固定的群体支持，并且很难被对方说服。如两个粉丝群体之间产生争议（如政治争议、动物保护等话题），容易引发群体性争论乃至对立。艺人如发表涉及争议性话题的言论，极易被与其观点相对立的一方关注，对方群体中有意“碰瓷”以获取关注者亦不鲜见。艺人一旦陷入争议性话题的舆论风暴中，可能会遭受网络围攻、人肉起底等网络暴力，乃至线下人身安全受到威胁。其参与的商业活动也可能因此而受到影响（如延后、换角、解除合同、遭到索赔等）。因此，艺人在自媒体上发布信息时，应尽可能远离争议性话题，避免不可预知、难以控制的风险。

二、艺人从事直播所面临的风险

艺人从事直播的现象较为普遍，本章节选取两种较具代表性的群体具体展开分析，一种是专门以直播为业的艺人（主播），另一种是主业为其他表演方式（如影视、舞蹈）的艺人。由于艺人直播通常通过直播平台进行，而各直播平台在国家发布的法律法规和政策之下均有各自的管理政策，在形式上直播又是双向互动的，突发因素多，补救难度大，故艺人从事直播面临的风险较多。

（一）艺人与平台、经纪方之间的合同风险。

1.签约时的合同风险

（1）主体和法律关系的选择

艺人从事直播业务，需要与平台或者平台合作的经纪公司（有时称“公会”）签约，所涉及的法律关系依据签约主体和所签署的合同类型有所不同。

艺人与平台直接签约的，双方之间一般为服务合同关系；

艺人与经纪公司签署经纪合同的，双方之间是综合性法律合同关系，内容涵盖委托、居间、著作权等范畴，双方之间的合同在合同法上属于无名合同，法律关系相对复杂；

艺人与经纪公司签署劳动合同的，双方之间为劳动合同关系。

现实中，不同公司设立的直播平台较多，其中有较为知名的如斗鱼、哔哩哔哩等平台；除此之外也有一些相对较小的平台。计划从事直播业务的艺人首先面临的就是选择与之签约的平台主体。如前所述，不同的签约主体及相对应的签约合同对应的是不同的法律关系，签约双方法定的权利义务也不尽相同，承担的责任也不一样。以解约的情形为例，如果艺人与经纪公司之间为劳动合同关系，那么依据《劳动合同法》第三十七条的规定："劳动者提前三十日以书面形式通知用人单位，可以解除劳动合同。劳动者在试用期内提前三日通知用人单位，可以解除劳动合同。"也就是说，艺人在履行提前通知义务后即可解约（违约金另行讨论）。如果艺人与经纪公司之间签署的是经纪合同，那么艺人不能以提前通知的方式解约，选择解约的难度可能会非常大（关于艺人的解约风险，后续会有论述）。

（2）合作期限的风险

不同平台或经纪公司使用的签约协议的签约时间不同，有的一年一签，有的签长期约如三年到五年。但是大部分平台或经纪公司会尽可能将签约时间延长，以求利益最大化，毕竟有更多的主播艺人，平台才有人气、流量和盈利空间。

较长的合作期间有利于直播业务的稳定，也有利于平台或经纪公司放心扶持主播艺人的业务，但是从另一个角度来看却限制了主播的选择权。

比如，一个已经拥有较多粉丝的主播艺人，不满于当前平台或经纪公司的支持政策，想要换一家平台继续从事直播业务。然而距离合同到期还尚有时日，平台或经纪公司完全可以利用合同期的约束，阻止主播艺人的“跳槽”行为。又如，一个主播艺人认为自己在某平台的直播业务得不到平台或经纪公司的支持，粉丝少、收入低，想要换一家平台或经纪公司，尽管平台或经纪公司可能认为这个主播艺人“水平低、没什么价值”，但仍然可以以“合同期未到”为由收取违约金，或者追究主播艺人“合同期未到就到别的平台去直播”的违约责任（主要还是收取违约金，最坏的局面是对该主播艺人进行封杀）。

（3）业绩要求及平台/经纪公司的义务

无论对方的签约主体是平台还是经纪公司，艺人签署的合同均系双务有偿，这就要求双方权利义务设置应尽可能公平。然而由于商业地位的不同，实践中双方的权利义务往往是不对等的。

艺人与平台或经纪公司签约时，应注意平台或经纪公司为艺人设置的义务是否合理。对于艺人而言，最需要关注的为是否有业绩要求。比如，是否要求主播艺人每次直播时长多久，每场的收益金额不得低于多少、在多长时期内粉丝的数量应达到多少人等。此类条款约定的背后都隐藏着违约责任，如艺人未能完成，最坏的结果可能要因违约而对平台或经纪公司进行赔偿。

同时，在很多情况下，平台或经纪公司的合同文本注重于

“你需要遵守我的规则”，对于“提供什么支持”及应承担的义务及对应的违约责任通常比较简略，有的甚至绝口不提，造成所谓的义务无从操作。比如，平台在合同中承诺“对主播提供支持”，但主播艺人在实际从事直播业务，需要进行宣传推广、需要引流、需要团队支持时，却不知如何从平台“获得支持”，可以依据合同里的哪一条要求具体的支持措施。目前许多主播艺人与平台或经纪公司之间爆发争议，焦点都集中于平台或经纪公司是否提供了支持。

（4）违约金标准

在很多情况下，平台或经纪公司为了加强对艺人的管理，均设置了较高的违约金。比如，“双方一致同意，乙方（艺人）根本性违约时，甲方（平台或经纪公司）有权要求乙方支付违约金，违约金以以下两种计算方式中较高者计算:（1）乙方年合作费用的三倍;（2）违约金人民币 ×××× 元。”

又如，“乙方（艺人）保证，不得与甲方（平台）以外的任何第三方开展与本合同相同或相似的合作，或在与甲方存在直接或间接竞争关系的网络平台以任何方式从事互联网直播等演艺活动；若乙方违反前述约定，或在甲方没有违约的前提下单方提前终止本协议，构成根本性违约，乙方应向甲方支付 ×× 万元人民币或以乙方在直播平台上已经获取的技术服务、推广资源和所有收益的 10 倍（以较高者为准）作为违约金，若前述违约金不足以弥补甲方损失的，应补足经济损失。”

当前，不同的法院对违约金金额的裁判口径尚不统一，但大多数倾向于综合考虑主播艺人在平台直播期间收入总额、平台实际损失、平台预期利益等因素计算违约金。亦有多个裁判文书认为：签约主播应属于平台开展业务的核心资源，鉴于双方当事人已经约定主播根本性违约情况下的违约金数额，该数额系双方真实意思的表示，属明确可知的违约成本，一定程度上体现了缔约时双方对违约损失的预估，据此支持了合同约定的违约金数额（或仅酌情降低一部分）。

可见，艺人一旦陷入违约争议，其需要承担的违约金数额可能是巨额的。如在签约时不加以注意，后果严重。

案例：江某某、广州HY公司网络服务合同纠纷

基本案由：被告江某某被称为某火爆游戏的“第一人”，2017年1月19日，HY公司、江某某与另一家公司签订了主播服务合作协议（预付），约定独家合作关系，江某某不得在HY同类平台开展直播，否则构成违约。后江某某在HY的扶持下成名。自2017年8月27日，江某某未经HY公司同意，开始在另一平台进行直播，造成HY平台大量活跃用户流失，HY据此认为江某某违约，诉请法院判决江某某支付违约金4900万元及其他合理费用。

法院认为： 本案的争议焦点在于违约金的合理性问题。一审法院认为，双方签订的协议约定，江某某在HY以外的其他网络平台进行直播及解说，构成重大违约，HY有权要求江某某赔偿2400万元人民币或江某某在HY平台已经获得的所有收益的五倍（以较高者为准）作为违约金。现HY公司要求江某某支付违约金4900万元，经核算江某某在HY获得收益的五倍应为55,933,331.2元，HY公司损失经评估为117,839,700元，HY公司仅主张4900万元，是对自己权利的自由处分，且已证明约定的合理性，理据充分，未损害对方当事人的利益，应予支持。

江某某上诉主张违约金过高，但是二审法院认为，根据合同约定、江某某“游戏第一人”的地位和价值、HY公司的投入、HY公司因江某某违约所遭受的损失、继续履行合同HY公司的可期待利益等角度分析支持了HY公司有关4900万元违约金的主张合理。江某某上诉没有提交有效的理据论证4900万元违约金过高，该上诉理由予以驳回。

二审法院维持原判，支持江某某向HY公司支付违约金4900万元。

（5）解约障碍

艺人和平台或经纪公司签订合同后，因权利义务、收益分配等争议发生矛盾，或者因其他平台或经纪公司给予更优惠条件而要求解约的并不少见。然而合同系双方当事人真实意思表示，如果要解除合同，除非双方达成合意，否则应符合以下情形之一方可解除：（1）因不可抗力不能实现合同目的的；（2）因拒绝履行主要债务不能实现合同目的的；（3）因迟延履行主要债务致使不能实现合同目的的；（4）因迟延履行或有其他违约情形不能实现合同目的的；（5）法律规定的其他解除情形。基于前述解除条件要达成的难度之高，在实践中，艺人解除合同的难度很大。

如前所述，艺人从事直播业务，需要与平台或者平台合作的经纪公司（有时称“公会”）签约，所涉及的法律关系依据签约主体和所签署的合同有所不同。

艺人与平台直接签约的，双方之间为服务合同关系；

艺人与经纪公司签署经纪合同的，双方之间是综合性法律合同关系；

艺人与经纪公司签署劳动合同的，双方之间为劳动合同关系。

艺人与平台直接签约的，双方之间为服务合同关系的情况下，艺人需要说明解除合同的理由，即“平台拒绝或迟延履行了什么样的主要义务，导致不能实现合同目的”，并就此举出证据。然而作为非法律专业人士，大部分艺人并不掌握证据规则，亦无取得及保留有效证据的手段，即便取得了证据，与平台的协商乃至诉讼的时间可能会极为漫长，严重影响艺人的工作和生活规划。除非合同约定艺人有权随时解除或者终止合同，否则艺人可能不但无法解约，还会因为解约主张而承担违约责任。

艺人与经纪公司签署经纪合同的，双方之间的法律关系较为复杂。一些艺人认为：艺人与经纪公司之间存在委托与被委托的关系。《民法典》第九百三十三条规定：委托人或者受托人可以随时解除委托合同。因解除合同造成对方损失的，除不可归责于该当事人的事由外，无偿委托合同的解除方应当赔偿因解除时间不当造成的直接损失，有偿委托合同的解除方应当赔偿对方的直接损失和合同履行后可以获得的利益。本条的法理在于：委托合同是以双方信任为存在的条件，如果信任不存在，继续履行合同已无必要。法律赋予了双方当事人权利，即只要一方想终止合同，就可以随时解除合同，而且无须有任何的理由，也就是说，委托人可以随时撤销委托。故援引该条的规定，艺人可以随时主张解约。然而此种观点在司法实践中得不到支持，其原因在于：艺人与经纪公司签署的经纪合同，不仅仅有委托合同的性质，还包括居间、著作权等范畴，双方之间的合同在《民法典》中属于无名合同，法律关系相对复杂，故援引委托合同的任意解除权条款来解除经纪合同，难以得到法院支持。《民法典》第五百七十七条规定：当事人一方不履行合同义务或者履行合同义务不符合约定的，应当承担继续履行、采取补救措施或者赔偿损失等违约责任。艺人如无法证明“经纪公司拒绝或迟延履行了什么样的主要义务，导致不能实现合同目的”，则艺人的提前解约要求会被视为违约，承担违约责任。

案例：蒋某某与天津TR影视公司合同纠纷

基本案由：蒋某某与TR影视公司签订《经理人合约》，双方约定TR影视公司作为蒋某某的独家经理人，辅助蒋某某发展其演艺事业。后蒋某某以公司违约为由要求解除合同。在蒋某某就上述解约争议提起诉讼后，TR影视公司针对蒋某某的父亲又提起名誉权诉讼。因此，蒋某某认为自己无法与将自己父亲推向被告席的公司继续合作，双方已丧失合作的信赖基础，合同已无法继续履行，诉请法院确认合同解除、要求TR影视公司支付演艺酬劳。

法院认为：双方虽在合同履行过程中产生了分歧，但并不存在导致合同无法履行、合同目的已经不能实现的法定情形。双方当事人之间的信任虽是履行此类合同的重要基础，但缺乏信任并非当事方享有合同解除权的法定理由。演艺人员从新人发展至具有较高知名度和影响力的成名艺人，除与其自身能力有关外，经纪公司在艺人的培养、宣传、策划、推广以及知名度的提升上，起着至关重要的作用，经纪公司亦为此付出较大的时间成本及商业代价。如若允许艺人成名后即以人身依附性为由随意行使解除权，将使经纪公司处于不对等的合同地位，亦违背公平及诚实信用的基本原则，不利于演艺行业的良性发展。

艺人与经纪公司签署劳动合同的，双方之间为劳动合同关系，劳动者可以在试用期内提前三天，正式录用后提前三十天通知解除合同。

（6）合作模式

关于艺人与经纪公司或平台合作模式的确定，一般主要看以下几个方面：合作的业态类型；是否独家。

对于第一点“合作的业态类型”，通常来说全文娱经纪合约分为以下几类：经纪全约、影视约、音乐约、直播约、商务约、电商约等。这里简单解释一下，经纪全约即指包含影视约、音乐约、直播约等在内的全文娱项下演艺活动的经纪合约，影视约、音乐约等则是指单独的、指向特定演艺活动如影视剧参演、音乐演唱等活动的经纪约（当然，具体的经纪约的内容要看双方在合同中是怎么定义、怎么约定的）。在实践中，一般艺人与经纪公司签约会更倾向于签订经纪全约，而与直播平台签约可能会签订单独的直播约。

对于第二点“是否独家”而言。目前来说一般直播平台和经纪公司相对来说都是比较强势的，往往会在谈合作的时候要求全球独家性合作，也就是说，在全球范围内，只能与这一家公司进行特定演艺活动的合作，只有这家公司能进行该艺人演艺活动的安排、管理、代理、经纪等，艺人本人也不能直接与其他方进行合作，否则可能涉及违约。有的公司在签约过后可能就让艺人自由生长甚至“自生自灭”，那么这时候艺人很有可能就会“赚外快”“接私活”，自己去找愿意提供资源的新公司/品牌方/合作方，甚至并没有意识到自己已经“违约”。这也是实践中很多艺人被诉“天价”违约金最常见的原因。虽然诉讼时法官将根据公司投入、艺人履行情况、艺人收益、艺人未履行期间等因素来综合认定实际需要赔付的违约金，但如果艺人自身发展也比较好、违约情节比较严重的话，法院也是极有可能支持并按照合同约定判赔高额违约金的。

因此，艺人应当在合约签订过程中了解合作的细节，每一种合作模式对应的本意和需要履行的义务，一方面可以用来衡量是否进行深度合作，另一方面也能有效了解合同条款、避免违约。

（7）签约身份与未结协议

这类条款一般属于承诺或者保证类的，一般约定为“艺人承诺本合同签署及履行不与第三方发生任何法律及商业上的冲突”“未与任何第三方平台签署或存在有效存续的独家直播解说协议”。这一类的条款虽然看似较为模板性、如果不仔细看的话很难觉察出这类条款的重要性，但是背后却存在较大的法律意义。实践中，不少艺人出于现有经纪公司未能给到良好的资源，或者现有签约的独家直播平台发展已经到瓶颈、力求去别的直播平台进行突破发展，无论是出于前述原因还是出于其他原因，艺人都可能会违反该类条款，也就是说艺人可能上一个合同未结就与下一个机构进行合作。

在有些情况下，经纪公司或平台可能会对艺人的擅自跳槽不过分追究；但更多情况下经纪公司或平台法务力量较为强大、对艺人管理较为严格，在直播服务协议约定了高价违约金时，将艺人跳槽的违约责任追究到底。那么，这种情况下，对于下一个待签约/已签约的经纪公司或平台而言也是一种风险负担，可能这个艺人出于涉诉原因品牌方不愿启用、艺人自身没有余力进行直播、上一家机构可能还会给下家发律师函甚至一并起诉；另外，下一家合作机构可能还在协议中约定了违反这类“签约身份与未结协议承诺”对应的违约金。对于艺人而言，甚至可能需要向两方承担违约责任，既违反了上家的独家合作，又违反了下家的自由身份承诺，对自身而言是商业的巨大损失。

因此，艺人在签约时需要审核自己签约过的所有协议、并核对待签的协议，对比看是否有冲突的地方；综合评估风险、采取措施，避免违约情形的出现。

（8）账号和知识产权归属

该类条款是直播服务协议中较为重要的条款之一。首先是账号归属的条款，一般对于比较强势的经纪公司或平台而言，会约定艺人的全网账号（包括过去已有的、合作期间新申请的）的经营权和所有权都归属于己方，那么对于艺人而言，这个账号因带有粉丝群体、优质内容等从而具备较大的商业价值，因此需要充分注意该类条款，根据自己的商业地位、实际情况来衡量是否需要进行该类约定。

另外是关于知识产权的归属，一般会约定为：艺人直播过程中产生的作品，如事后上传的音视频，知识产权归公司所有，并且是独占性、永久性。也就是说，艺人一经发表/上传就再也不可擅自使用自己的作品。这类条款在实践中还是比较常见的，毕竟经纪公司或平台比较强势，那么对于艺人而言，在不能拿到知识产权的前提下，可以通过协商退而求其次、获得该等内容的免费使用权。

（二）艺人与品牌方进行电商直播合作时的风险

品牌方与艺人进行电商直播合作的流程节点主要分为：尽职调查、合同签订、决策与执行、制定投放策略和参与内容策划、直播现场、售后、反馈、争议解决（若有），等等。笔者就其中风控要点简要整理如图所示：

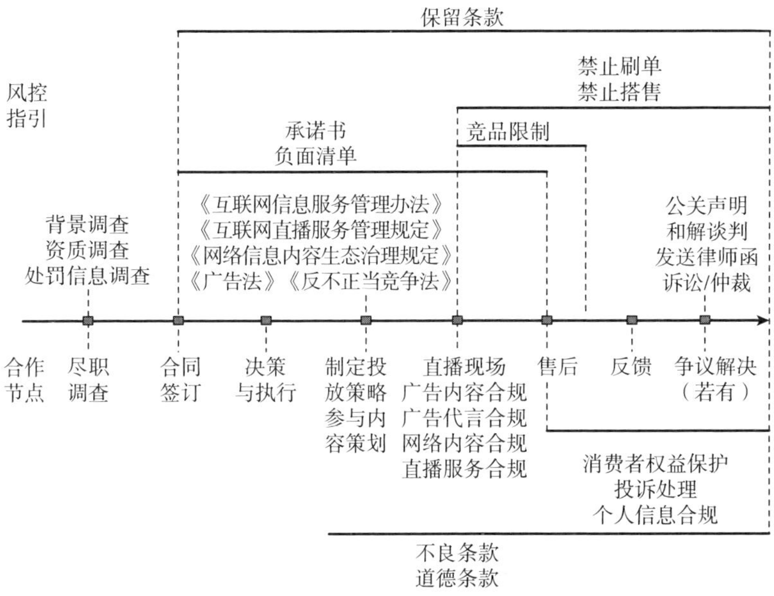

8-3　电商直播业务全流程风控指引

艺人在与品牌方合作开展电商直播业务的过程中，往往商务上急需快速推进合作（热度周期与 KOL 迭代特别迅速）。但在法律层面，由于直播电商模式新颖且法律关系复杂，实际面临着政策新、红线多、风险源广、风险敞口大等难点。因此，合作各方都应格外重视电商直播全生命周期的法律风险管理。

（三）艺人在直播过程中的风险

1. 与平台或经纪公司产生争议

艺人在从事直播业务期间，必须遵守平台或经纪公司制定的规则，接受平台或经纪公司的管理。管理规则的存在有利于整个平台的运行，但也有部分规则和做法极其不公平、容易引发争议。比如，有的平台依据规则，有权随时变更、中断或终止部分或全部的视频直播服务；如变更、中断或终止视频直播服务而造成任何损失，平台无须对主播艺人或任何第三方承担任何责任。又如，有的平台会在提供视频直播服务过程中以各种方式投放商业性广告、非商业性广告、其他任何类型的商业信息和非商业信息，并要求主播艺人必须予以配合，且平台无须支付任何对价。

前述规则的公平性和合理性本身就值得商榷，艺人签署合约后，就会受到相应规则的制约，而过分强调管理、忽视对艺人的支持及服务的规则会增加争议和矛盾产生的概率。除此之外，平台或经纪公司管理方具体经办人员的专业与否、沟通能力如何、是否尽职，均有可能引发艺人与平台或经纪公司之间的争议。

2. 内容合规风险

直播业务的实质是内容输出和互动，故直播产出的内容实际上为直播业务的核心。近年来艺人因直播内容违反法律、违反公序良俗或涉嫌侵权而被处罚的案例较多，有的被封号，有的甚至被追究法律责任。

一旦主播艺人的直播内容出现违规，艺人可能会向平台、经纪公司承担违约责任，甚至受到主管行政机关的行政处罚，部分可能会被观众要求追究民事乃至刑事责任。即便无前述后果，也会面临评价降低、声誉受损的结果。

案例一：2016 年 12 月，数十名女性主播艺人利用直播平台直播大尺度表演，同时在线的数十个直播间中，每个直播间的观看者少则两三千人，多则两三万人，共获利一百三十万余元。直播十天后，广东中山市警方以传播淫秽物品罪立案，并抓获了涉案主播。

案例二：2020 年 2 月，云南省某县森林公安局接报称："某网络主播林某为吸粉，与其父上山猎捕雉鸡，并在网上进行直播。"警方查获疑似豹猫皮、疑似豹猫骨架及二只疑似白鹇脚和三只疑似画眉活体。该案件被立为刑事案件侦查。

案例三：2019 年 9 月，某主播李某直播带货大闸蟹，向观众声称是"阳澄湖的大闸蟹"，后商家确认并非阳澄湖的大闸蟹，李某不得不发文道歉；2019 年 10 月，李某又带货某款不粘锅，称"这绝对是一款又便宜又实用的不粘锅"，然而随后的实际操作中，鸡蛋牢牢粘在锅底，导致直播翻车。

其他案例不再细讲，仅简单列举：

案例简述	行为性质	后果
某头部主播公然调侃南京大屠杀等民族之殇	损害国家荣誉和利益	直播间被封

续表

案例简述	行为性质	后果
某知名主播在直播时随意篡改国歌曲谱	违反《国歌法》	直播间被封，账号被冻结，全部相关影像作品被下架
某主播在直播平台粗口辱骂不断、煽动粉丝情绪、引发大规模骂战	形象欠佳、煽动网民情绪	被《焦点访谈》、网信办点名批评，账号被封禁
某主播“竞选”房管时发送黄图	涉黄	账号被封
某两个未成年人主播高调秀恩爱	引发未成年人模仿不安全行为和违反社会公德行为	受到中央电视台的批评，账号被封
某知名主播直播时爆粗口掐架，还被爆出疑似吸毒、家暴等消息	涉暴力	被央视点名批评，账号遭到封禁
某主播在直播时给网友介绍了一款带有致幻性的禁药	涉毒	直播间被封
某电竞主播在直播切屏的时候界面出现不雅画面	疑似涉黄	直播间被封
某电竞主播直播时接到某平台的广告，和另一位陪玩主播连线，另一位主播穿着暴露、言语不当	疑似涉黄	直播间被封
某电竞主播在直播时发表调侃疫情的不当言论	言语不恰当	直播间被封
某电竞主播在直播时连线另一位陪玩主播并展示该陪玩主播发来的自拍，但是图片尺度略大	疑似涉黄	直播间被封
某电竞主播在直播打游戏时，与其他玩家发生冲突，爆发辱骂其他玩家和平台的言论	言语不恰当	直播间被封

实践中诸如上述处罚不胜枚举，一旦直播账号遭遇封禁，对于粉丝基础庞大、账号内容价值较高、经营较久的账号而言将造成不可估量的商业损失，不仅如此，艺人个人也会因封禁而错失发展的黄金期，经纪公司也会因旗下艺人的违规行为而承受负面影响，不排除品牌方主张解约，艺人的未来发展将成为未知数。

3. 知识产权争议

艺人从事直播业务的过程，也是内容产出的过程，产出的内容包括文字、图片、视频、音频等形式，艺人为该原创内容的作者。

然而在实践中，大部分直播平台在承认艺人的著作权的前提下，会在协议中拟定条款：主播艺人通过上传、发布文字、图片、音视频或将前述信息提供给平台，即表示主播艺人已经将文字、图片、音视频等一切直播内容的著作财产权不可撤销的、独家的、永久的、免费授权给直播平台，直播平台可以将之用于音像制品、网上传播、出版、广告宣传等用途，并有权自主对原始作品进行改动，用于商业和非商业用途。

部分与经纪公司签署劳动合同的主播艺人，还面临着其上传、发布的文字、图片、音视频著作权归经纪公司所有的局面。

同时，部分直播平台或经纪公司亦将知识产权合规的责任推给主播艺人个人，规定主播艺人在视频直播过程中使用涉及知识产权、肖像权等第三方权利的内容，或将之上传平台，即视为主播艺人已经获得该等内容的授权，主播艺人本人对该等内容的知识产权合规负责，侵权责任及导致的第三方损失由主播艺人自行承担，与平台或经纪公司无关。

但是对于该类情形，实践中已有案例表明享有知识产权的直播平台根据“权利义务相一致的原则”，应对外承担侵权责任。

由于诉讼会花费一定的时间和精力成本，一般来说主播艺人从事直播业务时，既要保护自己的知识产权，又要保证自己的直播不侵权。

4. 隐私泄露的风险

艺人从事直播业务时，会发布图片、文字、视频等信息，该等信息如不谨慎处理，则可能会导致个人隐私泄露。如某主播直播时，有观众通过其窗外远处的广告牌和厂房，结合地图软件，精确确定主播所住的位置。

关于隐私泄露信息的种类，可参照艺人从事自媒体发布时的隐私泄露的风险，在此不再赘述。

（四）线下的人身安全风险

艺人作为社会生活的参与者，在直播业务之外亦有线下的工作、生活，如参加平台或经纪公司组织的活动、参加粉丝见面会等。鉴于主播通常会被关注他/她的粉丝所熟悉，故其较普通人更易于在线下被认出。在此情况下，如主播在直播中与他人发生过言语纠纷、情感纠葛、财务争议等，或遇上疯狂的粉丝，或存在线上使用美颜滤镜、变声软件以提高打赏概率的行为，其在线下被找到及发生冲突的概率要高于常人。部分主播艺人还会与粉丝线下见面，更增加了人身安全风险。实践中，主播艺人遭遇人身安全风险的案例较多，部分主播艺人甚至因此而失去生命。

案例：2018 年 5 月，某粉丝廖某（58 岁）因长期沉迷网络直播，对女主播陆某心生爱慕，为此赶到某地与陆某一同旅游。因示爱失败，廖某用剪刀将陆某刺杀致死。

第三节　艺人进行自媒体信息发布及直播的风险管控

艺人进行自媒体信息发布及直播的风险管控较为复杂，首先需要做到了解合同条款，明确权利义务，尽可能降低合同风险；其次在直播过程中做到内容合规。一旦发生争议（包括但不限于与平台或经纪公司之间的争议、与相关主管部门之间发生争议、直播中发生的纠纷、线下纠纷等），应及时由专业的法律人员跟进处理。

一、合同风险的控制

艺人在注册自媒体账号时，应仔细阅读自注册平台的规则。同样，艺人在与直播平台或经纪公司签约从事直播业务时，应仔细阅读合同，并阅读平台规则，明确权利义务，判断风险点，在所有的规则及合同条款中，注意如下条款：1. 权利义务的设置；2. 违约条款的设置；3. 艺人的待遇及可以获得的支持；4. 报酬的计算标准和支付条款；5. 争议解决条款。

（一）关于双方权利义务的设置

在绝大多数情况下，艺人与平台或经纪公司的商业地位不平等，故平台或经纪公司给出的商业合同文本和制定的规则通常在权利和利益上向平台或经纪公司倾斜。故艺人应细心审核，尽可能争取条款平衡。对于一些基于双方商业地位不同无法修改的条款，做到提前知晓风险，有针对性地加以注意，必要的话应寻求专业法律人员的协助。

（二）关于违约条款的设置

如前所述，在很多情况下，平台或经纪公司为了加强对艺人的管理，会设置较高的违约金。艺人应细化违约金条款，区分不同情况下对应的违约责任。对于根本性违约所对应的违约责任，艺人应尽可能使违约金标准在自己承受范围之内，如果基于商业地位难以修改的，就要加以合理注意，避免违约情形的发生。

所有的违约条款中，应对解约相对应的违约金标准加以重点关注。

（三）关于艺人的待遇及可以获得的支持

此类条款一般在平台规则和艺人签署的合同中有所体现，艺人应仔细阅读平台规则，了解平台的支持政策。如平台的规则约定得不全面或无操作性，应尽可能在签署的合同中详细列明（如果平台或经纪公司不肯详细列明，艺人应谨慎斟酌平台或经纪公司日后支持的可信程度及可靠性）。

（四）关于报酬的计算标准和支付条款

此部分条款应重点关注平台或直播公司的计费标准及支付条款，计费标准如支付的是当期所获礼物的多少比例作为报酬，不足多少分钟之内的直播不计入有效时间等；支付的前提条件如上月直播时间不少于多少小时、每月有效直播天数不少于多少天等，只有满足了前述条件才会支付报酬等。

约定应尽可能地明确、详细、合理及有操作性。针对可能产生的逾期付款或不足额付款行为，双方应约定处理方案。

（五）关于争议解决条款

此类条款必须清楚、准确，无歧义。其要求在前章已有论述，在此不再赘述。

对于合同中未解决的风险，艺人应加以合理注意，尽可能避免违约情形的发生。一旦发生争议，应迅速寻求法律专业人员的支持，保留证据，积极沟通，其原则亦应如之前章节论述的那样，遵循随时记录原则、及时记录原则、及时沟通原则。

二、内容合规要求

如前所述，直播业务的实质是内容输出和互动，因此主播艺人的直播内容不应违规。关于违规的种类，各个平台的规则和合同通常均会详细列明，艺人应仔细查看。常见的内容合规要求包括：

1. 直播内容不得侵犯任何第三方之知识产权；

2. 直播内容符合国家有关法律、行政法规和管理规章，不得有危害国家安全、泄露国家机密等违法犯罪活动；

3. 不得传播违反宪法和法律、妨害社会治安、破坏国家统一、破坏民族团结、宣扬仇恨、色情、暴力、族群及地域歧视、宣扬邪教或封建迷信等负面信息；

4. 不应损害国家荣誉和利益、伤害民族感情；

5. 不得传播有悖公序良俗的行为，如言语粗俗、鼓励吸烟等；

6. 不得造谣传谣；

7. 不应在直播间内进行色情、暴力、反动、传销、扰乱社会治安等方面的表演；

8. 表演不应涉黄、涉赌、涉毒，也不应采取“打擦边球”的方式令人联想到黄赌毒，如故意“走光”；

9. 不能引导或鼓励观众模仿危险动作，不可教唆他人伤害自己或他人身体；

10. 不应以不真实的信息等欺骗用户打赏。如虚假身份、虚假承诺等；

11. 进行直播带货时应确保推荐产品信息真实，产品质量符合宣传；

12. 不应引导观众进行任何类型的违规交易；

13. 不得从事其他违反国家法律法规及公序良俗的行为等。

在愈加强调网络信息安全及强化网络信息管理的大背景下，我国针对不同形式的互联网输出内容陆续出台了不同的法律法规，我们简要整理部分重点内容。

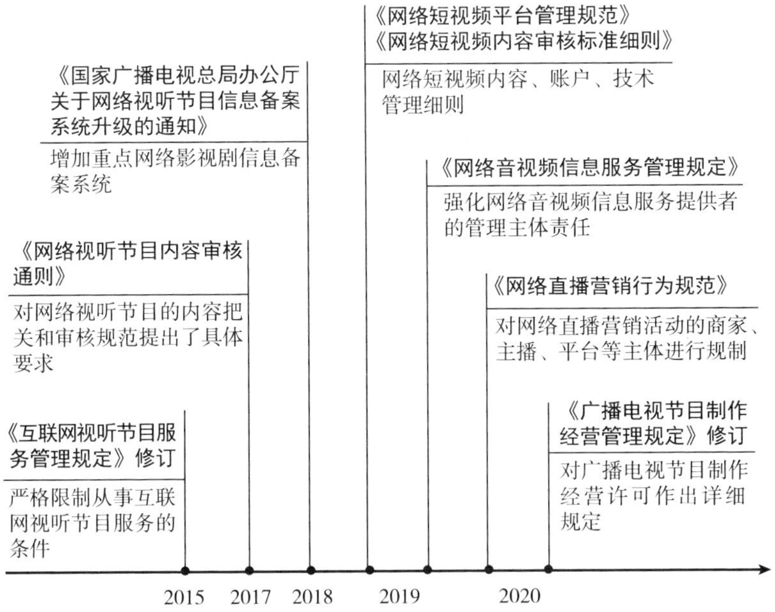

8-4 网络生态行为和内容合规

法规名称	发文机关及生效时间	合规要点	具体内容（列举）
《互联网信息服务管理办法》	国务院 2011.01.08	内容禁止性规定	（一）反对宪法所确定的基本原则的 （二）危害国家安全，泄露国家秘密，颠覆国家政权，破坏国家统一的 （三）损害国家荣誉和利益的 （四）煽动民族仇恨、民族歧视，破坏民族团结的 （五）破坏国家宗教政策，宣扬邪教和封建迷信的 （六）散布谣言，扰乱社会秩序，破坏社会稳定的 （七）散布淫秽、色情、赌博、暴力、凶杀、恐怖或者教唆犯罪的 （八）侮辱或者诽谤他人，侵害他人合法权益的 （九）含有法律、行政法规禁止的其他内容的

续表

法规名称	发文机关及生效时间	合规要点	具体内容（列举）
《网络信息内容生态治理规定》	国家互联网信息办公室 2020.03.01	防范和抵制内容	（一）使用夸张标题，内容与标题严重不符的 （二）炒作绯闻、丑闻、劣迹等的 （三）不当评述自然灾害、重大事故等灾难的 （四）带有性暗示、性挑逗等易使人产生性联想的 （五）展现血腥、惊悚、残忍等致人身心不适的 （六）煽动人群歧视、地域歧视等的 （七）宣扬低俗、庸俗、媚俗内容的 （八）可能引发未成年人模仿不安全行为和违反社会公德行为、诱导未成年人不良嗜好等的 （九）其他对网络生态造成不良影响的内容
《互联网直播服务管理规定》	国家互联网信息办公室 2016.12.01	技术措施	互联网直播服务提供者应当实施分级分类管理，对直播及互动内容先审后发 应当具备即时阻断互联网直播的技术能力 对评论、弹幕应当加强管理，并且设立黑名单制度
		内容禁止性规定	不得利用互联网直播服务从事危害国家安全、破坏社会稳定、扰乱社会秩序、侵犯他人合法权益、传播淫秽色情等法律法规禁止的活动，不得利用互联网直播服务制作、复制、发布、传播法律法规禁止的信息内容
《网络视听节目内容审核通则》	中国网络视听节目服务协会 2017.06.30	技术措施	互联网视听节目服务相关单位在网络视听节目内容审核方面，坚持如下原则： （一）先审后播原则 （二）审核到位原则
		内容禁止性规定	含有下列内容或情节的，应予以剪截、删除后播出；问题严重的，整个节目不得播出：如有损民族团结、渲染恐怖暴力，展示丑恶行为，甚至可能诱发犯罪等。该《通则》共规定近百条标准

续表

法规名称	发文机关及生效时间	合规要点	具体内容（列举）
《网络短视频内容审核标准细则》	中国网络视听节目服务协会 2019.01.09	内容禁止性规定	该细则共规定二十一项共计一百条标准，举例而言，不得出现以下内容： 侮辱、诽谤、贬损、恶搞历史人物及其他真实人物的形象、名誉的 贬损、恶搞他国国家领导人，可能引发国际纠纷或造成不良国际影响的 侮辱、贬损他人的职业身份、社会地位、身体特征、健康状况的等

除此之外，还有很多其他法律法规或规章，整理列举以供参考:《网络安全法》(全国人民代表大会常务委员会发布、于2017年6月1日生效),《关于加强网络直播规范管理工作的指导意见》(国家互联网信息办公室、全国“扫黄打非”工作小组办公室、工业和信息化部、公安部、文化和旅游部、国家市场监督管理总局、国家广播电视总局联合发布、于2021年2月9日生效),《国家广播电视总局关于加强网络秀场直播和电商直播管理的通知》(国家广播电视总局发布、于2020年11月12日生效),《互联网视听节目服务管理规定》(国家广播电视总局发布、于2008年1月31日生效、于2015年8月28日修订),《网络音视频信息服务管理规定》(国家互联网信息办公室、文化和旅游部、国家广播电视总局联合发布、于2020年1月1日生效),《互联网文化管理暂行规定》(文化和旅游部发布、于2017年12月15日生效),《网络表演经营活动管理办法》(文化和旅

游部发布、于2017年1月1日生效)，《网络文化经营单位内容自审管理办法》(文化和旅游部发布、2013年12月1日生效)，《互联网新闻信息服务管理规定》(国家互联网信息办公室发布、于2017年6月1日生效)，《互联网用户账号名称管理规定》(国家互联网信息办公室发布、于2015年3月1日生效)，《网络短视频平台管理规范》(中国网络视听节目服务协会发布、于2019年1月9日生效)，等等。

简言之，艺人一定要在遵守国家相关法律法规和政策的基础上进行直播，直播前应仔细阅读合同及平台规则，牢记在直播过程中该干什么，不该干什么；该说什么，不该说什么。

鉴于网络服务相关法规的复杂性，和每一部法规针对经营主体及网络信息内容的多样性、复合型，实践中每一种业务形态适用的法规类型及层级和受监管的部门皆有所不同，建议艺人和经纪公司重点关注合规经营，必要时可以寻求专业人士的意见。

三、知识产权合规要求

本文以艺人实际工作过程中最常用到的音乐和文字为例，提供版权合规指引：

1. 音乐使用合规

在艺人开展业务过程中，为了丰富产出内容，通常会在图文、视频或者直播中使用音乐来调和气氛，无论是作为配乐还是艺人亲自表演，本质上都是使用音乐作品，需要遵守《著作权法》及相关法律法规的规定。实践中有不少侵犯他人音乐作品的案例，如某艺人在直播过程中哼唱了他人歌曲仅一分钟、制作发布的视频未经授权使用了他人作品、在未经原创同意的情况下填词等，这些案例在版权意识逐渐增强的今天往往一触即发、舆论发酵势不可挡，给艺人带来严重的负面影响。

因此，艺人在发布内容的时候，应注意合规使用他人音乐作品，要点如下：

（1）区分作品来源。①有的作品确实无须经过授权即可使用，例如保护期届满已进入公共领域的作品，但是需要注明作者姓名/名称；②对于委托创作作品，委托人可以在委托的目的范围内使用作品，但为了避免争议，作品权利归属必须明确；③对于合作作品，合作作品可以分割使用的，对于自己创作的部分可以单独享有著作权，但行使著作权时不得侵犯合作作品整体的著作权；如果不能分割使用，要征得合作方同意。

（2）取得合法授权。除法律规定无须授权即可使用的作品外，其他作品需要艺人或者经纪公司取得版权人的授权。现有两种方式，①向中国音乐著作权协会购买歌曲版权；②不属于中国音乐著作权协会托管的，可以直接向版权人获得授权。需要特别注意的是，鉴于音乐作品版权权属、类型之复杂和细致，实践中很多人无法区分版权授权/转让的区别和每件作品十七种版权指向的内容，建议在进行此类交易时寻求专业人士的协助。

（3）标明联系方式。有的作品可能是网络上流传的、无法求得作者信息的，此情况下可以明确标注作品取得途径和联系方式，一旦有版权人主张权利便及时核实和处理，表明尊重原创的态度。

2.文字使用合规

文字内容也是艺人业务过程中频繁使用的元素。例如，图文内容的文字、文章、广告词、直播底稿、视频中的文字、段子等。由于原创文字内容需要花费很长时间，很多机构为了追求快捷，就选择了所谓的融梗和洗稿等，但这也同时将自己置身于可能侵权的法律风险之中。文字使用合规同样需引起注意，本文以自媒体发布中最常见的“洗稿”为例，简要评析其合规性。

（1）要注意区分合理借鉴和抄袭。鉴于我国著作权法保护具体表达而不保护思想，艺人在创作文字的过程中可以合理借鉴他人的思想，但是不能抄袭具体表达。

（2）尽量使用原创。一旦文字内容被认为侵害他人作品版权，艺人可能损害他人的署名权、复制权、改编权、信息网络传播权等，需要承担法律责任。因此在创作过程中尽量使用原创作品、避免出现侵权的嫌疑。

鉴于知识产权理论之难度及实践运用的复杂性，且对艺人知名度、影响力的重要性，建议艺人在进行自媒体发布和直播前，就知识产权合规和侵权发生后解决途径的选择和策略咨询专业人士，最大限度地降低风险，维护潜在的商业利益。

四、如争议无法通过协商解决，由专业律师介入，进行谈判和诉讼 / 仲裁

争议解决的方式包括协商谈判和诉讼 / 仲裁。一旦争议发生，且双方不能通过直接沟通得到解决，那么就应该交由专业的法律人士介入解决。艺人应配合律师的工作，积极提供真实信息及证据，以利于律师开展工作。

第四节　电竞主播的风控要点

近几年，电竞产业快速发展，根据艾瑞咨询相关数据，2019年中国电竞市场规模超过1100亿元，预计在2021年将超过1600亿元。从电竞产业本身优化和升级的角度来看，随着中国战队在赛事上取得世界冠军的优秀战绩、电竞入亚的关键时机出现，如今电竞及游戏市场炙手可热，游戏业态和类型不断丰富、赛事执行模式寻求升级和转型，另外还有一些直播平台和短视频平台也不断加入和开拓电竞市场。

根据“腾讯研究院”研究报告，近年来，“融合”是电竞产业政策关键词之一，各地纷纷通过“电竞+”打造数字经济新的增长点。电竞与网络视听产品的结合，是“电竞+”领域表现较为突出的一个领域。当下，多地政策鼓励电竞和包括影视、综艺、纪录片、动漫在内的多种网络视听产品融合。例如，2019年7月上海市杨浦区发布促进电子竞技产业发展“23条政策”，强调支持“电竞+影视网络视听”产业发展，重视相关音乐、演艺、影视、衍生品和文化装备等细分领域的产业链发展。

因此，对于电竞产业参与主体而言，电竞发展的商业价值不只集中于电竞赛事、电竞选手本身，更在于电竞选手、电竞主播个人衍生、IP化等角度带来的潜在价值。本节将延续本章从艺人从事自媒体和直播业务的角度提供风险识别及管理的初衷，对电竞直播领域的“艺人”即电竞主播的风险与合规进行整理，从电竞商务及商业转化模式、各类法律风险提示等方面，总结从业规范、合规建议等，供各位读者参考。

一、电竞主播收入构成

随着短视频、直播的不断发展，电竞产业也相应发生着变化，未来电竞市场的商业化变现能力引人注目，与此同时，电竞主播（艺人）的“变现”也值得关注。

我国目前电竞主播的收入主要包括以下几个部分：

1. 广告收入。目前电竞领域除了赛事直接相关的内容如赛事开始、运营、执行以外，广告收入属于收益较多的板块，而且这部分收益未来还可进一步开发。一方面，从传统的广告赞助的角度而言，收益主要来自：品牌方对艺人个人的赞助、品牌方对直播/短视频的出镜赞助等；另一方面，艺人经纪公司也在致力于寻求新的商务开发模式，如与品牌方合作后，为品牌方量身打造品牌宣传、推广方案，而不是仅局限于一种或几种单个的赞助方式上。

2. 直播收入分成。艺人最直接的收益就是直播收入，即由C端、粉丝进行流量和阅读量购买，通过点击量、点赞量、打赏等因素来衡量收入。

3. 电商收入。目前电商和直播仍是息息相关的两个产业，不少电商主体想要进军直播领域，而一些直播参与主体积累一定粉丝存量后开始拓展直播带货或自己开电子商铺来获取收益，在该种模式之下，作为艺人可以积极寻求商机，作为品牌方的合作主播或自己直接设立商铺来落实商业变现。

4. 内容和版权收入。艺人经纪公司可以根据艺人个人量身打造一些优质的作品内容（如艺人个人的视频 vlog），通过平台分发、营销之后，获得对应的版权许可费；或者是经纪公司、合作方（一般是商业背景较强的电竞专业类公司、直播平台等）获得艺人参与相关赛事或直播的版权（还需要拥有转授权）后，将该等权利转授予第三方机构，获得对应的授权费。从上述业务中，艺人可以通过与艺人经纪公司、合作方之间的收益分成或其他方式获得收益。

5. IP 衍生物收入。随着艺人影响力的增强，成熟的艺人和经纪公司不一定局限于艺人个人的直播、演出等单薄演艺模式下的收益，可能会将目光放在具有长远意义的 IP 衍生模式和粉丝经济延展开发上，如传统的周边、手办、日用品，以及更具潜在价值的文创、动漫、小说、漫画、影视综艺等。

6. 其他收入。随着电竞行业、直播模式的不断升级和发展，未来可能会衍生出不同的商务合作模式和潜在商机，因此要保持行业的敏锐度，不断更新现有的政策法规，并利用现有资源进行提前布局，才能在新的机遇来临时及时抓住。

二、电竞主播的风险识别与控制

作为具有一定影响力的电竞主播，其自身及账号都具有潜在商业价值。但是，艺人在日常业务开展过程中，可能会面临各种法律风险。例如，账号违规导致账号被封/直播间被禁（内容合规详见本章第三节），与经纪公司或平台等闹翻被雪藏，合作方违约，日常运营、直播游戏时涉及侵权问题等，如果处理不当，可能对艺人及经纪公司或平台带来重大损失，乃至葬送艺人的职业生涯，对电竞主播艺人来说，其职业生涯的黄金时段可能集中在数年内，这意味着如果账号被封一年以上甚至几年的话，可能严重影响艺人的变现机遇。

本节将对其中纠纷高发的电竞游戏侵权问题进行重点阐述。

电竞类直播活动主要分为两种形态：第一种，艺人在网络上直播打游戏、并可能配有解说，或者是将自己打游戏的过程录制下来，后期加上解说及剪辑、配文、配图等（后面这一类更常见于录播类节目、短视频/长视频之类）；第二种，鉴于实践中常有赛事主办方举办各类电竞活动，因而会有艺人以录屏、嵌套视频等方式直播赛事内容，可能同时加以个人解说或评价。就这两种业务形态，本文根据相关司法实践来简单评判其中的法律风险。

（一）电竞游戏是否构成《著作权法》意义上的作品

这是艺人及经纪公司，尤其是直播平台重点需要关注的问题，直接决定业务开展中能否直接商业化使用电竞游戏的画面。就这一问题，实践中一般具有两种观点。

第一种观点是认为电竞游戏具有复合性，其中各组成因素如果达到《著作权法》规定的独创性等要求，可能作为作品受到保护。根据北京市高级人民法院于2018年4月20日发布并生效的《北京市高级人民法院侵害著作权案件审理指南》第2.15条规定，网络游戏的组成要素可以单独构成作品，包括但不限于如下情形:（1）人物形象、服装、道具、地图、场景等可以构成美术作品;（2）片头、片尾及过场音乐，主题歌、插曲等可以构成音乐作品;（3）台词、旁白、故事叙述、游戏介绍等可以构成文字作品;（4）片头、片尾及过场动画、视频等可以构成以类似摄制电影的方法创作的作品。

因此，如果艺人及经纪公司、平台方要使用电竞游戏中的某个元素的话，尤其是出于商业之目的使用，需要找到元素对应的版权方去获权，否则可能构成版权侵权。

第二种观点是认为电竞游戏可以作为整体来保护。广东省高级人民法院在(2018)粤民终137号判决书中载明：从涉案游戏制作过程、表现形式来看，其整体以类似摄制电影的方法制作和表现。表现形式来看，涉案游戏呈现出集合了文字、声音、图像、动画等素材的连续动态画面，游戏故事情节随着玩家的具体操作而不断展开，给予玩家电影般的视听体验。涉案游戏整体画面符合类电作品“由一系列有伴音或者无伴音的画面组成”的核心特征，其复杂制作过程和最终视听表达体现了较高的创作高度，亦符合类电作品的独创性标准。因此，从涉案游戏连续动态画面的制作过程和表现形式整体来看，其符合类电作品实质特征，可归入类电作品范畴。

另外，北京市高级人民法院于2018年4月20日发布并生效的《北京市高级人民法院侵害著作权案件审理指南》第2.14条规定，运行网络游戏产生的连续动态游戏画面，符合以类似摄制电影的方法创作的作品构成要件的，受著作权法保护。广东省高级人民法院也有类似的裁判观点，在其于2020年4月12日发布并生效的《广东省高级人民法院关于网络游戏知识产权民事纠纷案件的审判指引（试行）》第十七条第二款规定，运行网络游戏某一时段所形成的连续动态画面，符合以类似摄制电影的方法创作的作品构成要件的，应予保护。

（二）艺人直播运行游戏的内容是否构成《著作权法》意义上的作品

这种情形一般产生于如下情形：艺人使用录屏的方式直播运行游戏并进行解说。这种情形下，如果该直播内容被认定为受到《著作权法》保护的作品，那么该内容的著作权人（可能是艺人、经纪公司或是直播平台，可以依据各类协议约定等来判断）对该类直播内容享有著作权，他人未经允许不得使用该类内容，否则构成侵权。

那么，要判断艺人直播运行游戏的内容是否构成作品，也要回归《著作权法》本身的规定，从独创性、可复制性等法定角度来综合判断。

1. 构成作品的情形。如果艺人为提高直播节目的观赏性，精心准备解说内容、钻研游戏策略、控制直播节奏、形成独特风格，在原来游戏整体画面基础上添加、融合了新的独创性表达，使得游戏直播画面与游戏整体画面具有明显差异，足以认定游戏直播画面具有新的独创性表达从而形成新的作品。

2. 不构成作品的情形。如果直播画面中出现的涉案游戏表达元素均为预先设计，艺人玩游戏时受限于涉案游戏的预设空间，每一步游戏操作所对应的游戏画面、反馈结果均在游戏开发者海量测试的可能性之中，那么艺人作为玩家的贡献主要在于实现了某种游戏画面的预设可能性。尤其是在一些角色扮演类游戏中，无论是在主线任务、副本对战还是聊天交易等环节，艺人的绝大部分游戏操作均是基于实用性和效率性考虑而非出于著作权意义上的表达目的，展现的是游戏策略技巧和游戏熟练程度的高低，其玩游戏的过程并非著作权法意义上的创作，难以形成具有独创性的表达从而构成新的作品。

因此，艺人可以根据上述判定方式来判断自己产出的直播内容是否构成《著作权法》意义下的作品。

（三）艺人直播运行游戏的行为是否构成侵权

实践中，对于艺人直播游戏的行为，艺人很少被诉为侵权人，通常直播平台的运营者会被诉至法院，尤其是直播平台主动开设直播专区、组织主播直播运行游戏的情形下，直播平台更容易被法院认定为侵权者。

根据广东省高级人民法院在(2018)粤民终137号判决书中写明的相关内容：被告未经原告许可，在其经营的直播平台开设直播窗口和专区，提供直播工具，组织主播人员对××游戏的游戏内容进行直播，进行直播节目预告，对主播人员进行排行、点评、推荐，制定主播人员利益分成体系，并直接从直播中抽成获利。被告并非仅提供具有录屏功能的直播软件的技术提供者，而是利用其网络平台和网络服务侵害原告涉案游戏著作权的直接侵权人，依法应当承担相应的侵权责任。

因此，直播平台在组织主播进行直播运行游戏、并设置专区进行推荐、从中获得利益的情形下，一般直播平台会作为直接侵权人。作为合作者的艺人及经纪公司一方面应当在相关协议中明确，如果发生该类情况并给艺人带来经济损失、名誉损失时，艺人应当如何维权、获得哪些赔偿、补偿；另一方面还需在协议中明确电竞游戏版权的获权义务，可以通过协议条款的设计将版权获得的义务归于直播平台。

（四）艺人以录屏方式直播电竞比赛是否构成侵权

同样，通过一些案例的检索和总结，实践中作为单独个体的艺人很少成为侵权的被诉对象，一般都是直播平台被诉至法院。

首先，从著作权侵权的角度来分析，需要先认定直播画面是否构成《著作权法》意义下的作品，参考广东省高级人民法院于2020年4月12日发布并生效的《广东省高级人民法院关于网络游戏知识产权民事纠纷案件的审判指引（试行）》第十九条第一款规定，直播电子竞技赛事活动所形成的游戏直播画面，符合以类似摄制电影的方法创作的作品构成要件的，应予保护。也就是说，如果电竞赛事活动直播画面，符合独创性要求的，如切换特殊视角、加入解说等较高独创性元素的，很有可能被认定为《著作权法》保护下的作品，那么如果直接播放的可能构成侵权。

其次，从反不正当竞争的角度来讲。各平台、组织通过组织运营直播、转播游戏比赛来吸引网络用户，提高网络用户流量，增加网络用户粘性，同时亦以该平台为媒介吸引相关广告商投放广告。因此，网络游戏比赛的转播权对于网络直播平台来讲，是其创造商业机会、获得商业利益、提升网站流量和知名度的经营项目之一。这种商业经营方式并不违反反不正当竞争法的原则精神和禁止性规定，属于正当的市场竞争行为。网络游戏赛事如同体育竞赛，同样需要组织者投资、策划、运营、宣传、推广、管理等。电竞赛事主办方获得赛事在中国大陆地区的视频转播权独家授权，负责赛事的执行及管理工作，承担执行费用等，其有权对此收取经济回报。

但是如果有直播平台组织电竞主播进行实时直播，并且吸引较大观众流量的话，从法律的角度而言，行为人未对赛事的组织运营进行任何投入，也未取得视频转播权的许可，却免费坐享主办方投入巨资、花费大量人力、物力、精力组织运营的涉案赛事所产生的商业成果，为自己谋取商业利益和竞争优势，这实际上是一种“搭便车”行为，夺取了原本属于主办方的观众数量，影响了主办方的收益，损害了主办方的商业机会和竞争优势。

尽管上述两种情形大多都是直播平台成为最终责任人，但是艺人自身也应当明晰其中的法律关系、侵权要点，并且在相关协议中明确各自的责任，尽可能做到授权链清楚明确，避免涉诉。

案例一：WY 公司诉 HD 公司侵害网络游戏著作权纠纷

基本案由： WY 公司主张其享有“MH”网络游戏的著作权，其以 HD 公司擅自在其经营的 Y 直播平台上开设直播专区、组织主播人员直播上述网络游戏，构成侵害著作权及不正当竞争为由诉至法院，请求判令HD公司停止侵权、赔礼道歉和赔偿损失1亿元等。

法院分析：

一、被诉游戏直播行为是否属于我国著作权法规定的著作权利的调整范围

关于未经许可的游戏直播行为是否侵害他人著作权的问题，存在较大争议。本院认为，直播即直接播送，是一种向公众直接提供内容的实时传播行为。在游戏整体画面构成作品的情况下，直播游戏整体画面的行为实际上就是公开传播作品的行为。①

二、被诉游戏直播行为是否属于对涉案游戏连续动态画面（整体画面）的合理使用

被诉游戏直播基于商业营利目的，使用涉案游戏的独创性表达，使用部分的比例超出合理限度，对涉案游戏潜在市场产生不利影响，与游戏著作权人自己开展游戏直播或者发放游戏直播许可的作品正常使用方式相互竞争而产生冲突，使得权利人无法充分有效行使著作权利获得经济利益，实质上不合理地损害其合法利益，不能认定为合理使用行为。

三、HD公司应否及如何承担民事责任

HD公司认为，其作为游戏直播平台运营者，主要提供技术支持，并不直接提供内容，最多承担监管不力帮助侵权责任。对

① 根据新的《著作权法》，或可归为“广播权”。

此本院认为，本案中，HD公司未经WY公司许可，在其经营的直播平台开设直播窗口和专区，提供直播工具，组织主播人员对《MH》的游戏内容进行直播，进行直播节目预告，对主播人员进行排行、点评、推荐，制定主播人员利益分成体系，并直接从直播中抽成获利。HD公司并非仅提供具有录屏功能的直播软件的技术提供者，而是利用其网络平台和网络服务侵害WY公司涉案游戏著作权的直接侵权人，依法应当承担相应的侵权责任。根据法律规定承担连带责任的，被侵权人有权请求部分或者全部连带责任人承担责任。基于权利人对权利的自主处分，WY公司在本案中请求判令HD公司承担侵权责任的主张于法有据。

案例二：YY公司诉DY公司直播侵权纠纷

基本案由：D2是V公司开发的一款世界知名的电子竞技类网络游戏。201×年，YY公司与游戏运营商签订战略合作协议，共同运营201×年D2亚洲邀请赛。YY公司通过协议约定获得该赛事在中国大陆地区的独家视频转播权。DY公司未经授权，以通过客户端旁观模式截取赛事画面配以主播点评的方式实时直播涉案赛事。YY公司认为，DY公司的行为侵犯了YY公司的合法权益，故诉至法院，请求判令DY公司停止侵权行为，消除影响并赔偿经济损失及维权费用。

法院分析：主要争议焦点是YY公司经授权获得的视频转播

权是否应受法律保护，DY 公司网络直播涉案赛事的行为是否构成不正当竞争。

各平台通过组织运营直播、转播游戏比赛来吸引网络用户，提高网络用户流量，增加网络用户粘性，同时亦以该平台为媒介吸引相关广告商投放广告。因此，网络游戏比赛的转播权对于网络直播平台来讲，是其创造商业机会、获得商业利益、提升网站流量和知名度的经营项目之一。这种商业经营方式并不违反反不正当竞争法的原则精神和禁止性规定，属于正当的市场竞争行为。因此，网络游戏比赛视频转播权需经比赛组织运营者的授权许可是网络游戏行业中长期以来形成的惯常做法，符合谁投入谁收益的一般商业规则，亦是对比赛组织运营者的正当权益的保护规则，符合市场竞争中遵循的诚实信用原则。

本案中，DY 公司直播涉案赛事画面，虽然在直播过程中自配主播点评，但是其所直播的还是 YY 公司所组织运营的涉案赛事，DY 公司自配的主播点评也是对涉案赛事的点评，该点评依附于涉案赛事。从在案的证据显示，当时 DY 的直播网站上对涉案赛事的直播所吸引的观众数量已达较大规模，且系对涉案赛事的实时直播。DY 公司未对赛事的组织运营进行任何投入，也未取得视频转播权的许可，却免费坐享 YY 公司投入巨资、花费大量人力、物力、精力组织运营的涉案赛事所产生的商业成果，为自己谋取商业利益和竞争优势，其实际上是一种“搭便车”行为，夺取了原本属于YY公司的观众数量，导致YY公司网站流量严重分流，影响了YY公司的广告收益能力，损害YY公司商业机会和竞争优势，弱化YY公司网络直播平台的增值力。

因此，DY公司的行为违反反不正当竞争法中的诚实信用原则，也违背了公认的商业道德，损害YY公司合法权益，亦破坏了行业内业已形成的公认的市场竞争秩序，具有明显的不正当性。本院认为，即使存在游戏厂商鼓励视频平台播报游戏比赛亦属于其免费许可的情况，并不表明游戏客户端的参与者、旁观者可以未经许可即有权将客户端的比赛画面进行直播、转播并商业利用。而本案所涉“D2”游戏系世界知名的电子竞技类网络游戏，该游戏官方中文网站明确声明涉案赛事是由W主办、M承办、H独家转播的国际职业赛事。DY公司作为专业的游戏直播网站，应当知晓如此大规模的知名赛事转播必须经授权许可，仍在明知YY公司享有涉案赛事独家视频转播权的情况下，从游戏客户端截取比赛画面进行直播以谋取不正当利益，其不正当竞争行为的主观恶意明显。

最终，法院支持了原告的诉请。

总体而言，包括电竞直播模式在内的自媒体和直播等属于新生业态，并且处于不断更新迭代的过程，故存在许多合规盲区，新监管政策不断推出，使艺人行为合规要点的梳理和风险点把握显得尤为重要。电竞主播艺人的风控不在于所谓“发生纠纷”之后的补救，而是如何预先建立一个全面的、系统的、把握各业务形态和各流程主要风险点、争议点基础之上的合规体系，进行针对性的部署和准备，稳健运营，减少纠纷和负面影响，实现高效率的直播运营和发展。

第九章
艺人的危机管理

毕鸿演艺事业越来越火的同时，也开始遇到一些乌七八糟的烦心事，如被黑粉围攻、被造谣等，有时候她会莫名其妙地被卷入舆论风波。流量时代，众口铄金，作为顶级艺人，毕鸿真切地感受到了什么叫作“人红是非多”。

圈内一对以恩爱形象示人的夫妻潘志成和艾晶晶最近反目，妻子艾晶晶发表长篇文章控诉丈夫长期以来与某B姓女星保持不正当关系，并且对自己家暴，道德败坏。艾晶晶还声称看到丈夫和B姓女星吸毒。这一消息瞬间引爆舆论场，无数人在围攻潘志成的同时，也在挖掘这个“B姓女星”是谁。

可怜的毕鸿不幸中招。有黑粉言之凿凿地发帖说：该B姓女星就是毕鸿。

毕鸿是知名艺人，卷入这一事件会给言论传播者带来巨大的流量，于是当天就有众多营销号写文章刷屏，其中营销号“娱乐圈第一良心狗仔”的微信公众号最新一篇文章直指毕鸿介入他人婚姻“当小三”、疑似吸毒。

这一天毕鸿一直忙着拍摄广告代言，对此毫不知情。等她拍摄完毕拿起手机，看到里面的热搜，差点没昏过去。她的微博下面的谩骂铺天盖地，言辞卑劣不堪，随便拿出哪句话都有伤风化。这还不算，代言公司的老总丁龙兵当天就把她和经纪人彭虹霓请到了办公室，说已经有人打电话要求他们不要使用“劣迹艺人”，否则就要抵制他们的产品。丁龙兵拍着桌子说：“我叫你们来给我们拍广告，不是叫你们来给我们惹事的！咱们这合作结束！我还要找你们要违约金！”

彭虹霓解释：“这不是真的啊！这是造谣诋毁啊！毕鸿怎么可能当小三？她还没对象呢！”

丁龙兵又一拍桌子：“这个我不管！空穴未必无风！”

彭虹霓请求道：“丁总，基本的信任呢？”

丁龙兵说：“我才不相信你们这个行业的人呢！”然后叫来秘书，说：“快去写个声明！说我们不和劣迹艺人合作！代言合同解除！”

从丁龙兵那里出来，彭虹霓脑门儿上火星直冒。回公司的路上他又接到了几个电话，都是要求终止代言合同的。毕鸿可是他的朋友啊，是他的摇钱树啊，这样被人误会当小三，被人污蔑吸毒，谁能忍得了啊？盛怒之下的彭虹霓叫毕鸿回去等消息，自己如同一个黑面神似的杀进公司，头上仅剩的几根毛飘在身后，带出的旋风刮得办公室内纸张飞舞。

不出一个小时，他精心撰写的以毕鸿工作室名义发表的《公告声明》就发在了微博上，内容堪称惊天地泣鬼神，其中一段是这样的：

“对毕鸿女士的侵权行为严重损害了她的合法权益，还突破法律底线，寻衅滋事，栽赃陷害，用心险恶，蓄意破坏国家精神文明建设，蓄意扰乱社会秩序，已经是极为严重的刑事犯罪……违法人员必将受到法律的严惩，身陷囹圄！”

彭虹霓觉得自己的文笔太好了，这一段怎么看怎么解气。让他意想不到的是这份《公告声明》一出，反而给舆论的烈火添了把柴。本来大家在谈论毕鸿有没有当小三和吸毒，现在变成了“说你两句就成了蓄意破坏国家精神文明建设？你算老几？”

彭虹霓这才知道坏事了。无奈之下只好找来专业的危机管理团队，首先针对艾晶晶指控中涉及的几个时间点公布了毕鸿当时的日程，证明B姓女星不可能是毕鸿。这一次的陈述就条理清晰，不再有那些情绪化的语言了。同时法律团队及时取证，选了几个带头的，包括营销号“娱乐圈第一良心狗仔”的运营方，依据不同的情节，分别提起了刑事自诉和民事诉讼进行维权。

事实的及时公布一定程度上扭转了舆论，而毕鸿采取法律措施的消息传出以后，营销号和水军立刻收敛了许多。部分侵权人甚至在压力下公开道歉，希望毕鸿不要追究其责任。

事实清楚后，毕鸿挽回了形象，重新体现出商业价值，当初的那些公司又找上门来。跑得最快的还是丁总，他跑进彭虹霓的办公室，带着笑意，一进门就满面春风地说：“老彭！好久不见啊，中午一起吃个饭呗？我们谈谈继续履行代言合同的事！”

这件事里，丁总相当难受，当初直接解约不就好了嘛，偏偏还写个声明说毕鸿是劣迹艺人，现在被公众指责是落井下石，已经没有一线艺人愿意接他的广告代言了。

彭虹霓斜了他一眼，说：“你不是说我们家毕鸿是劣迹艺人吗？”

丁龙兵脸不红心不跳地说：“你理解错了。其实，耿直如俺，从来就没怀疑过毕鸿！”

彭虹霓一敲桌子：“没怀疑？合同都解除了！”

丁龙兵道：“老彭，再给点信任呗？”

彭虹霓潇洒地用手理了一下头发，此时他才真正地感到了安心和解气。然后他把丁龙兵请了出去，言语还算客气，但是肯定不会再合作了。

顺便说一句，潘志成和艾晶晶离婚一年后，艾晶晶因为吸毒被拘留，隐藏的真相才浮出水面。原来真正出轨的是艾晶晶自己，她被潘志成无意中发现出轨事实，于是先下手为强，编造故事雇佣水军进行抹黑，又利用孩子的抚养权胁迫潘志成不能发声辩白。所谓的B姓女星纯属虚构，毕鸿不过是无辜躺枪。

真相或许会迟到，但是绝不会缺席。

第一节　艺人危机管理概述

本章所述的危机，主要是指艺人因法律原因、第三方原因及自身言行等原因面临的可能影响演艺事业的危机。自身财务上的危机及身体健康问题不在本章讨论范围之内。

娱乐产业在当今社会中是一个引人瞩目的产业，其参与人员及产出的产品较之其他产业吸引了更多的目光及审视。艺人群体是我国社会文化领域中具有较高瞩目率的群体，在社会舆论中有较高的曝光率和关注度。艺人新闻易吸引流量，相关信息极易引起媒体的大范围转发，从而形成舆论引导。同时，艺人本身的粉丝群体数量庞大，容易转化成经济利益。可以说，在某种程度上，艺人这个行业与社会舆论是密不可分的，受到的社会关注度和传媒关注度高于常人。比如，一个网红直播发布动态，信息受众可能有数千、数万乃至数百万人；一些知名明星艺人的单条动态，可以在短时间内传遍全国，信息传播的受众数以亿计。

这样的社会关注度和传媒关注度可以给艺人带来巨大的商业机会，同时也意味着巨大的风险。娱乐圈高度的商业化以及巨大的流量利益转化带来了激烈的竞争，在这样的环境下，艺人经常不得不面对各种危机，无论这危机是无意面临的、还是被蓄意引发的。

任何艺人的成长及发展都不会一帆风顺，无论如何努力避免，危机永远如影随形，其发生与否不以艺人的意志为转移。一旦发生突发事件或者重大事故，艺人可能就会陷入危机中。如前所述，艺人拥有更多的社会关注度和传媒关注度，他们的私生活、生活作息、言行、观点、甚至表情都会受到大家的广泛关注，这要求艺人们格外注意言行、承担更多的社会责任，但同时也应看到：艺人生活中任何被认为"不检点"、言行中被某个群体认为"不符合胃口"的情况亦有可能被"爆料"或"带节奏"或被"对家"利用，形成舆论事件，演变成一场公关危机。特别需要说明的是，有时这样的危机不一定是艺人本身引发的，其粉丝群体一旦被标签化，粉丝群体或个人的不当行为也会给艺人造成危机。

这样的危机通常首先体现为舆论上的负面评价或者争议，随后逐步反映到现实生活中，并进而影响艺人的工作、生活等。因此，一旦艺人陷入舆论风波，危机管理即应开始。

自二十世纪八十年代以来，娱乐圈内因不同原因经历危机的明星艺人不胜枚举。特别是自新世纪以来，媒体技术的发展导致信息传播范围扩大、手段多样，艺人的负面信息很难被"捂住"，重量级艺人突然传出负面消息或陷入争议性话题、最终演艺事业受到极大影响（乃至事业尽毁）的事件多次发生。

同时，随着时代的进步，新的技术手段和传播媒介出现，艺人与公众之间的交流已经从单向输出转化为双向交流，任何人均有机会在艺人的微博、直播间内留言，与艺人进行互动。这种互动亦增加了艺人日常出错的风险。比如，艺人在直播间里遇到“黑粉”挑衅时，一旦控制不住脾气，与对方发生冲突，就有可能因“言行不当”而陷入舆论风波。

此外，社会舆论、行业协会及监管机构对艺人的要求也越来越高，对“有不良社会影响的”艺人的制裁，已经从一开始的“限制”“禁播”走向制度化、规则化。

国家广电总局于2014年9月底下发了《关于加强有关广播电视节目、影视剧和网络视听节目制作传播管理的通知》，要求各大广播电视媒体机构暂停播出（点播）有吸毒、嫖娼等违法犯罪行为者作为主创人员参与制作的电影、电视剧和各类电视节目，不得邀请有吸毒、嫖娼等违法犯罪行为者参与制作网络视听节目、网络剧、微电影。这份通知开始压缩部分“有不良社会影响的”艺人的演艺空间。2021年2月5日，中国演出行业协会发布新制定的《演出行业演艺人员从业自律管理办法（试行）》，将艺人要承担后果的情形进一步扩大，规定了十五类情形，违反者将受到协会会员单位一年期限至永久期限的联合抵制，且须在联合抵制期限届满前三个月内提出申请，经同意后才可继续从事演出活动。

2021年3月16日，国家广播电视总局发布《广播电视法（征求意见稿）》。征求意见稿明确表示会对有不良社会影响的艺人参加的节目予以播放限制，并对违反这一规定的特定节目（栏目）、特定频道（网站、专区）设定严重的法律后果。虽然该稿目前只是征求意见稿，但从内容来看，立法者进一步规范娱乐行业的决心极为强烈。

因此，艺人必须重视危机管理。如前所述，艺人的成长及发展过程中，危机永远如影随形，其发生与否不以艺人的意志为转移。那么如何认识危机，遇到危机后如何正确应对，对艺人及其经纪团队而言是至关重要的。

第二节　危机的情形及后果

一、近年来娱乐行业内常见的艺人遇到的危机情形

近年来，艺人陷入危机的情形并不少见。综合近年来的众多明星危机事件，可以看出，艺人陷入危机的情形分布广泛，堪称“步步惊心”。有因私生活传闻引发的道德贬损：如出轨、劈腿、嫖娼、家暴、弃养等；因违反法律法规引发的社会评价下降：如吸毒、斗殴、酒驾、寻衅滋事、偷逃税款及其他违法犯罪等；有因挑战公众情感、违背公序良俗引发批评乃至抵制：如因涉政治、民族、历史、宗教的不当言论导致被封杀；有因陷入争议性话题导致被网暴的：如对动物保护等话题发表意见而被意见对立群体围攻。

还有两种情形比较特殊：一种是被打着自己旗号的粉丝群体连累，为该群体的不当言行买单；另一种是被不喜欢该艺人者或其他艺人的粉丝（有时被称为“黑粉”）蓄意攻击或造谣，引发舆论危机，如被传耍大牌、被传整容等。

综合以上情形，我们将常见的艺人遇到危机情形按照危机严重程度分为五类，结合图表，由高到低分别说明如下。

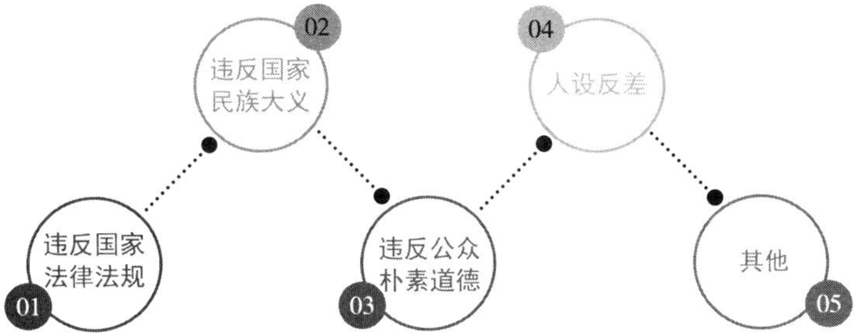

1. 违反国家法律法规导致的危机

此种情形需要结合我国的刑法、其他法律及各类法规进行说明。《刑法》历经多次修正，现包含罪名四百八十三个（可能会通过新的修正案的方式予以增加）。所谓其他法律，包括全国人大通过的各类规范自然人权利义务的法律，如《治安处罚法》《个人所得税法》等。所谓法规，是指国家机关制定的规范性文件，如我国国务院制定和颁布的行政法规，省、自治区、直辖市人大及其常委会制定和公布的地方性法规；设区的市、自治州，也可以制定地方性法规，报省、自治区的人大及其常委会批准后施行。法规也具有法律效力。

遵守中华人民共和国的法律法规，是中华人民共和国境内每一个自然人（包括中国公民、中国境内的外国公民）的最基本的义务。艺人作为自然人个体亦不能例外。作为公众人物，艺人的言行对公众有巨大的示范效应和引导效应，故守法合规是艺人应持守的底线。艺人必须了解：违反宪法确定的基本原则，煽动抗拒或者破坏宪法、法律、法规实施，危害国家统一、主权和领土完整，泄露国家秘密，危害国家安全，损害国家尊严、荣誉和利益，宣扬恐怖主义、极端主义等违法行为是高压线，绝对不能触碰。

现实中，艺人违反国家法律法规的情形通常包括以下情况：

（1）触犯刑法规定的罪名。比如，容留他人吸食、注射毒品；故意伤害、故意杀人、寻衅滋事、侮辱诽谤、醉驾、袭警等。

（2）触犯治安管理处罚法。比如，吸食毒品、嫖娼、卖淫等。

（3）触犯其他法律法规，如偷逃税款尚不构成犯罪的，等等。

案例：2014 年 3 月 17 日，艺人李某与数人在北京某小区暂住地内吸食毒品，被警方抓获，尿检均为苯丙胺类阳性。随后，李某因涉嫌容留他人吸毒罪被依法刑事拘留。2014 年 5 月 9 日，检察院以涉嫌容留他人吸毒罪对李某提起公诉。在庭审最后陈述中，李某表达了自己的悔意，称渴望回到社会，回到舞台。法院当庭作出判决，以容留他人吸毒罪判处其有期徒刑九个月，罚金人民币二千元。此后李某基本上从大众视野中消失。

法律是道德的底线，道德是法律的高标准。艺人言行一旦违反了国家法律法规，其实就等同于突破了道德的底线，其面临的后果自然极其严重。事实上，娱乐圈中的艺人由于违反国家法律法规（比如吸毒、偷逃税款、故意伤害、醉驾等）导致社会评价遭遇断崖式下跌、事业甚至就此毁于一旦的现象并不少见。因违法（乃至犯罪）而陷入危机，严重程度是最高的。艺人对此务必要有清醒的认识。

2. 违反国家民族大义导致的危机

这种情形主要是指由损害民族情感、挑战群体性认知的言行引发的危机。所谓民族情感，是指对与本民族有关的客观事物持一定态度而产生的内心体验，具体表现为对本民族的热爱，对本民族利益、语言、居住地域、历史习俗等的亲近、喜爱和维护，对本民族的敌人和出卖民族利益的败类的憎恶、鄙视。

我国历史悠久，民族众多，文化灿烂，但与此同时，亦有众多惨痛的记忆。对苦难历史的铭记和对古今业绩的自豪，是中国公民的基本情感。在此情况下，挑战民族伤痛记忆，或者贬损民族自豪感之类的行为很可能会引起众怒。

在实践中，违反民族大义有时也体现为诋毁中华优秀传统文化，煽动民族仇恨、民族歧视，侵害民族风俗习惯，歪曲民族历史或者民族历史人物，伤害民族感情，破坏民族团结，歪曲、丑化、亵渎、否定革命文化、英雄烈士事迹和精神等。

可以说，艺人在本质上是依托于公众的喜爱与支持而存在的，一旦挑战绝大多数公众的民族情感，或者挑战主流价值，就必然要承担失去公众支持的后果。

3. 违反公众朴素道德导致的危机

这种情形常见于日常生活中，艺人的言行不符合公众具有普遍共识的道德标准，从而引发舆论危机，并进而影响艺人现实生活。如危害社会公德，基于种族、国籍、地域、性别、职业、身心缺陷等理由对特定群体进行攻击或嘲笑，具体言行挑战公序良俗、挑战公众认知的价值观等。

这类危机的特点在于，其虽然挑战了公序良俗，但是达不到法律处罚标准。因无法被法律处罚，故经常会被掩饰为“不违法”或“有权表达观点”。然而，虽然个体在同一事物上可能会有不同观点，但是公众、社会是有主流价值观的，一旦艺人的言行被认为挑战了主流价值观，可能就会引发大范围的舆论反弹。

比如，在社会主流道德观中，介入夫妻感情、破坏他人婚姻、成为“小三”是不道德的，即便世事复杂可能有许多“内情”，但这些无法成为“借口”。

再如，在公众的朴素道德观中，家暴是不可容忍的。一旦某一方被曝出对家庭成员家暴，其在舆论中会立刻陷入道德洼地。公众可能无法准确了解家暴事实是否真实，有时候只要一道伤痕、一滴眼泪、一段哭诉、一段录音就能够掀起针对特定艺人的舆论风暴。著名国外艺人 D 曾被前妻指控家暴，事业遭遇危机，虽然后续证据尚不能证明 D 有家暴行为，而且其前妻反而有家暴男方的嫌疑，但可以确认的是：D 已经因此失去了重要的影视合约。

4. 人设反差引发的危机

这种人设反差，又可以称为人设“崩塌”。常见于日常生活中，艺人的言行被发现与其精心展现、打造的社会形象存在较大反差，从而引发公众反感的情形。此情形通常给公众造成“这人太假了”“虚伪”“人前一套人后一套”等印象，而且一旦发生，反转难度较大。

这种情形的特点在于，艺人之前打造的人设通常是较为美好的、正面的或令人同情的，一旦发现现实并非如此，会给特定公众群体造成“幻灭感”，感觉受到了欺骗。这时候反应最激烈的往往是之前对人设较为认可的群体。

比如，某男艺人之前一直以“爱护妻子、忠于家庭的中年男神”形象出现，那么“爱家好男人”即为其“人设”。然而某一天被发现其实际上对妻子并不好，反而经常夜不归宿，妻子生病也不管不顾，这时其“爱家好男人”的人设便“崩塌”了。公众会认为该艺人虚伪无情，原来因人设对其表示支持的群体会立刻转为声讨，艺人会立刻陷入舆论危机。

再如，某女性艺人在离婚时一直声称自己是因丈夫（也是艺人）出轨以及被家暴等原因被迫离婚，打造受害者人设，并成功站稳正面形象。然而时隔多年后，公众发现当年的事实是相反的，是女方出轨后，以孩子的抚养权为条件胁迫男方艺人不能发声。此时女方经营的受害者人设与现实之间的反差足以让其陷入舆论危机中。

现实中，所谓“人设崩塌”的案例还有伪造学历、考试舞弊等，在此不再赘述。

5. 因其他原因陷入危机的情形

这里所说的“其他原因”较多，如前所述，有因陷入争议性话题导致被网暴的，有被粉丝连累的，有被蓄意抹黑的，不一而足。在种种原因中，争议性话题需要重点关注。因为是否陷入争议性话题是艺人可以控制的。

社会中存在不同的群体，不同的观点。依据不同的观点而划分的群体中，又包含相对主流的群体和特定的少数群体。从理论上讲，不同的群体和观点理应共存，然而从人类社会发展历史来看，“求同存异”尚不能在不同国家之间、不同民族之间、不同地域之间、不同阶层之间、不同群体之间、不同个体之间完全实现，因观点不同造成争论、冲突的情况并不罕见。特别需要说明的是，虽然特定的少数群体人数不多，其舆论动员能力未必弱势。

在当前社会，部分话题属于能够产生激烈冲突的争议性话题，如性别对立、极端动物保护、肤色等，部分话题参与方有天然的炒作欲望乃至碰瓷欲望，以引发争论、获取公众注意并进而获利为目的，有时甚至会主动制造冲突。比如，南方某市食用狗肉，有极端人士采取殴打用餐者的方式进行炒作；再如在高速公路上用车辆逼停运狗的车辆并实时直播，这样的行为无疑是极度危险、容易引发人身伤亡的。

艺人作为有公众舆论关注度的人，有时会被争议中的某方逼迫表态。然而一旦主动或被动介入争议性话题，进行表态，必然招致持对立观点的群体的攻击。特别需要说明的是，既然是“争议性话题”，正反双方的舆论动员能力都相当庞大。艺人一旦陷入争议性话题，被贴上标签，将面临相当猛烈的攻击，甚至会持续很长时间。现实中也有艺人利用争议性话题引流，但是这样做是否合适，值得商榷。

二、艺人因自身过错引发危机，可能面临的后果

1. 制度层面的后果

艺人如触犯国家法律及行政法规，可能会面临刑事或行政处罚。在此不再赘述。

艺人一旦被打上“有不良社会影响的艺人”标签，即所谓的“劣迹艺人”，后果可能会极其严重。

国家广电总局于 2014 年 9 月底下发了《关于加强有关广播电视节目、影视剧和网络视听节目制作传播管理的通知》(以下简称《通知》)，要求如下：

“一、各级广播电视播出机构要坚持正确导向，不得邀请有

吸毒、嫖娼等违法犯罪行为者参与制作广播电视节目；不得制作、播出以炒作演艺人员、名人明星等的违法犯罪行为为看点、噱头的广播电视节目；暂停播出有吸毒、嫖娼等违法犯罪行为者作为主创人员参与制作的电影、电视剧、各类广播电视节目以及代言的广告节目。

二、各级有线电视网络公司在电视视频点播、电视回看等业务服务中，暂停播出（点播）有吸毒、嫖娼等违法犯罪行为者作为主创人员参与制作的电影、电视剧和各类电视节目。

三、城市电影院线、电影院、农村电影放映院线和电影队暂停放映有吸毒、嫖娼等违法犯罪行为者作为主创人员参与制作的电影。

四、网络视听节目服务机构暂停传播有吸毒、嫖娼等违法犯罪行为者作为主创人员参与制作的电影、电视剧、网络剧、微电影和各类节目，不得邀请有吸毒、嫖娼等违法犯罪行为者参与制作网络视听节目、网络剧、微电影；不得制作传播以炒作演艺人员、名人明星等的违法犯罪行为为看点、噱头的网络视听节目。

五、在广播影视对外交流中，暂停有吸毒、嫖娼等违法犯罪行为者作为主创人员参与制作的电影、电视剧和各类节目的赠送、销售和交流。”

此《通知》等同于“封杀令”，虽然局限对象仅限于“吸毒、嫖娼等违法犯罪行为者”，但已经给出了具体方法：禁参、禁演、禁播，且未给出具体期限。

2021 年 2 月 5 日，中国演出行业协会发布新制定的《演出行业演艺人员从业自律管理办法（试行）》（以下简称《办法》），将艺人要承担后果的情形进一步扩大。《办法》第八条规定：

“演艺人员不得出现以下行为：

（一）违反宪法确定的基本原则，危害国家统一、主权和领土完整，危害国家安全，或者损害国家荣誉和利益；

（二）煽动民族仇恨、民族歧视，侵害民族风俗习惯，伤害民族感情，破坏民族团结；

（三）违反国家宗教政策，宣扬邪教、迷信；

（四）组织、参与、宣扬涉及淫秽、色情、赌博、毒品、暴力、恐怖或者黑恶势力等非法活动；

（五）因酒驾、无证驾驶、肇事逃逸、恶意滋事等扰乱公共秩序，造成恶劣社会影响；

（六）危害社会公德或者损害民族优秀文化传统；

（七）在营业性演出中以假唱、假演奏等手段欺骗观众，或者以违背伦理道德、违反公序良俗的方式进行演出吸引观众；

（八）表演方式恐怖、残忍，利用人体缺陷、或者以展示人体变异等方式招徕观众；

（九）以欺骗、隐瞒等方式恶意违反或不履行合同，非因不可抗力原因取消演出、不履行合同，或者擅自变更已经审核批准的演出内容；

（十）发表违反法律法规、违背社会公序良俗、歪曲历史事实、侮辱、诽谤英雄烈士等不当言论，或者发布不实信息，煽动他人扰乱公共秩序，影响社会稳定；

（十一）以侮辱、诽谤等方式损害他人名誉等合法权益；

（十二）违反广告代言相关法律法规，或以虚假宣传、引人误解的方式欺骗、误导消费者；

（十三）通过违反保密协议、伪造变造材料等不正当手段谋取利益，或者利用职业之便谋取不正当利益；

（十四）其他违背伦理道德或者社会公序良俗造成严重不良社会影响的情形；

（十五）法律、行政法规明文禁止的其他情形。”

一旦违反此十五类情形，其后果见《办法》第十五条：

“对违反从业规范的演艺人员，中国演出行业协会根据道德建设委员会评议结果，监督引导会员单位在行业范围内实施以下自律惩戒措施：

（一）进行批评教育；

（二）取消参与行业各类相关评比、表彰、奖励、资助等资格；

（三）根据演艺人员违反从业规范情节轻重及危害程度，分别实施 1 年、3 年、5 年和永久等不同程度的行业联合抵制；

（四）协同其他行业组织实施跨行业联合惩戒。

以上措施可以单独实施，也可以合并实施。”

也就是说，违反者可能会受到协会会员单位一年期限至永久期限的联合抵制。尽管依照《办法》第十八条，艺人可以在联合抵制期限届满前三个月内提出申请，经道德建设委员会综合评议后同意复出的，可继续从事演出活动，但此时艺人已经相当被动，复出能否实现还需考虑各方因素。

2. 社会层面的后果

艺人遭遇危机后，可能会面临以下后果。

——遭遇负面舆论，甚至被“人肉”“网暴”，并因此承受较大的心理压力；

——为避免未知风险，活动范围乃至人身自由受到一定限制；

——社会评价降低，商业价值下降，商业机会损失。

这一后果的持续时间长短完全是不可控的。然而，艺人可能承担的后果不仅于此。

3. 商业层面的后果

如前所述，《关于加强有关广播电视节目、影视剧和网络视听节目制作传播管理的通知》要求“暂停播出有吸毒、嫖娼等违法犯罪行为者作为主创人员参与制作的电影、电视剧、各类广播电视节目以及代言的广告节目……”而《广播电视法（征求意见稿）》明确表示会对有“不良社会影响”的艺人参加的节目予以播放限制，并对违反这一规定的特定节目（栏目）、特定频道（网站、专区）设定严重的法律后果。

可以看出，一旦艺人被认定为“有不良社会影响”，影响的不仅仅是自己不能“演”，还会连累自己参与的节目、剧集、广告不能“播”。剧集、节目、广告制作均耗时长久，涉及的利益方广泛，投资额巨大，因为一个艺人被认定为“有不良社会影响”导致剧集、节目、广告下架，这对于投资巨大的剧集、节目、广告而言等同于灭顶之灾，甚至可能导致投资人资金链破裂。显而易见，这些投资人必然会向艺人索偿。因此，艺人千万不要认为被认定为“有不良社会影响”的后果只是“赚不到钱”，这是可能会“赔大钱”的问题。

第三节　艺人如何进行危机管理

一、艺人常见的危机管理手段

艺人在遭遇危机时，如果能够正确且迅速处理危机，降低危机影响，使艺人的形象在一定程度上得到保护，将对其未来的个人规划和职业发展的影响降到最低。这就要求艺人的危机管理团队（包括但不限于艺人本人、经纪人/经纪公司、公关团队、律师团队）配合采取措施应对危机。

在实践中，越来越多的艺人强调采用舆论和法律武器来应对各类危机，常用的应对手段有：

（一）接受采访。通过新闻媒体发声，还原事件真相，扭转舆论中对自身不利的部分；

（二）发布声明。艺人可以在官方平台发表个人声明，还原事件真相，维护自身权利；

（三）发送律师函。艺人委托律师发送律师函的现象较为普遍，要求对方赔礼道歉、消除影响、赔偿损失。比起发布声明，委托律师发送律师函的方法更为正式、严肃。针对造谣、抹黑艺人形象、借明星效应进行虚假代言等行为发送律师函的情形较为常见；

（四）诉讼/仲裁。

以上几种手段可以单独或组合使用。这样的应对起到的效果取决于多个因素，如危机本身的性质、艺人自身的形象、语言文字的应用、时机的掌握等。艺人的危机管理是一项系统工程，应并入艺人的日常规划中，既要降低发生危机的风险，又要在遇到危机时及时反应、准确应对。

二、艺人如何进行系统的危机管理

（一）艺人自身修养及形象管理

通过本章第二节的分类来看，大部分艺人可能陷入的危机情形属过错性的危机或主动性的危机，如违法违纪、挑战公序良俗，又如主动挑动性别对立等争议性话题。一言以蔽之，此类危机的发生系艺人自身原因引起，该类危机是否发生在一定程度上是可控的。

要降低发生危机的风险，就必须加强艺人自身修养的管理。艺人是一个竞争残酷、压力极大（包括工作压力、心理压力）、收益不均衡的职业，很多工作、通告、安排、要求并非艺人本身所能左右，但是艺人能增强自律、重视修养。比如，无论压力再大、诱惑再大、灵感再难找，也不要沾染毒品；无论持何观点，能管住自己的嘴，不轻易介入争议性话题或挑战公序良俗；在接受他人服务时，微笑道谢；在面对正常的检查时，没有特权思想，配合检查。

同时，艺人亦可以在力所能及的范围内维护基本的形象，包括日常形象管理，以及要求自己的合作方、服务提供商、经纪团队在公众场合注意基本的礼仪和影响。这一点是有教训存在的。曾有视频显示：艺人蔡某参加某活动时，前面黑衣开道者粗暴地将路人推开，大批黑衣安保人员前呼后拥地围着蔡某通过。需要说明的是，艺人参与活动时，安保人员通常由活动组织方提供，蔡某也很有可能只是被动接受安排，但公众对此并不了解，会将安保人员的不当行为归咎于艺人。这样的视频在网上发布后，即引发了公众对蔡姓艺人的不满。因此，艺人进行形象管理时，对合作方、服务提供商、经纪团队亦应有所要求，避免其不当行为给自己带来负面影响。

（二）日常加强与媒体的沟通，确保发声渠道畅通

艺人陷入危机的案例中，很多情况下，危机恶化的原因是传播媒介的推波助澜。艺人能否及时发声、所发的声音能否获得足够的关注或曝光度、艺人发声是否能被原意传达，会直接影响到局势的走向。因此危机发生之后，艺人必须确保有渠道及时表明自己的立场，以引导舆论、稳定人心、重构艺人与公众之间的信任关系。

要做到快速反应，就需要与新闻媒体合作，以争取社会舆论的支持，控制影响。这就要求艺人及其团队在日常就能与新闻媒体保持良好的关系，密切沟通，避免事到临头临时抱佛脚。与至少一家到两家主流媒体、几家有影响力的自媒体建立通畅的沟通

渠道，不仅可以对自己的演艺事业有很大的帮助，对于危机管理而言也是非常重要的。

（三）及时反应，针对性处理

艺人一旦遭遇危机事件，应快速反应，进行针对性处理。这里所说的针对性处理，是指分析危机类型，准确及时地分析出公众的情感点，结合具体情况进行应对。

1. 对于确有违反法律法规、公序良俗或违反公众朴素道德的情形，需要及时道歉，态度务必真诚。对于不实的部分，要立刻澄清。

一旦艺人对某个事件处理不当而引发危机，要第一时间找出引发危机的原因，分析出：（1）艺人在此事中的过错在哪里；（2）媒体的实时舆论导向；（3）公众的情感点在哪里。在此基础上，详细制定应对策略，采取能够为公众接受的方式，争取将危机所造成的负面影响降到最低甚至转危为机。

最基本的，在道歉时，态度要真诚，面对错误主动承担责任，以展现基本的态度；对事实的论述要实事求是。同时，对于舆论、传言中与事实不符的部分，要及时澄清。

对事实的论述，要做到条理清晰，逻辑明确，就事论事，切不可加入主观情绪，也不要为了自身利益选择性地截取对自己有利的部分，否则极易将事态引向更恶化的地步。特别是“选择性地截取对自己有利的部分”进行陈述，会被公众认为“隐瞒真相”“欺骗”，很有可能导致有理也变没理。关于发声明的原则，我们在后文进行阐述。

2. 进行舆情分析，有针对性地处理

艺人一旦陷入舆论危机，危机管理团队应当注意相关媒体动态，及时地掌握舆论的走向，在关键节点及时控制事态发展。抓住舆论中的每一处不实之处，根据这些不实之处判断是否需要回击、何种程度回击以及回击的具体方式。比如，对于采取媒体公开回击方式并需要大面积发布的相应声明、澄清要及时地通过多渠道发布，最大限度地达到公关效果。

3. 区分危机等级，研判危机影响，制定后续策略

在第一时间反应的同时，危机管理团队需要对危机的性质和可能导致的影响、后果有初步的研判，必要时可以会同律师、心理咨询师等专业人士共同研究。结合艺人的过错程度，以及后果可控与否，采取不同的后续应对策略。比如，保持沉默，让危机经过时间的沉淀慢慢淡去；发函警告、要求道歉；报案；诉讼维权等。

4. 针对合作方或关联方的不当行为，应及时发声，果断切割

这里所说的合作方，是指艺人与之进行工作合作、商业合作，或接受其提供的服务的自然人及法人。在现实中，艺人的合作方（有时也包括曾经的合作方）、工作伙伴陷入舆论风波的，连累艺人的情形也不在少数。比如，一旦某企业发布的产品涉嫌辱

华，公众会自动审视这家企业的代言人是哪个艺人，如果该艺人继续担任代言人，显然将承受公众的愤怒情绪。

这就要求艺人的经纪团队在签署相关合约时，在解约条款中详细设置，约定如合作方有不当言行、违法违规行为、损害中国国家利益、损害民族情感等情况下艺人有权解约且不承担违约责任，甚至增加品牌方企业的“道德条款”，在出现这类情形时要求品牌方企业承担违约责任。即便没有此等约定，艺人在涉及大是大非的情况下也应考虑是否主动与合作方、伙伴方、服务提供方的不当行为做切割。

5. 对粉丝的不当行为，采取公开劝阻和呼吁的方式进行行为上的切割

粉丝、后援团等是艺人的重要流量来源，该等群体的存在一方面可以提升艺人商业价值、为艺人带来巨大的商业利益，另一方面也给艺人带来不小的风险。

比如，有的粉丝团体以偶像的名义从事慈善事业，捐资助学，扶危济困，这样的举动是给艺人形象加分的。然而有的粉丝团体表现狂热，会去主动攻击别的艺人，或者在公众场合聚集，又或者以出格行为体现自己对偶像的“忠心”。曾有报道称某艺人的粉丝在陈列的军事文物上书写“×× 我爱你”，或者带领小学生全班跳舞以给某艺人“应援”，这样的行为不但不能给艺人带来任何的正面影响，反而使艺人的名字与负面消息联系

起来。

然而，艺人无法对自己的粉丝进行简单的“切割”，更不能直接采取斥责的方式。因此，通过劝阻和呼吁表明态度是最好的方式。这种方式一方面可以表明艺人对相关行为的不认同，另一方面又能体现出艺人对粉丝群体的特殊对待，同时在实质上与粉丝的不当行为进行了切割。

6. 谨慎采取大规模删帖的手段

花钱找人删帖有一定的违规风险。依照最高人民法院，最高人民检察院发布的《关于办理利用信息网络实施诽谤等刑事案件适用法律若干问题的解释》第七条规定，以营利为目的，通过信息网络有偿提供删除信息服务，达到一定金额以上可能涉嫌犯罪。如果这种行为违规乃至涉嫌犯罪，显而易见，委托实施这种行为肯定是违规的。现实中，公众对于删帖行为通常也持负面态度。

（四）发声明三原则

基于人类固有的猎奇心理及传播意愿，兼之社会公众对娱乐圈各自的观感，社会舆论的传播通常是放大式、掺杂式的。任何“负面”传闻（无论其真实性如何）均有可能导致艺人名誉受损、社会评价降低，进而影响到日后的商业机会。基于以上原因，无论是艺人还是其经纪公司，都极为注重艺人的社会形象，有的甚至打造“人设”。为了不至于“人设崩塌”，大多数艺人会对于已不利的传言、报道等舆论采取救济措施，包括交涉、公关，更为常见的是发声明或发送律师函。

近年来，艺人涉及舆论事件的情形增多，发表“严正声明”“律师声明”“律师函”的现象亦不罕见。笔者在此将这类文件统称为“声明类”文件。这是一个好的迹象，意味着更多的艺人（包括艺人的个人工作室）、经纪公司开始注重法律框架内的争议解决，这无疑是值得鼓励的。然而这些声明发出后，效果有好有坏，有的甚至起到反作用。如曾有艺人工作室发布的《声明函》在发布第一天就被网民标注“五大错误”“六个补充”，引来一片奚落之声；也有声明内容类似战斗檄文，上纲上线，反而引来了公众不满。

一个普遍存在的现象是：艺人及律师都将法律声明类文件视为单纯的法律维权行为。对于艺人来说，声明类文件的目的是澄清事实、吓阻侵权，有时为了满足艺人方的情感需求（比如“出口气”），此类声明的文字甚至带有一定的情绪。这本身是无可厚非的。然而，声明类文件不仅仅是法律维权行为、危机公关手段，一个容易为人忽视的重点是：声明类文件也属于艺人形象维护的一部分，会被视为艺人的态度，其后果直接或间接影响艺人的“人设”。

我们谨在此提出发布声明类文件的三个原则，分别是：“行文规范原则”“不损害人设原则”“不送炮弹原则”。

（1）行文规范原则。这里说的行文规范，包括标题明确、文字无误、段落划分清楚、标点符号正确、排版妥当、要素全面。行文规范原则应是声明类文件的首要原则。

所谓标题明确很好理解，《律师声明》《严正声明》这样的标题都很明确，但是《声明函》《律师公告》之类的标题要么内容重复，要么不伦不类，最好避免；所谓文字无误，要求通篇不要出现错别字，在书写法律名称时不要偷工减料；所谓段落划分清楚，要求一段一个主题，前后段落能够相互呼应承接；所谓排版妥当，要求符合阅读习惯，且排版标准统一（比如有的段首前面空两格，有的段首不空格；行距、字体、字号不一致等现象就应避免）；所谓要素全面，是指声明的标题、当事人信息、侵权人或侵权事实信息、法律后果、可能采取法律措施的意思表示、落款、时间等要素全部具备。

（2）不损害人设原则。此原则要求艺人一方及其危机管理团队在撰写声明类文件时，要结合艺人的人设从全局的角度考虑，避免猜测性、情绪化、极端化语句。

艺人发布声明类文件应有两大目的，其中一个重要目的是获取舆论支持，争取大多数人的理解。这就要求事实性陈述应尽可能理性，意思明确，措辞准确，给人以正面、客观、可信的感觉。从阅读观感来看，理性客观的陈述更易于被接受和相信，主观臆测色彩浓厚的论述容易引发对陈述客观性的怀疑，情绪化的宣泄容易引发心理不适，极端化的语句则容易引发阅读者的反感。

可以想象，一个声明类文件，论述的文字里包含“部分别有用心的人”“有组织有预谋地做了什么事”“罄竹难书”“令人发指”之类的表述，这样的声明不但难以达到争取舆论的效果，反而会让中立的人士感觉不适。这样的不恰当表述事实上会直接或间接损害艺人的人设。比如，艺人一向是以“理性、温和”形象示人的，一份情绪宣泄性词语过多的声明会与艺人的形象产生强烈的反差，须知艺人的形象树立起来不易，损害起来却是分分钟的事。只有条理清楚地罗列事实、就事论事地指出对方的违法之处，才会让阅读者感觉论据充分、真实可信，达到争取大多数人理解的效果，并且最大限度地保护艺人的形象设定。

因此，发布法律声明类文件一定要结合艺人的人设从全局的角度考虑，绝不能因一事而损全局。

（3）不送炮弹原则。如前所述，艺人发布声明类文件有两大目的，除了获取舆论支持、争取大多数人的理解这一目的，另一目的是对侵权方进行警告、对潜在的侵权意愿形成有效吓阻，而不是给对方送炮弹，引发新一轮的负面影响。

这就要求声明类文件在行为定性、后果阐述、法律措施宣示等事项上要就事论事，切忌无限拔高对方的行为、上纲上线，更不要实际上给侵权方、潜在侵权方、竞争对手等送去新的素材，令其有机会把水搅浑，转移焦点，乃至引发新的非正面舆情。须知艺人的声明类文件在大多数情况下处于被公众围观的境地，任何措辞的不谨慎都有可能被对立方用于新一轮的攻击，乃至引起新的对艺人不利的舆情。

就事论事的声明类文件被抓住漏洞攻击的概率是最小的。不要为了达到警告和吓阻效果而放大侵权行为的严重程度（比如对方言语攻击，就说对方“涉嫌严重的刑事犯罪”）、变更侵权行为的性质（比如说对方的行为“恶意破坏国家精神文明建设”），乃至进行不切实际的法律措施宣示（比如“根本性打击”“彻底杜绝”“彻底净化网络环境”甚至让对方“身陷囹圄”）。

总之，警告是可以的，就事论事是鼓励的，“送人头”是坚决不行的。

（五）维护权益，诉诸法律

诉讼是艺人向公众宣示正当性的重要手段，对于一些侵权行为引发的危机，如网络不实报道、恶意诋毁等，应直面应对，强硬维权。这就要求危机管理团队第一时间邀请法律团队加入，按照证据规则的要求对侵权事实进行取证，对证据加以固定。切不可纠结于成本高低，以致证据灭失。

一个现实的问题是，由于我国尚未完全实现网络实名制，网络不实报道、恶意诋毁行为屡见不鲜，很多侵权人认为其行为没什么后果。因此，艺人的坚决维权不仅是自身正当性的宣示，也能够有效地吓阻更多的侵权行为，乃至为净化网络舆论空间做出贡献。现实中，有不少艺人坚决采取诉讼维权的方式起诉侵权者，侵权者被迫公开道歉，赔偿损失，有的甚至承担了刑事责任。这样的方式能够将危机造成的影响降到最低，有时还能达到消除乃至转化成正面影响的结果。